상식밖
문명의
창조자들

상식밖 문명의 창조자들 2 — 과학기술편
카이사르는 비좁은 로마의 교통을 어떻게 해결했을까?

초판 1쇄 인쇄   2010년 2월 16일
초판 1쇄 발행   2010년 2월 20일

지은이   홀거 존아벤트
옮긴이   신혜원
펴낸이   정차임
디자인   디자인플랫
펴낸곳   도서출판 열대림
출판등록   2003년 6월 4일 제313-2003-202호
주소   서울시 마포구 동교동 156-2 마젤란 503호
전화   332-1212
팩스   332-2111
이메일   yoldaerim@naver.com

ISBN 978-89-90989-43-7 03900
978-89-90989-41-3(세트)

* 잘못된 책은 바꿔드립니다.
* 값은 뒤표지에 있습니다.

홀거 존아벤트 지음 | 신혜원 옮김

**과학
기술**편

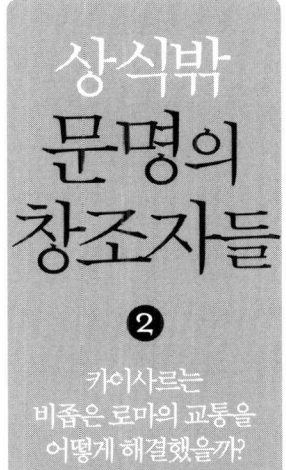
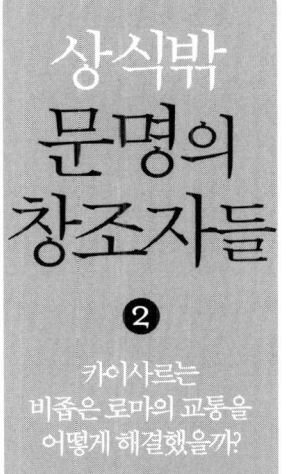

상식밖
**문명의
창조자들**

❷

카이사르는
비좁은 로마의 교통을
어떻게 해결했을까?

 열대림

    고대가 지닌 불리한 특징 중 하나는 이 시대가 아주 오래되었다는 점이다. 고대는 언제나 '아주 오래된 시대'라는 꼬리표를 달고 있고 또한 매일 새로운 날이 시작될 때마다 점점 더 오래된 시대가 되어가고 있다. 그러나 고대가 오래된(그것도 대단히 오래된) 시대라는 생각은 단지 오늘날 우리의 관점, 즉 현대적인 관점에 따른 것이다. 인류 역사의 시간적인 흐름을 좇아가 보면 고대는 지극히 초기에 해당되며 어떤 면에서는 지극히 새로운 시대라고 할 수 있다. 어쨌든 고대 이전에는 역사가 많지 않았고, 그 때문에 고대는 많은 영역에서 새로운 세상을 열 수 있는 특별하고도 결코 다시 오지 않을 기회가 있었다. 그리고 고대는 그러한 기회를 최대한 이용했다.

    일반적으로 정치, 미술, 문학, 그리고 철학 분야에서는 그리스인과 로마인의 업적들이 자주, 그리고 즐겨 언급되곤 한다. 그러나 자연과학, 기술, 경제 분야에서는 상황이 다르다. 이 분야에서의 그리스인과 로마인의 활약에 대해서는 현저하게 드러나는 부진함이 자주, 그리고 즐겨 언급되곤 한다. 그래서 사람들은 이 분야에서 고대인들이 이룩한 업적과 성과에 대해 알게 되면 마치 전혀 생각지도 못했던 일이라도 되는 것처럼 놀라움(때로는 약간의 비웃음)을 나타낸다.

    그렇다고 해서 이 책이 또다른 극단으로 빠져 고대인들을 자연과학적이고 기술적인 영웅들로 양식화하려는 의도를 가지고 있는 것은 아니다. 그보다는 고대인들이 각자 지닌 가능성을 가지고 어떤 일을 해냈는지를 보여주고자 한다. 발명과 개혁은 결코 하늘에서 떨어지는 선물이 아니며, 위대한 인물의 독창적인 영감의 결과인 경우도 아주 드물다. 발명과 개혁을 위해서는 창의력이 발휘될 수 있는 환경, 적절한 시기와 장소가 필요하다. 그리고 후대에도 그랬듯 고대에도 어떤 돌파구를 찾아내고 마침내 혁신적인 산물이 나오기까지는 많은 지혜로운 인물들의 연구와 시도와 실험의 기나긴 과정들이 필요했다.

이 책에서는 페르시아인, 그리스인, 로마인의 업적과 성과, 그리고 그 가치를 살펴보고자 한다. 이들이 선택된 것은 무엇보다도 문서로 된 많은 증거와 자료들 덕분에 이들의 활동 모습이 잘 알려져 있다는 단순한 이유 때문이다. 사실 이들은 고대 오리엔트 문명, 특히 이집트와 메소포타미아 문명을 바탕으로 많은 발전을 이룰 수 있었다. 이집트인들은 오늘날까지도 우리가 그것이 어떻게 건축되었는지 정확하게 알 수 없는 피라미드와 같은 기적의 작품을 만든 사람들이다. 메소포타미아 사람들은 예컨대 천문학에서 뛰어난 업적을 달성했다. 또한 관개시설의 기술도 그 기원은 유프라테스강, 티그리스강, 나일강 가에 있던 옛 국가들에서 찾을 수 있다. 단지 고대 오리엔트의 개척자, 기술자, 그리고 건축가들은 자료의 부재 때문에 아마도 영원히 익명의 존재로 남을 것이다. 그러나 그들이 그리스와 로마 학자들에게 끼친 영향만큼은 충분히 평가받아야 한다.

그런데 페르시아인, 특히 그리스인과 로마인의 경우에는 상황이 다르다. 우리가 이들의 활동에 대해 알아볼 수 있는 가능성은 얼마든지 많기 때문이다. 그래서 우리는 대부분 당시의 상황과 관련된 상세한 내용들을 재구성할 수 있고, 업적을 이룬 인물의 환경도 알 수 있으며, 학자들의 생애도 완전히 어둠 속에 묻혀 있지는 않다.

이 책에서는 각각의 분야에서 중요하거나 의미 있는 업적을 이룬 스물한 명의 인물과 함께 고대 학문의 스물한 가지 전문 분야를 소개할 것이다. 그러나 우리는 인물의 선별작업에서 어떤 완벽성도 추구하지 않았다. 왜냐하면 선별된 스물한 명의 인물은 단지 각기 다른 시기에 어떻게 하면 인류를 기술적으로 그리고 문명적으로 발전시킬 수 있을지 고민했던 훨씬 더 많은 자연과학자, 기술자, 그리고 연구자들을 대표하고 있을 뿐이기 때문이다.

우선 우리는 혁신적인 업적이 고대를 넘어서까지, 심지어 현재까지 영향을 끼친 인물들을 선택하였다. 어쩌면 독자들은 성공적인 전쟁 영웅이나 정치가로만 알려져 있을 뿐 교통 계획이나 소방대와 같은 사회 제반시설들과는 별 상관이 없을 것 같은 카이사르와 아우구스투스의 사례처럼 이런저런 이름을 보고 놀라게 될지도 모른다. 또한 아리스토텔레스와 같은 학자나 세네카와 같은 철학자도 독자들이 별로 기대하지 않았던 분야의 전문가로 등장하게 된다.

한편 여기서는 유명한 인사들의 업적에 버금가는 일을 해냈지만 우리에게 알려지지 않은 인물, 예컨대 로마의 물고기 양식업자인 세르기우스 오라타와 같은 사람도 소개된다. 그는 난방 기술 개발에 대단한 공헌을 했음에도 불구하고 그 어떤 사전에도 전혀 나와 있지 않은 무명의 인물이다. 이처럼 대표적인 인물들을 선별해야 하는 상황에서 우리는 실제로 고대의 창의적인 인물 목록에서 결코 빠져서는 안될 인물들을 빠뜨리는 실수를 범했을지도 모른다.

그렇다면 프로메테우스, 다이달로스와 이카로스, 오디세우스는 어떨까? 프로메테우스가 신들로부터 불을 훔쳐 인간에게 선물했던 것도 공공의 복지를 위한 일이었을까? 그가 없었다면 고대 사람들은 결코 난방이나 요리를 할 수 없었을 것이고 환한 빛을 얻을 스도 없었을 것이다. 이카로스는 어떠한가? 그는 대단히 훌륭한 아버지를 둔 덕분에 비행의 꿈을 이룰 수 있었다. 고대 발명가의 전형적인 타입인 다이달로스는 최초로 자동으로 움직이는 조각상을 만들었으며, 크레타 섬에 있는 크노소스 궁전의 그 유명한 미로를 완성했다. 끝으로 호메로스가 "책략에 능한" 사람이라고 표현했던, 그리스의 트로이 영웅인 오디세우스는 어떤가? '트로이 목마'의 제작자로 길이 그 이름이 남은 그는 고대 학문의 저명한 전문가들 대열에서 한 자리를 차지할 수 있을까?

이들은 모두 신화 속의 인물들이다. 프로메테우스, 다이달로스, 이카로스, 오디세우스가 실제로 존재했다고 생각하는 사람은 거의 없을 것이다. 그러나 고대인들이 만든 신화 속의 이 인물들은, 당시 사람들이 새로운 것을 만들고 도전하고 세상을 변화시키고 자신의 한계를 뛰어넘고 자연을 정복하거나 심지어 이용하는 데 얼마나 많은 현실적인 관심을 가지고 있었는지를 보여주고 있다. 이제 소개할 600년이 넘는 고대 역사의 이야기가 실제로 이런 시도가 어떻게 이루어졌는지를 연대별로 보여줄 것이다.

홀거 존아벤트

차례

들어가는 말　4

수학
탈레스

기원전 625년경 - 547년경.
그리스의 자연과학자이자 철학자. 만물의 근원을 물이라고 주장했으며,
선구자적 업적으로 '탈레스의 정리'를 남겼다.

고대의 인물 중에는 오늘날 우리가 더 이상 꼭 알아야 할 필요가 없는 사람도 많다. 그런 인물들에 대해서는 우리가 잘 모르고 있다 해도 꼭 필요한 일반상식에서 중요한 것을 놓친 것은 아닌가 하는 의구심이 생기지는 않는다. 반면에 한마디로 그냥 지나칠 수 없는, 말하자면 자꾸 우리의 뇌리에 떠오르는 이름들이 있다. 탈레스는 의심할 여지없이 후자 그룹에 속하는 저명한 인물로, 그의 이름이 붙은 유명한 '정리'는 모든 수학 수업의 중요한 토대가 되었다.

탈레스, 못하는 게 없는 기인?

그렇다면 탈레스는 과연 어떤 사람이었을까? 우리가 고대의 문헌에서 발견할 수 있는 그의 인생과 그가 끼친 영향에 대한 정보들은

매우 불분명하다. 지금까지 알려진 모든 내용을 그대로 믿는다면 탈레스가 이룩한 학술적인 업적은 지나치게 다양하다. 철학의 개척자, 천문학의 대가, 기하학·기상학·지리학의 전문가, 그리고 정치와 외교의 전문가 등의 경력들은 그에 대한 존경심이 아무리 높다 해도 좋게만 보기에는 너무 광범위하다.

다른 한편으로 그에 대해 알려진 많은 일화들이 때로는 그를 세상에서 보기 드문 기인으로, 때로는 능력 있고 시장지향적인 자본주의자로 만들고 있다. 실제로 한 인물이 이처럼 다양한 분야에서 능력을 발휘할 수 있을까? 혹시 탈레스는 환영과 같은 존재일 뿐이며 그의 공적이라고 알려진 것들이 사실은 전혀 다른 사람들의 업적을 짜맞춰 놓은 것은 아닐까?

돈과 시간, 그리고 똑똑한 두뇌

우선 분명한 것은 역사적인 측면에서는 안심을 해도 좋다는 사실이다. 흔히 학문의 역사를 다루는 책에서는 과거에나 지금이나 제일 첫 장에 탈레스라는 이름이 등장하는데 이런 책들이 다시 수정될 필요는 없을 것이라는 뜻이다. 그러나 우리가 이런 내용의 진실 여부를 고대의 증거를 통해 알아보고자 한다면 탈레스의 현실적인 삶에 대해 어떤 내용들을 확인할 수 있는지 신중하게 살펴보지 않을 수 없다.

어쨌든 사람들은 그가 학문적인 다양성을 지녔다고 믿어왔다. 탈레스가 살았던 그리스의 초기 단계에는 아직 전문화라는 것이 존재하지 않았다. 충분한 돈과 시간을 가진 똑똑한 인물은 흥미로운 모든 것에 관심을 보일 수 있었다. 그러나 다른 한편으로 그리스에는 선조의 위대한 발견이나 업적을 일괄적으로 묶어서 탈레스와 같은 한 전문가의 공으로 만드는 관행도 있었다.

기원전 585년 5월 28일의 일식

탈레스의 전기에서 언제나 일치하는 두 가지 사실이 있다. 그가 밀레토스라는 도시에서 태어났고, 기원전 585년에 생존해 있었다는 점이다. 탈레스의 출생지에 대한 정보는 매우 중요하며 그와 연관된 사건들을 설명하는 데도 도움이 된다. 밀레토스는 오래된 그리스의 식민지로, 얼마 지나지 않아 이오니아에서 가장 중요한 도시가 된 곳이다. 그리스인들은 서부에 위치한 이 지역을 소아시아라고 불렀는데, 모국인 그리스와는 달리 이곳의 이오니아인들은 가까운 오리엔트의 발달된 문화로부터 많은 자극을 받았다.

그런 이유로 탈레스는 자신의 첫번째이자 대단히 놀라운 업적을 위한 영감을 바빌로니아 문명으로부터 얻을 수 있었다. 그 업적이란 바로 현대의 천문학적 계산을 따를 때 기원전 585년 5월 28일에 일어났을 일식의 예언이었다. 고대시대의 탈레스 연구자들은 이런 자료를 통해 그의 출생 시기를 기원전 625년이라고 추정했는데, 흔히 사람은 40세에 인생에서 가장 중요한 일을 완성한다는 일반적인 생각에 따른 것이었다(그러나 나이가 더 많음에도 아직 인생에서 특별한 일을 해내

탈레스, 로마 바티칸 박물관

지 못했다고 생각하는 사람들에게는 지극히 불안스러운 판단이다).

추측건대 탈레스는 일식을 예언할 때 바빌로니아의 천문학 지식을 이용했던 것으로 보인다. 그러나 오늘날의 학자들은 그가 연도만이 아니라 정확한 달과 날짜까지 예언했다는 점에 대해서는 부정적인 반응을 보이고 있다. 물론 어떤 경우에도 학술적인 측면에서 천문학에 끼친 그의 공헌도는 인정을 받고 있다.

만물의 근원은 물이다

아마도 탈레스가 흔히 이오니아의 자연철학이라 부르는 분야의 창시자가 되었을 때는 이미 40세가 넘었던 것으로 보인다. 그는 이때 오리엔트의 혁신적인 분위기로부터 영향을 받으면서 진정으로 근본적인 문제에 대한 답을 찾으려고 했다. "이 세상과 모든 생명체의 근원이 되는 물질은 무엇인가?" 이 문제와 관련해서 그가 숙고한 결과는 이러했다. "존재하는 모든 것의 기원과 근원은 물이다."

이러한 혁신적인 의견은 학자들에게 대단히 큰 반향을 불러일으켰다. 탈레스의 학생이자 동료이면서 같은 밀레토스 출신인 아낙시만드로스와 아낙시메네스도 근원적 물질의 흔적을 찾기 위해 고민했고 탈레스와는 조금 다른 결과에 도달하였다. 아낙시만드로스는 탈레스가 주장한 '물'을 조금 더 추상화시켜서 스스로 '아페이론'이라고 칭한 물질로 대체하였다. 아페이론은 어떤 무한하고 무규정적인 것을 상징하는 말이다. 아낙시메네스는 '물' 대신에 또 하나의 요소인 '공기'를 근원적인 물질로 주장하였다. 어쨌든 고대의 사상가들은 계속해서 이 주제에 대한 연구에 매달렸으며 무엇보다도 고대 원자

연구의 개척자인 데모크리토스에 의해 다시 본격적으로 다루어지게 되었다.

지진을 예언하다

탈레스가 왜 만물의 근원을 하필이면 '물'이라고 생각했는지에 대해서는 분명히 밝혀지지 않았다. 그러나 '물'은 기본적으로 그의 사상에서 언제나 중요한 역할을 했다. 그는 만물의 근원이 되는 물질에 대해서만 의문을 가졌던 것이 아니라 ─ 조금 더 실질적으로 ─ 지구의 지리학적 상태에 대해서도 알고자 했다. 그는 지구를 무한한 대양, 즉 '오케아노스' 위에 떠 있는 하나의 원반으로 생각했다. 또한 탈레스 덕분에 미래의 지진 연구가들은 지진 현상이 대양에서 폭풍우와 같은 격렬한 움직임 때문에 일어날 수 있다는 생각을 하게 되었다. 이런 해석은 사실 당시로서는 놀라운 일이었다. 그 이전까지 사람들은 지진을 바다의 신 포세이돈의 솜씨라고 여겼다.

탈레스 혹은 피타고라스의 '정리'?

그렇다면 수학자로서의 탈레스는 어떠했을까? 이 문제와 관련해서는 걱정스러운 부분이 있다. 이미 고대에도 '탈레스의 정리'에 대한 탈레스의 저작권에 관해 심각한 의문이 제기되었다. '탈레스의 정리'가 실제로는 '피타고라스의 정리'라고 생각하는 사람들이 많았는데, 이 점은 조금 혼동될 수 있다. 왜냐하면 우리가 수학시간에 배워서 알고 있듯이 피타고라스는 이미 기하학의 기본 지식인 자기만의 '정리'를 가지고 있었다. 즉 피타고라스의 정리란 직각삼각형에서 빗변 c 위에 있는 정사각형의 넓이는 다른 두 변 a와 b 위에 있는 정사각형의 넓이의 합과 같다는 내용으로 $a^2 + b^2 = c^2$라는 식으로 더 잘 알려져 있다.

사실 피타고라스는 탈레스의 젊은 동료였다. 그가 남이탈리아에서 향학열에 불타는 학생들을 자신의 주변으로 몰려들게 만들었고 밀레토스 출신의 학자인 탈레스보다 수학에 훨씬 더 많은 관심을 가지고 있었다는 점은 분명하다. 그의 이름은 특히 비율 이론과 짝수·홀수에 관한 학설과도 관련되어 있다. 그러므로 탈레스의 이름이 붙여진 '삼각형의 기하학적인 특징에 대한 정리'의 발견도 피타고라스에게 들어맞는 업적이라고 할 수 있을 것이다. 여기서 말하는 '탈레스의 정리'란 삼각형에서 빗변과 대응하는 모서리가 이 면 위에 있는 반원 위에 있으면 이 모서리는 직각을 이룬다는 내용이다. 다르게 표현하자면 모든 직각삼각형의 꼭짓점은 빗변 위에 그어진 원 위에 있다는 뜻이다.

결국 '탈레스의 정리'에 대한 저작권 공방에서는 확실한 결론이 날 수 없었다. 탈레스 편을 드는 사람들은 피타고라스가 확실히 이 '정리'까지 알아냈다는 증거가 없으므로 대범하게 탈레스의 이름이 붙여진 '정리'가 인정되어야 한다고 주장했다. 그런데 이처럼 탈레스에게 가능한 모든 ─ 비록 실제로는 탈레스의 몫이 아니라고 해도 ─ 월계관을 씌우려는 고대 작가들의 경향도 사실 지나친 면이 있었다. 여기서 우리는 어쨌든 탈레스가 그런 '정리'를 세우기에 충분한 예비지식을 지니고 있었음을 인정함으로써 지혜로운 합의에 이를 수 있을 것이다.

그러나 탈레스의 가장 충직한 추종자였고 기원후 3세기의 철학자이자 역사가 디오게네스 라에르티오스는 '탈레스의 정리'를 발견한 사람이 탈레스라는 사실을 확고하게 믿었으며 심지어는 탈레스의 또다른 수학적 연구활동에 대해 보고하기도 했다. 디오게네스에 따르면 탈레스는 이집트에 체류하는 동안 그림자 길이의 원리를 파악하고 사람의 그림자가 그 사람의 키와 똑같아지는 시점을 이용함으로써 피라미드의 높이를 알아냈다고 한다.

또다른 문헌에 따르면 탈레스가 바다 위에 떠 있는 배들 사이의 거리를 계산하는 방식을 알아냄으로써 항해 분야에서도 공을 세웠다고 한다. 여기서 그는 소위 합동의 두 번째 법칙, 즉 삼각형의 한 변과 그 변의 양 끝에 있는 두 각이 같을 때 두 삼각형은 합동이라는 원칙을 이용함으로써 성공했다고 전해지고 있다.

수학자들에 대한 플라톤의 분노

그러나 고대의 수학에 보다 큰 영향을 끼친 사람은 의심할 여지없이 피타고라스였다. 이와 관련해서 특히 소아시아의 쿠니도스 출신인 에우독소스라는 사람이 등장한다. 그는 기원전 4세기에 비율의 법칙을 계속해서 발전시킨 사람이면서 한편으로는 고대시대에 수학자로 사는 것이 결코 안전하지 않았음을 보여준 인물이기도 하다.

작가 플루타르코스가 썼듯이 에우독소스는 이론이나 도형에 의한 증명을 통해서가 아니라 한눈에 볼 수 있는 기계적인 도구를 제작하여 '수학을 재미있게 만들려는' 의미 있는 작업을 시도했다. 그래서 플루타르코스에 따르면 에우독소스는 두 개의 비례중항을 찾는 기본적인 문제를 기계적인 도구를 통해 해결했다고 한다. 그런데 수학적인 문제의 해결을 눈으로 쉽게 확인할 수 있게 하려는 그의 시도는 유명한 철학자인 플라톤의 노여움을 사게 되었다.

플라톤에 따르면 에우독소스와 그의 추종자들은 수학을 비육체적인 영역인 순수한 사고의 세계로부터 감각적인 세계로 추락시킨 셈이었다. 즉 그들이 수학적 연구에서 차원이 낮고 수작업이 동반되는 육체적인 영역을 활용함으로써 수학의 품위와 순수성을 파괴했다는 것이다. 플루타르코스의 생각에 의하면 이러한 혹평은 고대의 수학과 기계학이 분리되기 시작할 때에 나왔다고 한다. 그러나 아르키메데스처럼 수학적인 순수성과 수학의 실용성이 결코 모순이 아니라고 여기는 학자들도 있었다.

여성 수학자 히파티아의 죽음

이러한 학술적 논쟁이 수학의 발전에는 전혀 손해가 되지 않았다. 기원전 300년경 학문의 중심지인 알렉산드리아에서는 아마도 고대의 가장 유명한 수학자이며 신세대의 수학에 결정적인 영향을 끼친 유클리드가 활동하고 있었다. 평면기하학, 산술, 그리고 입체기하학 등이 그가 몰두했던 연구 분야이다. 그런데 유클리드에 관한 해설을 쓴 사람으로 기원후 4세기에 마찬가지로 알렉산드리아에서 연구에 몰두했던 테온이라는 사람이 있었다. 그의 딸이 바로 히파티아라는 여성 수학자였는데 그녀의 이름은 고대 학술계의 음울한 단면을 보여준다.

히파티아는 아버지로부터 수학과 철학에 관한 관심을 물려받았는데, 당시 여성의 지위나 상황으로 볼 때 특이할 만큼 연구와 가르치는 일에 대단히 열정적으로 참여했다. 그러나 그녀는 곧 알렉산드리아의 지도층 기독교인들과 갈등을 겪게 되었다. 한 여성의 개척자적인 활동이 그들에게는 눈엣가시였기도 했지만 더 큰 이유는 그녀의 철학적인 신념이 교회의 관심사와 엇갈렸기 때문이다. 결국 키릴로스 주교의 선동으로, 모든 여성 수학자의 역사적 전형이었던 히파티아는 기원후 415년에 광분에 찬 대중들에 의해 처형되었다.

물길을 돌리다

그보다 1,000년 전에 활동했던 밀레토스 출신의 탈레스는 다행히도 지도층의 적대감으로부터는 안전하게 살아남았다. 사실 탈레스에게는 그럴 만한 동기가 없었다. 우리가 남아 있는 문헌의 기록들을 어느 정도 신뢰한다면 그는 지배자와 권력자들에게 여러 면에서 이용가치가 있는 인물로 증명되었기 때문이다. 그의 특별한 친구들 중에는 리디아의 왕 크로이소스도 있었다. '크로이소스'라는 이름의 라틴어 식 표기인 크뢰수스는 부(富)를 상징하는 말로 사용되기도 했다(크로이소스는 리디아의 지하자원을 채굴하고 엄격한 조세정책을 통해 부를 쌓았다).

기원전 547년에 크로이소스는 앙숙이며 동쪽 이웃인 페르시아 왕국을 향해 원정을 감행했다. 그런데 문제는 어떻게 군대를 이끌고 리디아와 페르시아의 경계선에 흐르는 할리스강을 건널 것인가 하는 점이었다. 마침 크로이소스와 동행했던 탈레스가 바로 그 해결책을 찾았다. 그는 수로를 만들어서 할리스강의 물길을 다른 쪽으로 돌렸고 리디아의 군사들은 아주 편안하게 물이 없는 강바닥을 걸어서 행군할 수 있었다.

그러나 탈레스에게 별로 우호적이지 않았던 것으로 보이는 역사가 헤로도토스는 이런 업적을 인정하지 않으려 했다. 그의 의견에 따르면 크로이소스는 이때 군대와 함께 별로 특별하지 않은 방법인 다리를 통해 할리스강을 건넜다고 한다. 그리고 이 시기심 많은 역사가는 탈레스가 할리스강의 물길을 돌렸다는 이야기는 단지 그리스인들 사이에서만 퍼져 있을 뿐이라고 주장했다.

엄청난 오해

그러나 크로이소스의 원정은 완전한 패배로 끝났고 그의 군대는 해체되었으며 그가 주둔했던 도시는 파괴되었다. 사실 크로이소스는 이 전쟁을 시작하기 전에 결과에 대해 지나치게 낙관하고 있었다. 왜냐하면 델포이의 신탁을 들었기 때문이다. 델포이는 크로이소스가 중요한 일을 하기 전에 정기적으로 찾아가서 충고를 들었던 곳인데, 이번 전쟁과 관련해서는 그가 할리스를 건넌다면 한 왕국을 무너뜨리게 될 것이라고 예언했다.

그러나 신탁이라는 것은 언제나 이중적인 의미를 담고 있다. 그래야만 어떤 경우에든 예언이 들어맞을 확률이 높아지기 때문이다. 크로이소스는 이 사실을 너무 늦게 깨달았다. 페르시아에게 패배한 후에 리디아의 사절이 항의 메시지를 들고 델포이에 나타났을 때 신탁의 목소리는 그들에게 말하기를 크로이소스가 제대로 귀기울여 듣지 않았기 때문에 그런 일이 벌어졌다고 했다. 즉 그가 무너뜨리게 될 왕국이란 페르시아가 아니라 바로 크로이소스 자신의 왕국이었던 것이다.

정치적 충고자로서의 탈레스

소아시아를 상대로 하는 페르시아의 침입은 단지 크로이소스만의 문제가 아니었다. 이오니아의 그리스 도시들도 자유와 독립의 측면에서 위협을 느끼고 있었다. 이런 어려운 상황에서 탈레스가 매우 현명한 정치적 충고를 했다. 특히 이 이야기는 탈레스의 비판가이며 결코 탈레스에게 엉뚱한 공로를 돌릴 이유가 없는 헤로도토스가 전한 내용이므로 신빙성이 높다. 탈레스의 충고란 이오니아인들이 각 도시의 자율성을 주장하기보다는 서로 힘을 합해야 한다는 것이었다. 그는 구체적으로 가장 중심부에 위치한 도시 테오스에 공동협의회 설치를 주장했다. 헤로도토스도 조금은 거만하게 이것이 "대단히 유용한" 계획이라고 말했다. 그러나 당연히 그 계획은 이루어지지 않았고 탈레스가 죽은 뒤 이오니아인들은 페르시아의 지배하에 들어가고 말았다.

7현인

탈레스는 증명된 명석함 덕분에 고대의 유명인사들로 구성된 그룹인 '7현인(賢人)'에 속하게 되었다. 이들은 사실 서로 큰 연관성이 없다. 단지 기원전 5세기 초반에 사람들이 7이라는 숫자가 지닌 신비한 이미지 때문에, 이성과 지력을 뛰어나게 발휘한 남자들 중에서 7명을 선별한 것이었다. 그러나 누가 여기에 속했는지에 대해서는 사람들의 의견이 완전히 일치하지 않았다. 이 '7명의 현인'에 포함된다고 알려진 총 17명의 이름 목록들이 발견되었는데, 탈레스는 언제나 이 목록에 포함되어 있었다. 이런 점으로 보아 그가 후대에까지도 얼마나 높은 명성을 누렸는지 알 수 있다.

마찬가지로 이 명부에 항상 속했던 사람으로는 아테네 민주주의의 동반자였던 아테네인 솔론, 혹은 페르시아 때문에 이오니아 사람들이 불안에 떨었던 시기에 사르디니아 섬으로 이주해야 한다고 충고했던 비아스 등이 있었다. 7현인과 관련해서는 삶의 경험이 충만한 짧고 소중한 일화와 지혜로운 이야기들이 많이 알려져 있다.

탈레스에 대해서는 몇 가지 기본적인 그의 생각들이 공개되었다. "어려운 것은 무엇인가?"라는 질문에 대해서 그는 "자기 자신을 인식하는 것"이라고 대답했다. "쉬운 것은 무엇인가?"에 대해서는 "다른 사람들에게 충고하는 것"이라고 했다. "가장 올바르게 사는 것은 어떻게 사는 것인가?"에 대해서는 "다른 사람을 보고 비난할 만한 행동을 자기 자신은 결코 하지 않는 것"이라고 대답했다.

샘물 속에서의 철학

그러나 초기에 탈레스는 세상물정에 어둡고 정신이 산만한 학자로도 알려져 있었다. 말하자면 '7현인'의 일원으로서 다양한 방식으로 학문의 비밀들을 밝혀냈던 위대함 뒤에 또다른 이면이 숨겨져 있었던 셈이다. 이와 관련해서 한 가지 일화가 전해진다.

한번은 탈레스가 시내를 산책하면서 시선을 위로 향하고 천문학에 대한 생각에 빠져 있다가 그만 웅덩이에 빠졌다고 한다(그렇지만 이때 경험한 '물'이라는 요소와의 의도하지 않았던 만남은 만물의 근원을 물로 보는 그의 이론과는 거의 관련성이 없다고 봐야 할 것이다). 그러자 한 소박한 농가의 소녀가 그를 보면서 이렇게 비웃었다고 한다. 하늘에서 벌어지는 일을 알아내려고 애쓴다는 사람이 자기 눈과 발 앞에서 일어나는 일에 대해서는 아무것도 모른다고 말이다.

독점자본주의자 탈레스

이런 사소한 일화들은 학문 연구를 쓸데없는 짓이라고 여기는 사람들을 통해 널리 퍼져나갔다. 그리하여 학자들은 일상생활과 현실적인 삶에서 제대로 적응하지 못한다는 평가를 받았다. 그러나 고대의 지성인들은 자신들의 명예를 지키기 위해 이런 비난을 인정하지 않았다. 그들은 자신의 입장에서 반격을 시작했고 그런 과정에서 탈레스가 여러 번 대표자 역할을 맡아야 했다. 말하자면 그들은 바로 눈앞의 웅덩이에 빠진 탈레스를 건져내서 두 발로 현실세계, 즉 흔히 생각하듯 영악하며 자신을 위해 최고를 얻어내는 것이 중요한 그런 세계로 나아가는 인물로 만들었던 것이다. 특히 이때 저명한 인물인 아리스토텔레스도 탈레스의 변호인이 되었고 동시에 연구자와 학자 조합 전체의 옹호자가 되었다.

그런 영향 때문인지 로마인 키케로는 기원전 1세기에 약아빠지고 교활한 장사꾼 탈레스에 대한 이야기를 전하고 있다. 여기에 따르면 가난하고 벌이도 안되는 일을 한다는 비난을 받던 탈레스는 참다못해 돈 버는 일을 하기 위해 비밀 재산을 털어 약간의 밑천을 마련했다. 천문학 분야에서 해박한 지식을 지닌 덕분에 다음해에는 올리브가 최고의 수확을 올리게 될 것임을 예측한 그는 해가 바뀌기 전 겨울에 낮은 가격으로 밀레토스와 주변 지역의 모든 착유기를 빌려다 놓았다. 수확기가 되자 예상대로 착유기에 대한 수요가 급증했다. 물론 모든 착유기는 이미 탈레스의 손 안에 있었다. 아리스토텔레스의 말에 따르면 그래도 탈레스는 원래 받으려고 했던 만큼의 가격으로 착유기를 임대해 주었고 어쨌든 많은 돈을 벌었다고 한다.

　독점자본주의자 탈레스의 이야기가 주는 교훈은 분명했다. 철학자들과 학자들은 스스로 원하기만 한다면 세상의 모든 부를 얻을 수 있지만 그들에게는 돈이 중요하지 않다는 사실을 증명한 것이다. 혹은 아리스토텔레스의 말을 빌리자면 "철학자들은 마음만 먹는다면 얼마든지 부자가 될 수 있다. 그러나 그들은 그런 것에 관심이 없다." 결국 지식인들의 명예는 회복되었고 그후 이들에게는 많은 뛰어난 발견과 업적의 발판이 마련되었다.

터널 건축
에우팔리노스

기원전 6세기.
그리스의 기술자. 사모스 섬의 관개시설을 위해 산을 관통하는
길이 1,036㎡ 터의 터널을 만들어 물이 도시 안까지 흘러오도록 했다.

그리스의 가장 유명한 건축물은 무엇일까? 아테네의 아크로폴리스? 올림피아의 신전? 에피다우로스의 극장? 기원전 5세기에 역사가 헤로도토스는 여기에 대해 특별한 의견을 가지고 있었다. 그의 애호품들은 모두 사모스 섬에 있는 것들이었다. 헤라 여신의 신전, 300미터 길이의 인상적인 방파제, 그리고 무엇보다도 에우팔리노스의 터널이 바로 그것이었다. 헤로도토스가 판단하기에는 이 세 가지가 그리스의 가장 뛰어난 건축물이었다. 이곳의 건축물에 도취된 사람은 헤로도토스 혼자만이 아니었다. 위대한 만능학자 아리스토텔레스도 폴리크라테스가 지배했던 사모스 섬의 건축물들을 이집트의 피라미드와 같은 대열에 포함시켰다.

사모스 섬의 군주

만약 폴리크라테스가, 많은 지식을 겸비했던 역사가 헤로도토스의 이러한 선택을 알았더라면, 그리고 학문의 대가 아리스토텔레스의 이러한 평가를 알았더라면 평소에 그랬듯이 매우 우쭐거리며 기뻐했을 것이다. 그는 이런 건축물 내지는 기술 분야의 걸작들이 시공되었거나 최소한 완성되었을 당시에 사모스 섬을 지배한 인물이었다. 더 간단히 말해서 그는 사모스 섬의 군주였다. 폴리크라테스는 기원전 522년에 세상을 떠났기 때문에 헤로도토스의 찬사를 직접 들을 수 없었다. 그러나 그는 생전에 자신이 사모스 섬에 이루어놓은 것만으로도 충분히 자랑스러움을 느꼈다. 프리드리히 실러는 이런 점을 유명한 담시(譚詩) 〈폴리크라테스의 반지〉에서 잘 묘사하였다. 이 작품에는 폴리크라테스가 지붕 테라스에서 만족감에 가득 찬 채 사모스 섬을 내려다보는 장면이 등장하고 이때 폴리크라테스 옆에는 역시 깊은 인상을 받은 이집트 왕 아마시스가 서 있다.

폴리크라테스의 반지

폴리크라테스의 반지 이야기는 교훈적일 뿐만 아니라 심지어 위협적이기까지 하다. 즉 너무 많은 행운을 가진 사람은 언젠가는 그 대가를 치르게 된다는 것이 주요 내용이다. 실러는 이 이야기의 모티브를 분명히 헤로도토스로부터 얻었을 것이다. 헤로도토스는 폴리크라테스의 운명과 삶에 대해 많은 연구를 했을 것이기 때문이다. 실러의 이야기에 등장하는 아마시스는 위에서 언급한 것처럼 깊은 인상을 받을 뿐 아니라 친구인 폴리크라테스의 성공에 우려를 나타내기도 한다.

　실제로 폴리크라테스는 인생에서 행운이 따르지 않았던 일이 한 번도 없었다. 그는 지배권을 둘러싼 국내의 경쟁자들을 물리쳤고, 사모스 섬은 해양의 막강한 세력이 되었으며, 부와 평화를 이루었고, 찬란한 문화를 펼쳤으며, 끝으로 헤로도토스의 찬사를 받은 건축물들을 건설했다. 아마시스는 편지를 써서 친구인 폴리크라테스에게 이렇게 경고한다.

　"나는 자네의 대단한 행운이 전혀 마음에 들지 않는다네. 왜냐하면 나는 신들이 질투를 한다는 사실을 알고 있기 때문일세."

　아마시스는 삶의 모든 화복을 경험하는 평범한 인간의 운명이 더 낫다고 여긴다. 또한 그는 위태로워 보일 정도로 넘치는 행운에는 어떻게 대응해야 하는지 실질적인 충고를 한다. 이 충고에 따르면 폴리크라테스는 가장 소중히 여겨서 잃어버리면 가장 고통스러울 물건과 떨어져야 비로소 불행을 피할 수 있다.

　폴리크라테스는 간직하고 있던 승리의 반지를 그 대상으로 결정한다. 그는 바다 멀리 나가서 반지를 파도 속으로 던져버린다. 며칠 후에 행운의 손길로부터 벗어나기 위해 애쓰고 있던 폴리크라테스에게 한 어부가 나타나 방금 잡은 신선한 생선을 바친다. 그런데 하인이 이 생선의 배를 가르자 그 안에 폴리크라테스가 던져버렸던 반지가 들어 있다. 결국 반지는 매우 특이한 과정을 거쳐 다시 군주의 손으로 돌아온 것이다.

　폴리크라테스는 편지를 써서 아마시스에게 이 사건에 대해 알린다. 그런데 이 편지가 아마시스에게 결정적인 경고의 역할을 한다.

즉 폴리크라테스는 심지어 스스로 내버렸던 반지까지도 다시 찾게 되는 행운을 누린 것이다. 이런 일의 끝은 좋을 리가 없었다. 그래서 아마시스는 훗날 위험하리만큼 행운이 넘치는 이 친구 때문에 슬퍼할 일을 만들지 않기 위해 폴리크라테스에게 절교를 선언하고 만다. 이것이 폴리크라테스의 반지에 얽힌 이야기다.

행운 넘치는 군주의 슬픈 종말

흔히 너무 멋진 이야기들은 대부분 진실이 아니라는 맹점을 지니고 있다. 결국 이 반지 이야기도 단지 사모스 섬과 이집트 사이의 연대가 곧 깨지게 되었으며 폴리크라테스가 이집트를 정복하려는 페르시아 왕 캄비세스를 도와주었다는 역사적 사실을 전달하고 있을 뿐이다. 그러나 실제로 폴리크라테스의 행운은 효력을 다한 것이 분명했다. 페르시아는 그의 도움을 별로 고마워하지도 않았고, 오히려 그를 소아시아에 있는 한 매복지로 유인하여 죽이고 시체를 십자가에 매달았다.

사모스 섬의 흔적

오늘날 고대 사모스 섬의 흔적을 찾아보고 싶은 사람은 1955년 이후부터 피타고리온이라 불리는 섬의 남쪽 해안가에 있는 도시로 간다. 이 이름은 위대한 고대의 철학자이자 수학자인 피타고라스에게 뒤늦은 경의를 표하기 위해 붙여졌다. 피타고라스는 기원전 575년에 여기서 태어났고 후에 폴리크라테스의 전제군주적인 지배 때문에 남이탈리아의 크로톤으로 가기 위해 고향을 떠났기 때문이다. 바로 그곳에 고대에 사모스 섬의 주도였고 폴리크라테스의 주거지였던 사모스 시가 있었다. 안타깝게도 과거에 그렇게 많은 사람들의 감탄을 받았던 헤라 신전에는 기둥 하나만 유일하게 남아 있을 뿐이다.

이와 달리 오늘날 이용되고 있는 항구는 고대시대의 항구보다는 훨씬 작지만 예전의 건축물들을 토대로 세워져 있다. 그리고 가장 잘 보존되고 연구된 것이 헤로도토스가 말한 세 번째 '뛰어난 건축물'이자 기술과 공학의 걸작인 에우팔리노스의 터널이다.

에우팔리노스의 터널

에우팔리노스에 대해서는 알려진 바가 거의 없다. 사람들은 단지 그가 메가라 출신이며 그의 아버지 이름이 나우스트로포스라는 정도만을 알고 있을 뿐이다. 그러나 그가 살았던 당시에는 꽤 유명한 사람이었음이 틀림없다. 왜냐하면 폴리크라테스가 지극히 대담한 모험에 그를 참여시켰기 때문이다. 원칙적으로 가장 중요한 문제는 사모스 시에 물을 공급하는 일이었다. 무엇보다도 사모스 시가 외부로부터 포위를 당했을 경우를 대비해 필요한 일이었다. 그러나 문제는 샘물이 도시 외부에 멀리 떨어져 있다는 점이었고, 일을 더 어렵게 만들었던 것은 그 사이에 산이 놓여 있다는 것이었다. 그러나 건축기사 에우팔리노스는 몇 가지 작은 흠을 남기긴 했지만 이 과제를 매우 훌륭하게 완수해 냈다.

10년 이상의 시간을 필요로 했던 터널 건축이 끝난 후에 여전히 행운의 여신으로부터 보호를 받고 있던 폴리크라테스는 지붕 테라스에 서서 당시의 그리스 세계에서는 유일했던 시설을 흡족한 얼굴로

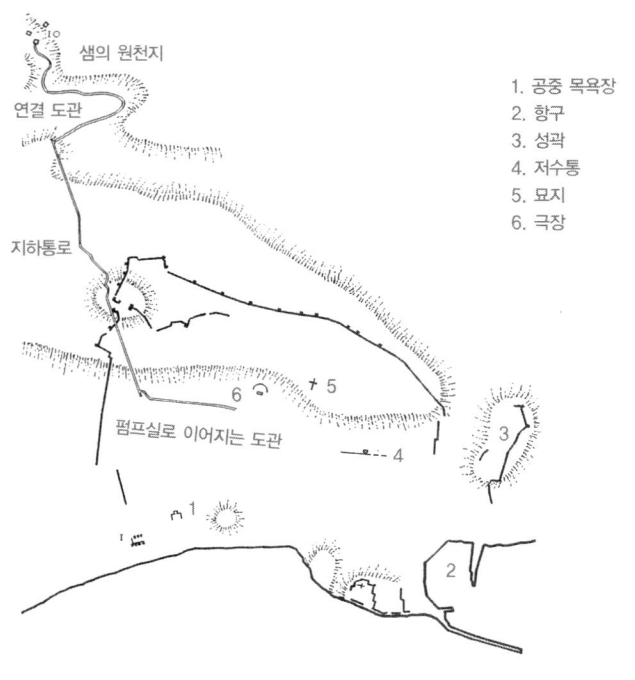

샘의 원천지

연결 도관

지하통로

펌프실로 이어지는 도관

1. 공중 목욕장
2. 항구
3. 성곽
4. 저수통
5. 묘지
6. 극장

사모스에 있는 에우팔리노스의 터널

바라볼 수 있었다. 에우팔리노스는 우선 멀리 떨어져 있는 섬의 산악
지대에 있는 샘물을 뚜껑이 있는 저수통에 모았다. 그 다음에는 길이
가 약 850미터나 되는 뚜껑이 덮인 수로관을 통해 물이 자연적인 경
사를 따라서 사모스 시 가까이에 있는 산까지 흘러오게 했다. 그리고
바로 그곳에 에우팔리노스는 자신의 걸작을 만들었다. 즉 산을 관통
하는 길이 1,036미터의 터널을 만들어서 물이 도시 안까지 흘러오도
록 한 것이다.

　이 터널은 ─ 보기에도 그렇듯이 ─ 비교적 간단한 도구들로 건설
되었다. 에우팔리노스의 터널은 소위 쌍방향 동시 작업, 다시 말해서

작업자들이 산의 남쪽과 북쪽에서 동시에 천공작업을 시작하는 방식으로 만들어졌다. 이런 과정이 전혀 위험하지 않았던 것은 아니다. 양쪽 인부들이 각자 터널을 뚫고 나아가다가 최대한 중심부에서 만나는 일이 가장 중요했다. 에우팔리노스의 경우에는 이 방식이 거의 제대로 들어맞았다. 양쪽 터널이 실제로 중심부까지 도달했을 때 남쪽 터널의 지붕은 북쪽 터널의 바닥과 1미터 정도 떨어져 있었고 약간 서쪽으로 치우쳐져 있었다. 그러나 이 정도의 차이는 수정작업을 통해 해결하면 그만이었다.

터널 안에 있는 지하통로의 높이는(폭도 마찬가지로) 약 2미터에 이르렀는데, 현대인과 비교해 몸 크기가 작았던 고대인들을 생각하면 당시 사람들은 편안하게 산 속을 통과해서 산책을 할 수 있었을 것이다. 이 지하통로 옆에 따로 평균 0.36퍼센트의 경사로 만들어진 수로가 깊이 파여 있었다. 이 터널 다음에는 도시를 향해서 620미터 길이의 지붕이 덮인 파이프가 시작되었고, 이 파이프가 물을 직접 사모스 시의 극장 근처에 있는 저수통으로 유도했다.

예루살렘의 선구자

에우팔리노스가 예루살렘에 머무른 적이 있었는지는 알려져 있지 않다. 그러나 그럴 가능성은 별로 많지 않다. 따라서 거의 200년 전에 유태인 왕 히스기야(기원전 725~697년)가 다윗과 솔로몬의 도시 예루살렘에 만들도록 지시했던 터널에 대해 에우팔리노스는 전혀 몰랐을 것이다. 그러나 이 터널이 직접적인 모델이 되지는 않았다그 해도 에우팔리노스 터널의 선구자적 작품이라고 말할 수는 있을 것이다.

당시에 예루살렘은 좋지 않은 상황에 처해 있었다. 히스기야는 아시리아 왕국과 사이가 나빠져 갈등을 겪는 중이었다. 그래서 당시에 주도적인 해양 세력이었던 아시리아 왕국이 공격해 올까봐 두려워진 히스기야는 혹시 있을지 모를 적의 포위에 대비하기 위해 광범위한 준비를 시작했다. 예루살렘의 방어 시스템에서 중요한 문제는 바로 물 공급이었다. 그런데 샘물은 도시 성벽 밖의 먼 곳에 놓여 있었다.

혹시 일어날지도 모르는 상황에 대비하여 히스기야와 그의 기술자들은 유명한 실로암 터널(예루살렘의 동쪽에 위치한 기혼Gihon 샘으로부터 흘러온 물이 터널을 지나 실로암 못에 모였는데 터널에 이 못의 이름을 붙였다)을 건설하게 되었다. 그들은 사모스의 에우팔리노스와 마찬가지로 수로관이 산을 관통해서 곧바로 도시로 이어지게 만들기로 결정했다. 그리고 이 대담한 계획은 성공했다. 물은 533미터의 거리를 통과해 곧바로 그리고 안전하게 예루살렘에 도달했다.

그런데 에우팔리노스 터널과는 달리 히스기야의 터널은 일직선으로 이루어진 것이 아니라 산을 통과하면서 모서리마다 구불구불 힘겹게 이어져 있었다. 이런 현상에 대해서는 학자들도 오늘날까지 합리적인 설명을 하지 못하고 있다. 그러나 분명한 것은 실로암 터널도 양방향에서 동시 작업으로 만들어졌다는 점이다. 두 개의 팀이 양쪽에서부터 서로를 향해 터널을 뚫는 작업을 시작했다. 이때도 양쪽 팀이 일치되는 지점에서 만나는 것이 가장 큰 문제였다. 그들은 중심부에 도달하기 바로 직전에 양쪽 측면에서 조금씩 방향을 수정했다. 그런 다음에는 남쪽 입구로부터 약 300미터, 그리고 북쪽 입구로부터 235미터 떨어져 있는 곳에서 마지막 장애물이 제거되었고 마침내 작

업자들은 서로 손을 맞잡을 수 있었다. 사람들이 훗날 터널 안의 벽
에서 찾아낸 자랑스러운 헤브라이어 비문에는 이 순간에 대해 다음
과 같이 새겨져 있었다.

> 터널을 뚫는 작업이 끝났다. 그리고 성공적으로 터널이 뚫렸다. 석공들
> 은 건너편에 있는 동료들을 향해 각자의 손도끼를 내리쳤다. 그리고 그
> 들이 3엘레(옛날에 사용하던 길이 단위로 1엘레는 약 66센티미터에 해당함)를
> 더 파내려간 후에야 비로소 양쪽의 작업자들은 서로의 목소리를 들을
> 수 있었다. 왜냐하면 그 사이에 틈새가 생겼기 때문이다. 터널이 뚫린
> 날 석공들은 동료들을 부둥켜 안고 서로 도끼를 부딪쳤다. 이렇게 해서
> 물은 출발 지점부터 도시 내부의 못까지 1,200엘레(=533미터)의 거리를
> 흘러내려왔다. 석공들의 머리 위에 있는 바위의 높이는 100엘레(=46미
> 터)에 이르렀다.

이 비문은 실제로 터널을 뚫는 대규모 사업에 참여했던 작업자들
의 역할을 인정해 주었다는 점에서 특별하다고 볼 수 있다. 이와 달
리 유태인 작가인 예수스 시라크의 글에서는 이런 측면이 빠져 있고
고대에서 흔히 그랬듯이 모든 공을 작업 지시자인 왕에게 돌렸다.
"히스기야는 물을 끌어들임으로써 도시를 안전하게 만들었다. 그는
쇠로 산을 뚫었으며 바위들 사이에 있는 못에 물을 모아두었다."
 기술적 걸작이라고 할 수 있는 이 터널은 기원전 701년 실제로 아
시리아인들이 도시 앞에 나타났을 때 막 완성되었다. 그러나 히스기
야 왕은 백성들의 기술적인 능력에 대한 신뢰보다는 적에 대한 두려
움이 더 컸던 것으로 보인다. 어쨌든 그는 예루살렘이 포위를 당하지

않게 하는 것이 더 낫다고 여겼다. 그는 자발적으로 항복했고 아시리아인들은 풍성한 약탈물을 가지고 돌아갔다. 히스기야는 예루살렘이 장기간 포위를 당하거나 혹은 파괴되는 것을 막았다는 생각으로 스스로를 위로했다. 또한 자신의 지배하에서 고대 팔레스티나의 역사상 가장 위대한 기술적 업적인 실로암 터널이 완성되었다는 사실도 그에게 큰 위안이 되었다.

로마의 실패

한편 스스로를 세계의 지배자일 뿐 아니라 자연의 정복자라고 여겼던 로마인들에게도 터널을 통해서 물길을 유도하는 일은 당연히 하나의 도전이었다. 로마인들은 항상 모든 면에서 완벽하기를 원했기 때문에 어떤 일에서든 실패를 대단히 수치스럽게 여겼다. 또한 진정한 로마인이라면 어떤 곤경에 처해서도 문제를 해결할 수 있어야만 했다. 그런 상황이 기원후 2세기에 북아프리카의 지방인 누미디엔, 오늘날의 알제리에서 벌어졌다.

이때 로마의 제3군단에 속하는 건설 담당 병사들은 샘물이 있는 지역으로부터 항구도시 살다에까지 21킬로미터에 이르는 수로관을 건설하라는 지시를 받았다. 그런데 그 중간에 산이 놓여 있어서 터널을 뚫을 수밖에 없었다. 그러나 이곳의 책임자들은 에우팔리노스와 같이 현명하지도 않았고 실로암 터널에 대해서도 전혀 듣지 못한 것이 분명했다. 이들도 양방향 동시 작업을 통해 터널을 뚫기로 했다. 작업자들은 열심히 바위 속으로 지하 갱로를 만들어갔지만 양쪽의 방향이 완전히 달랐다. 더군다나 말뚝을 이용해서 산 위에 정확한 직선

방향을 표시해 놓았는데도 불구하고 말이다.

로마의 명예를 구하다

그 결과 '살다에'라는 이름이 로마 기술력의 실패를 뜻하는 동의어가 될 위기에 처했다. 그런데 다행히도 로마 군대에는 은퇴한 토지측량사 노니우스 다투스가 있었다. 그는 애초에 '살다에 프로젝트'를 계획한 사람이었다. 그런 후에 노니우스는 자기 없이도 이 프로젝트가 실행되는 데 문제가 없을 것이라고 여기고 제3군단의 본부인 람바에시스로 돌아갔던 것이다. 그러나 얼마 후 터널 공사의 심각한 상황에 대해 듣게 되었고 서둘러 현장으로 돌아왔다. 마침내 위기 해결사 노니우스 다투스는 로마 기술력의 명예를 회복했고 482미터 길이의 터널 건설작업을 무사히 완수했다.

노니우스의 비문

노니우스가 진정한 로마인으로 인정받기에 충분했던 것은 단지 중요한 임무를 잘 해냈기 때문만이 아니다. 그는 전형적인 로마인답게 자신이 한 일을 온 세상에 알리는 것을 중요하게 생각했기 때문이기도 하다. 그래서 그는 람바에시스에 있는 비문에 자신의 영웅적인 활동을 장황하게 기록했고, 오늘날 누구나 그 사업이 정확히 어떻게 진행되었는지 읽어볼 수 있게 되었다.

노니우스는 이 비문에 자신이 살다에로 가던 길에 도적을 만난 일과 상처를 입고 돈과 물건을 약탈당했던 이야기도 적어놓았다. 물론 그는 이런 갑작스러운 사고에도 큰 지장을 받지 않았다고 한다. 그는 비문에서 "나는 작업을 정확하게 분배했고, 그럼으로써 병사들은 각자가 갱도의 어떤 구간을 작업해야 하는지 잘 알고 있었다"고 밝혔다. 그러나 노니우스는 어두운 산 속에서 구멍을 뚫는 일이 작업자들에게 결코 즐거운 일이 아니라는 것을 분명히 알고 있었다. 그래서 그는 때로는 동기부여의 전문가가 되기도 했고 병사들끼리 경쟁하도록 부추기기도 했다. 그는 병사들에게 모든 작업을 일종의 스포츠라고 생각하고 깔끔하게, 가능한 한 빨리 각자의 임무를 완수해야 한다고 설득했다.

실제로 양쪽의 두 작업팀은 대단히 근접하게 산의 중심부에서 만나게 되었다. 이와 관련해서 노니우스가 자랑스럽게 비문에 남긴 글은 다음과 같다. "그리고 마침내 산을 완전히 뚫기 위한 작업이 시작되었다." 그리고는 그가 원래부터 하고 싶었던 이야기를 덧붙였다. "내가, 즉 맨 먼저 수평면을 조사하고 방향을 지시했으며, 총독에게 제출했던 계획대로 작업을 지휘한 내가 터널 건설 사업을 완성시켰다."

노니우스가 여기서 이 터널의 완성자가 자신이라고 강조한 것은 나름대로의 이유가 있었다. 왜냐하면 막상 터널이 완성되고 물이 흐르게 되자 당시의 총독 바리우스 클레멘스가 이 건축물에 대해 많은 호감과 관심을 표시했기 때문이다. 흔히 우리가 정치가라고 부르는 사람들은 어떤 일을 자기의 업적으로 만들 수 있을 때 비로소 그 일에 관심을 가지게 마련이다. 바리우스 클레멘스도 이 터널의 완성을 자신의 업적으로 만들려는 야심을 내비쳤던 것이다. 바로 그 때문에 노니우스에게는 이 터널의 진정한 완성자를 제대로 밝히는 일이 중요했다. 터널 공사를 하면서 받았던 스트레스 때문에 노니우스는 병이 나기도 했다. 그래서 후견인이었던 포르시우스 베투스티누스가 그를 집으로 초대해 몇 개월 동안 휴식을 취하도록 배려했다. 그런데 노니우스는 이런 상황에 대해서도 침묵하는 것이 너무 어려웠던 모양이다. 결국 베투스티누스의 초대 편지를 자신의 기념비적인 비문에 함께 새겨넣었다.

로마의 도로용 터널

사실 로마인은 수로용이 아닌 도로용 터널 건설에서 더 많은 공적을 세웠다. 그러나 도로용 터널은 상대적으로 적었고 그나마 이탈리아에만 있었다. 아마도 그 이유는 도로용 터널 건설에서 요구되는 기술 수준이 수로용 터널보다 더 높기 때문이었을 것이다. 예를 들어서 도로용 터널을 천천히 통과해서 지나가야 하는 우마차의 운전자는 무엇보다도 터널 안에서 앞이 잘 보여야 했고, 두번째로는 가는 동안에 터널 안에서 질식하지 않아야 했다. 그리하여 기술자들은 터널 안에 충분한 조명과 공기를 공급하는 문제에 봉착하게 되었다. 길이가 짧은 터널에서는 특별히 큰 문제가 아니었다. 예를 들어서 고대시대의 플라미니아 가도에 있는 푸를로 고갯길의 터널은 로마에 온 관광객들이 비교적 편안하게 통과할 수 있는 곳이다. 이 터널은 기원후 77년에 베스파시아누스 황제의 지배하에서 건설된 것으로 길이 38미터에 폭 5.40미터, 그리고 높이가 약 6미터에 조금 못 미쳤다. 오늘날에도 자동차들이 이 터널을 통과해서 달리고 있다(그러나 이탈리아의 터널에 익숙해 있는 운전자들은 이 터널이 고대에 만들어졌다는 사실에 별 관심이 없다).

한 철학자의 고통

그러나 사람들이 조금 더 긴 터널을 지날 때는 불편함을 느낄 수 있었다. 예를 들면 기원전 1세기 말경에 만들어진 크립타 네아폴리타나 터널의 경우가 그러했다. 이 터널의 길이는 705미터, 폭이 4.60미터에 이르렀다. 오늘날 나폴리에서(피에디그로타와 푸오리그로타 사이에 있는) 이 터널의 입구를 본 사람들은 감탄을 금치 못한다. 이곳은 로마의 위대한 시인 베르길리우스의 것으로 잘못 알려진 고대의 묘석을 보기 위해 많은 관광객들이 정기적으로 모여드는 곳이기도 하다. 그런데 우리가 철학자이며 정치가인 세네카(또한 그는 고대의 지진 연구에서도 공헌한 바가 크다)의 말을 신뢰한다면, 이 터널을 통과하는 일은 고문 그 자체였던 것으로 보인다.

"이보다 더 긴 감옥은 없으며, 이보다 더 흐릿한 횃불은 없을 것이다. 이곳의 횃불은 우리로 하여금 어둠 속을 보게 하는 것이 아니라 오직 횃불 자체만을 보게 만든다. 그리고 이곳에 환한 빛이 있다 해도 그 빛은 먼지만을 삼키게 될 것이다……. 우리는 서로 상반되는 두 가지 괴로운 일을 동시에 견뎌야만 했다. 우리는 바로 같은 날 같은 길에서 동시에 진흙과 먼지 때문에 고통을 겪었다."

아마도 나폴리에서의 첫번째 터널 방문이 세네카에게는 마지막 터널 방문이었을 것이다. 그리고 아마도 그가 훗날 바이아에로부터 나폴리로 여행을 했을 때는 비록 뱃멀미에 시달릴지라도 뱃길을 선호했을 것이다. 그렇지만 세네카는 절대적인 비관주의자는 아니었던 탓에 이런 모험을 통해서도 나름대로 긍정적인 점을 찾아냈고 이렇게 글로 적었다.

"터널 속의 어둠은 내가 깊이 생각해 보아야 할 무엇인가를 던져주었다. 나는 강렬한 인상을 받았고 낯선 상황과 그것의 불쾌함이 유발한 변화를 두려움 없이 느끼게 되었다."

다리 건설
다리우스 1세

기원전 522-486년.
페르시아의 대왕. 군사 목적으로 보스포러스 해협을 지나는 선교를 건설했다.
그리스 본토를 침공했으나 마라톤 전투에서 패했다.

최근에 발표된 연구 결과, 교황은 결코 다리 건설자가 아니라는 사실이 밝혀졌다. 교황이 다리 건설자가 될 뻔했던 연유는 이렇다. 공식적으로 가톨릭교회의 고위 사제들은 라틴어로 폰티펙스(Pontifex)라고 불린다. 이것은 지극히 정확한 표현으로 폰티펙스란 원래 '사제'를 의미하는 단어이기 때문이다. 고대 로마에서도 사제를 폰티펙스라고 불렀다. 그런데 로마의 학자들이 이 단어의 어원에 대해 연구를 하게 되었다.

그 중에서 고고학자인 바로(Varro)는 기원전 1세기에 이 단어가 명사 'pons(다리)'와 동사 'facere(하다, 생산하다, 건설하다)'가 합쳐진 것이라고 생각했다. 말하자면 폰티펙스는 '다리를 건설하는 사람'이라는 뜻이 되는 것이다. 그러나 현대의 언어학자들은 그 동안 논의를 통해서 'pons'라는 단어가 여기서는 '다리'를 뜻하는 것이 아니라 '길'을 뜻한다는 의견에 합의하게 되었다. 그러므로 'Pontifex'는 길을 만들어주는 사람, 혹은 개척자인 것이다. 그러나 로마에서 어떻게 개척자가 사제가 될 수 있었는지에 대해서는 여전히 밝혀지지 않고 있다. 어쨌든 다행히도 교황이 다리 건설자로 해석될 위기는 지나갔다.

다리 건설의 대가

고대 로마인들은 실제로 다리 건설에 매우 유능한 민족이었다. 그들은 과거에 로마제국의 모든 지역에 인상적인 석교(石橋)들을 많이 건설하였고 그 일부분은 오늘날까지도 남아 있다. 또한 그 중에서 어떤 것은, 예를 들어 트리어에 있는 모젤 다리는 여전히 제구실을 하고 있다. 로마에서 버스나 화물차를 타고 오래된 다리를 건너는 사람도 무너질 걱정을 전혀 하지 않는다. 2,000년 후에도 로마의 다리들은 여전히 튼튼할 것이며 이로써 로마인의 다리 건설 기술은 확실하게 증명되고 있다.

오리엔트 문명의 다리들

로마인은 다리 건설의 대가들이었지만 다리의 발명자는 아니었다. 다리와 관련된 기술적인 혁신의 출발점을 찾아가 보면 흔히 그렇듯이 우리는 고대 이집트와 메스포타미아 문명에 이르게 된다. 이집트인들도 일찍부터 돌로 만든 다리에 대해 알고 있었는데, 그들이 돌을 재료로 사용했던 것은 무엇보다도 이 나라에서는 나무가 부족했기 때문이다. 가장 오랫동안 남아 있는 다리는 파라오 케프렌(기원전 3세기 중반)의 시대로 거슬러 올라간다. 케프렌은 이집트의 기자에 있는 유명한 피라미드들 중 하나를 통해 불멸의 존재가 되었다. 메소포타미아에서는 아마도 네부카드네자르 2세(기원전 605~562년)의 지배하에 만들어졌을 것으로 보이는, 유프라테스강을 가로지르는 다리가 사람들의 감탄을 자아냈다. 이 다리는 길이가 126미터에 폭이 15미터까지 이르며 선체의 형태로 8개의 교각 위에 세워졌다.

또한 초기의 그리스인들도 몇몇 뛰어난 다리를 만들었다. 미케네 시대, 즉 기원전 2세기 후반부에 건설된 많은 다리들이 널리 알려져 있는데, 이 다리들은 주로 소위 까치발 공법으로 지어졌다. 돌을 쌓을 때 조금 커다란 돌을 바로 밑에 놓여 있는 돌멩이들보다 조금 앞으로 튀어나오도록 놓는 방법이다. 이 기술은 역사적으로 가장 최초의 방식으로 볼 수 있는 각목공법에 비해 확실한 진보를 의미하는 것이었다. 각목공법에서는 나무나 돌로 된 수평의 각목을 지지대로 사용한다.

자의식이 강한 지배자

그러나 고대에서 가장 멋진 장관을 이루었던 몇몇 다리는 사실 지속적으로 사용하기 위해서가 아니라 물을 건너기 위해 임시방편으로 만들어졌다. 대부분 이런 경우는 대규모의 군대가 강을 건너야 하는 군사작전의 일환으로 진행되었다. 이와 관련해서 페르시아의 왕 다리우스 1세가 대표적인 사례를 만들었다.

기원전 522년에 명성이 높은 아케메네스 왕조의 다리우스 1세가 거대한 페르시아 왕국의 지배자가 되었다. 오늘날 이란으로 여행을 가는 사람은 비시툰 산길의 절벽에서 다리우스의 위대함을 확인할 수 있는 유적을 만나게 된다. 즉 다리우스는 이곳에 있는 60미터 높이의 바위벽에 기념비적인 비문을 새겨놓았는데, 자신을 안팎의 반대자들을 이겨낸 위대한 지배자로 소개하고 있다. 또한 이 비문에는 자신의 뛰어난 능력과 정복자로서의 정당성을 자랑하는 글도 함께 기록되어 있다.

군대 상륙을 위한 다리

그런데 다리우스가 기원전 513년에 남러시아 지역에 사는 유목민족인 스키타인을 상대로 원정을 떠났을 때는 이런 그의 자질이 충분히 발휘되지 못했던 것 같다. 우선 그와 그의 군대가 마주친 자연의 장벽은 보스포러스 해협, 바로 흑해와 마르마라해 사이에 있는 폭이 좁은 해협이었다. 보스포러스 해협에서 폭이 가장 좁은 곳은 약 550미터인 곳도 있었다. 이곳이 바로 터키인들이 1453년 콘스탄티노플 정복 직전에 이 해협을 감시하기 위해 요새 루멜리 히사리를 건설한 곳이다. 다리우스는 이 지점에서 자신의 군대를 유럽 쪽 해안에 상륙시키려 했다. 그런데 고정된 다리를 건설하는 것은 여러 가지 이유에서 바람직하지 않다고 여겼다. 그래서 다리우스는 선교(船橋, 교각을 사용하지 않고 배나 뗏목 따위를 잇대어 맨 다음 그 위에 널빤지를 깔아서 만든 다리 - 옮긴이)를 놓기로 했고, 여러 척의 배를 나란히 닻을 내리게 하여 통행로를 마련했다. 이런 방식으로 다리우스의 군대는 편안하게 해협을 건널 수 있었다.

천재적인 기술자

실제로 선교를 설치하는 일은 뛰어난 기술적 지식을 필요로 했다. 그런데 다행스럽게도 다리우스에게는 사모스 출신의 그리스인 기술자 만드로클레스가 있었다. 사실 전설적인 유명세를 타게 된 보스포러스 해협의 선교 건설에 따른 명성은 원래 만드로클레스에게 돌아가야 했을 것이다. 그러나 역사 속에서 흔히 있는 일이듯 건축가의 공적은 일을 지시한 왕의 명성 뒤편으로 밀려났다. 그렇지만 만드로클레스도 큰 손해를 보지는 않았다. 그리스의 역사가 헤로도토스가 기록한 바에 따르면 다리우스는 "이 다리에 대해 매우 만족했고" 만드로클레스에게 풍족한 선물을 하사했다고 한다.

그리고 뛰어난 사모스인으로서 만드로클레스는 스스로 이 위대한 건설 사업에서 자신이 해낸 몫을 인류에게 직접 알리기 위해 나름대로의 조치를 취했다. 즉 그는 다리우스의 하사품 대부분을 그림으로 그리게 했다. 또한 이 그림에는 다리를 건너는 페르시아인의 행군 모습도 그려져 있고, 해안가에서 왕관을 쓴 다리우스가 만족스럽게 다리를 지켜보는 모습도 함께 묘사되어 있다. 만드로클레스는 이 미술 작품을 자신의 고향 사모스 섬에 있는 헤라 신전에 바쳤다. 그리고 그림 옆에는 당시의 상황을 우회적으로 표현한 비문이 새겨져 있다.

"만드로클레스가 어류가 풍부한 보스포러스 해협을 다리로 연결하였고, 다리 건설을 기념하기 위해 이 그림을 헤라 여신에게 바쳤다. 이 다리가 다리우스 왕의 뜻대로 성공했기 때문에 그 자신을 위해서는 월계관을 얻었고, 사모스를 위해서는 사후의 명성을 얻었다."

크세르크세스의 다리

사모스 섬의 헤라 신전에는 오늘날 남아 있는 것이 아무것도 없다. 따라서 만드로클레스의 그림에 대한 흔적도 더 이상 존재하지 않는다. 그러나 그의 선교와 비교될 수 있는 한 대규모 작업에 대한 헤로도토스의 기록을 보면 이 일이 페르시아의 기술적인 작업 방식에 얼마나 큰 영향을 끼쳤는지 잘 나타나 있다. 이 대규모 작업이란 다리우스의 후계자인 크세르크세스가 기원전 480년에 벌였던 일을 말한다.

당시에 대규모 침략부대의 최고책임자로서 그리스를 굴복시키려 했던 소아시아 출신의 페르시아 왕 크세르크세스는 군대를 이끌고 그리스인들이 헬레스폰투스라고 불렀던 다르다넬스 해협에 도착했다. 그는 이 해협을 건너기 위해 아비도스 옆에 있는 가장 폭이 좁은 구간을 선택했다. 그러나 이곳 역시 폭이 약 1,200미터에 이르렀다. 처음에 이 계획의 전망은 그다지 좋지 않았다. 힘들게 건설한 선교가 폭풍으로 망가졌기 때문이다. 그리스의 기록에 따르면 크세르크세스는 이 사건을 개인적인 모욕으로 받아들였고 아무런 죄도 없는 바다에게 300대의 체벌형을 내렸다고 한다. 또한 그는 동시에 사람에게도 잘못이 있다고 생각했기 때문에 책임을 맡았던 기술자들을 처형시켰다.

두 번째 시도에서는 일이 매우 순조롭게 진행되었다. 아마도 새로이 임무를 위임받은 건축가들이 전임자들의 불행한 운명을 지켜보았으므로 특히 더 노력을 기울였기 때문일 것이다. 헤로도토스는 이 대규모 작업에 깊은 인상을 받았고 그 모습을 상세히 묘사했다. 그의 기록에 따르면 노가 50개 있는 배와 3개 있는 배들이 함께 섞여서 혹해 쪽으로는 360척이, 그리고 반대 방향으로 314척이 늘어서 있었다. 하중을 받는 밧줄의 팽팽함을 안전하게 유지하기 위해 흑해 쪽의 배들은 비스듬하게 자리를 잡았고 후자의 배들은 헬레스폰투스의 해류 방향으로 놓여 있었다.

구조물이 잘 정지해 있도록 거대한 닻을 준비했고 동시에 바람과의 관계도 고려했다. 또한 선교 때문에 해협의 전체적인 교통이 마비되는 것을 방지하기 위해 노가 50개 있는 배와 3개인 배들 사이에 더 작은 배들이 지나갈 수 있는 충분한 자리를 확보했다. 밧줄은 목재로 된 물레를 이용해서 육지로부터 팽팽하게 당겼다. 그런 다음 나무 둥지들을 베어다가 밧줄로 서로 연결함으로써 배 위에 강을 건널 수 있는 발판을 만들었다. 마지막으로 흙을 단단하게 다져 선교 위의 길을 완성했다. 또한 위험한 상황에 대비해 양쪽 가장자리에 난간을 만들었는데, 실제로는 병사들이 물속으로 빠질 것을 걱정해서가 아니라 함께 데려간 가축들과 말이 물을 보고 두려워할 것을 방지하기 위한 장치였다.

이목을 집중시키는 낙성식

이러한 기술적인 걸작의 완성을 사람들이 이용하지 않을 리가 없었다. 크세르크세스와 같은 지배자는 이 다리를 이용해서 의도적인 연출을 하기도 했다. 그는 다리가 완성되자 일출 때를 기다려 몇 가지 제물을 바치는 행사를 거행했고 태양신에게 유럽을 정복하는 일에 그 어떤 장애물도 없게 해달라고 간절한 기도를 올렸다. 이때는 헬레스폰투스도 매질을 당하는 대신에 제물로 황금 원반, 황금 잔,

그리고 페르시아의 칼을 받았다.

그 다음으로 이어진 다리 건너기 행진은 엄격하게 정해진 바에 따라 진행되었다. 우선 보병과 기마병이 흑해를 향하는 쪽으로 다리를 건넜다. 수송대와 하인들은 에게해 방향으로 건넜다. 헤로도토스의 설명에 따르면 페르시아 군대가 선교를 건너는 데는 7일 낮과 7일 밤이 걸렸다고 한다. 제일 끝으로 드디어 왕이 다리를 건넜다. 그러나 이 당시를 회고하면서 크세르크세스는 이 모든 화려한 행사가 과연 의미가 있었는지에 대해 의심스러웠을 것이다. 왜냐하면 이 다리를 건너간 페르시아의 침략 부대는 그리스의 살라미스와 플라타이아이에서 역사적인 패배를 당했기 때문이다. 그러나 최소한 거대한 선교의 건설만큼은 그의 공적 리스트에 포함될 수 있었다.

사례가 주는 교훈

어쨌든 선교와 관련된 크세르크세스의 활약은 쉽게 잊히지 않았다. 전기작가인 수에토니우스의 표현에 따르면 훗날 로마의 황제 칼리굴라(기원후 37~41년)는 크세르크세스와 헬레스폰투스로부터 깊은 인상을 받고 이탈리아의 바이아에와 푸테올리 사이에 3,600척의 배를 이용한 다리를 만들었다고 한다. 그는 도처에서 화물선을 끌어와야 했고, 그 위에 마치 아피아 가도처럼 단단하게(즉 포장용 포석으로) 다진 지층을 만들었다. 결코 평범하지 않았던 칼리굴라는 이 기술적인 대작의 낙성식에서 페르시아 왕을 그대로 모방했고, 그 자신은 가죽 방패, 검, 황금 외투를 입고 요란하게 꾸민 말을 타고 다리를 건넜다. 그런데 수에토니우스는 칼리굴라의 이런 행동이 단순히 크세르크세스의 모방일 뿐이라고는 생각하지 않았다. 그는 조금 다른 내용을 알고 있었기 때문이다.

칼리굴라의 전임 왕이었던 티베리우스는 칼리굴라가 자신의 후계자가 되는 것을 두려워했었다. 그러자 궁궐의 점성가는 칼리굴라가 황제가 되는 것은 마치 그가 말을 타고 바이아에 만을 건너는 것만큼이나 가능성이 없는 일이라고 티베리우스를 안심시켰다. 그런데 칼리굴라가 바로 그렇게 말을 타고 선교를 통해 바이아에 만을 건넌 것이다. 아마도 칼리굴라는 이런 행사를 통해 점성가의 예언에 반박하고자 했을 것이다.

카이사르의 특별한 업적

페르시아의 왕 크세르크세스가 감행했던 다리 건설 사업은 단지 군사적인 필요성 때문만은 아니었다. 그에게 더 중요한 것은 역시 명성이었다. 425년 뒤에 유명한 로마의 전쟁영웅도 지극히 유사한 동기로 다리를 건설했다. 바로 율리우스 카이사르였다. 라틴어 수업을 들은 세대라면 누구나 가이우스 율리우스 카이사르의《갈리아 전기》덕분에 꽤 고생한 기억이 있을 것이다. 이 책은 카이사르가 갈리아 전쟁(기원전 58~51년) 동안에 자신이 로마와 제국을 위해 어떤 불멸의 공적들을 쌓았는지를 동시대인들에게 분명히 알리기 위해 자신의 모든 지적인 에너지와 작가로서의 재능을 발휘해 쓴 책이다. 그러나 일반적인 동시대인들과 현대의 역사가들은 이 책에서 전쟁 이야기보다는 위대한 군인 율리우스 카이사르의 ― 물론 대단히 뛰어난 ― 자기 묘사를 보았을 뿐이다. 또한 그는 특별한 선구자적 업적을 이루고 싶은 유혹을 이겨내지 못하고 일을 벌이기도 했다. 바로 기원전 55년 라인강의 다리 건설이 그런 시도였다.

깊은 인상을 주는 다리

카이사르는 자신이 만든 다리에 대해 꽤 상세히 묘사했지만 동시에 혼란스럽게 설명을 해놓았다. 그래서 훗날의 모형 제작자들에게 이 다리의 축소 모형을 만드는 일은 힘겨운 도전이 되었다(아름다우면서도 실제 외형과 상당히 유사한 모형들이 오늘날 본에 있는 라인지방 박물관과 안더나흐 박물관에 보관되어 있다). 카이사르에게 우호적인 역사가들은 제1차 세계대전 후에 독일군 공병들도 동일한 건설 방식을 사용했다는 점을 즐겨 언급한다. 고대의 작가들도 이 다리에 깊은 인상을 받았다. 전기작가인 수에토니우스는 이렇게 쓰고 있다. "카이사르는 다리를 건설한 후에 최초의 로마인으로서 라인강의 다른 편에 살고 있던 게르만인들을 공격하였다. 그리고 그들에게 대단히 심각한 패배를 안겨주었다."

한편 그리스인 플루타르코스는 조금은 비꼬는 투로, 카이사르의 라인강 다리는 자신의 기대를 능가하는 것이기는 하지만 완성하는 데 열흘 이상도 필요하지 않았을 작품이라고 말했다. 물론 그는 이 다리 건설이 카이사르가 최초로 군대를 이끌고 라인강을 건너는 명성을 누리기 위한 것이었다고 덧붙이는 것을 잊지 않았다.

한편《갈리아 전기》에는 이런 생각과는 전혀 다른 내용도 들어 있다. 즉 게르만인들이 갈리아인을 도와주기 위해서 자주 라인강을 건너오자 카이사르는 로마의 적을 돕는 것이 무엇을 의미하는지 보여줄 필요가 있다고 생각했고 이때가 바로 기회라고 여겼다는 것이다. 물론 그는 간단히 배를 타고 라인강을 건너갈 수도 있었을 것이다. 그러나 카이사르의 거만한 표현에 따르면 그런 방식은 자신과 로마의 품위에 어울리지 않는 일이었다.

카이사르의 라인강 다리

이 다리가 건설되었던 현장은 아마도 노이비트, 즉 코블렌츠 북쪽에 있는 곳으로 추측된다. 이런 추측이 확실한 사실은 아니지만, 어쨌든 라인강에서 발견되었고 카이사르 다리의 잔존물로 여겨지는 나무 기둥의 부품들이 노이비트에 대한 정보를 알려주고 있다. 앞에서 언급한 것처럼 다리 건설에 대한 카이사르의 글이 훗날 모형 제작자들의 골치를 썩인 이유는 그가 전체적인 구조를 묘사한 것이 아니라 단지 기술자들이 보여준 몇 가지 기술적인 변화에 대해서만 설명했

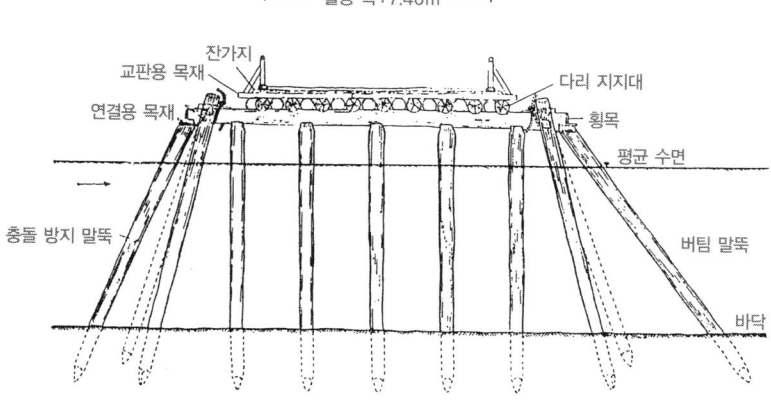

라인강 다리의 재구성

기 때문이다.

이 다리는 소위 홍예다리(양끝이 처지고 가운데를 높인 무지개 형태의 다리를 일컬음 - 옮긴이) 방식의 것으로서 기술적인 측면에서 선구적인 다리로 평가받고 있다. 그 현장이 노이비트라는 가정이 맞다면 이 다리는 라인강 위로 400미터 이상 이어져 있어야 했을 것이다. 카이사르가 직접 쓴 글에 따르면 두 개의 말뚝이 한 쌍이 되어 60센티미터의 거리를 두고 서로 연결되었다. 그리고 사람들은 이 말뚝들을 강바닥에 세워서 두들겨 박았는데, 카이사르가 강조했던 것처럼 일반적인 방식대로 수직으로 박은 것이 아니라 물의 방향을 따라 비스듬하게 박았다. 건너편에는 12미터의 거리를 두고 역시 두 개가 한 쌍으로 이루어진 말뚝들이 이어져 있고 계속해서 물의 방향으로 고정되어 있었다. 그리고 그 사이를 60센티미터 두께의 횡목(橫木)이 연결하고 있었다. 이 횡목들의 세로 방향으로 말뚝들이 나란히 연결되었고 횡목들 위에는 긴 장대들을 엮어 만든 판들이 놓여졌다.

기술자들은 다리의 안정성을 더욱 높이기 위해 강물의 흐름 방향으로 서 있는 기둥 옆에 비스듬한 말뚝을 추가로 박았는데, 이것은 강물에 대한 역압(逆壓)을 만들기 위해서였다. 또한 다른 민족들의 방해공작에 대비해 다리 위쪽에 있는 강물 속에 또다른 말뚝들을 박아놓았다. 예를 들면 게르만인들이 다리를 흔들리게 하거나 파괴시킬 목적으로 커다란 통나무를 강 위쪽에서 떠내려 보낼 경우 이 통나무들을 막아줄 말뚝들을 박아놓은 것이다.

트라야누스의 도나우강 다리

만약 카이사르가 라인강 다리에 관한 설명을 그림으로 남겼다면 훗날 모형 제작자들의 작업은 훨씬 쉬워졌을 것이다. 그러나 우리는 당시의 카이사르로부터 너무 많은 욕심을 낼 수는 없다. 왜냐하면 카이사르는 마침 이 시기에 대단히 바빴기 때문이다(물론 우리가 수에토니우스의 글을 통해 알고 있듯, 그는 여러 가지 일을 동시에 해낼 수 있는 부러운 위치에 있었지만 말이다).

이런 카이사르와는 달리 다른 다리의 건설자들은 친절함을 발휘해서 그림으로 다리의 모습을 남겨놓기도 했다. 그런 그림들 중 하나가 로마에 있는 트라야누스 황제(기원후 98~117년)의 광장에 세워진 33미터 높이의 기둥에 있는 그림이다. 이 기둥은 트라야누스 황제가 오늘날의 루마니아인 다키엔에서 거둔 승리의 기념물로 만들게 했던 것이다. 길이가 200미터에 이르는 넓은 띠 모양으로 기둥에 새겨진 이 양각 작품에는 전쟁의 장면들이 잘 묘사되어 있다. 그래서 이 기둥은

도나우강의 선교, 로마 트라야누스 광장의 기둥

로마의 군대와 로마의 표현기술에 대한 소중한 자료이기도 하다. 이 그림에는 선교를 건너고 있는 군단의 모습이 표현되어 있는데, 아마도 다리우스와 크세르크세스가 이 작품을 보았다면 매우 기뻐했을 것이다.

또한 우리는 여기서 로마 황제시대의 뛰어난 기술적 기념물로 평가받는 거대하고 튼튼한 다리도 볼 수 있는데 흔히 '트라야누스의 다리'라고 불렸다. 트라야누스에게도 만드로클레스와 같은 인재가 있었는데 그가 이 다리의 실질적인 작업 책임을 맡았다. 바로 시리아의 다마스쿠스 출신으로 유명한 기술자이며 건축가인 아폴로도로스였다. 카르파티아 남부의 '철 문'이라고 불리던 곳, 즉 오늘날의 도시 드로베타 투르누 세베린의 부근에 20개의 기둥 위에 만들어진 이 석교가 도나우강 위로 1.1킬로미터가 넘게 펼쳐져 있었다. 이 다리의 건설 기간은 총 2년(기원후 103년부터 105년까지)이었다고 한다.

다리를 파괴한 하드리아누스

트라야누스의 도나우강 다리는 이미 고대시대에 충분한 인정을 받았다. 그리스의 역사가 카시우스 디오는 심지어 이 다리에 대해 지나치게 열광적인 반응을 보이기까지 했다. "트라야누스는 도나우강 위에 석교를 만들었는데, 아무리 감탄해도 모자랄 정도의 위대한 업적이었다. 그의 다른 작품들도 웅대하지만 이 다리는 그 모든 것을 능가한다." 그런데 우스운 것은 카시우스 디오가 이 글을 썼을 때는(기원후 3세기 초) 그렇게 감탄했던 기술적 걸작이 아직 미완성 상태였다는 점이다.

그러나 트라야누스의 후계자인 하드리아누스(기원후 117~138년)는 이 다리에 깔려 있는 모든 목재들을 치우도록 했다. 그때 이후로는 단지 기둥들만이 물속에 외롭게 서서 로마의 발달된 토목기술을 보여준다. 침묵하는, 그러나 보기 흉한 반토막의 증거로만 남아 있는 것이다. 당시 하드리아누스의 이런 결정은 결코 비이성적이었던 것이 아니었다. 그는 다리라는 것이 결코 일방통행만을 위한 것이 아님을 잘 알고 있었다. 로마인들이 이 다리를 통해서 편안하게 도나우를 건너 행군을 할 수 있다는 것은 반대로 적들도 이 다리를 통해 강을 건너올 수 있다는 뜻이기 때문이다. 재임 기간 동안에 로마제국을 역사상 가장 넓게 확장시켰던 트라야누스와는 반대로 하드리아누스는 지극히 신중한 황제였다.

착각에 빠진 다리 건축가

남겨진 자료에 따르면 하드리아누스는 단지 트라야누스의 도나우 강 다리만 해체시킨 것이 아니라 아폴로도로스의 건축물들도 없앴다고 한다. 트라야누스의 시대에 시리아 출신의 아폴로도로스는 능력을 인정받고 큰 성공을 거두어 로마에 기념비적인 트라야누스 광장을 건설하였다. 그러나 이런 성공이 아마도 그를 거만하게 만든 듯했다.

아직 트라야누스가 지배를 하던 시대에 그는 황제와 건축 계획에 대해 토론을 하게 되었다. 이때 하드리아누스가 전문적인 내용의 대화에 끼어들자 아폴로도로스가 그를 향해 당신은 이런 일에 대해서는 전혀 알지 못하니 가서 호리병박이나 돌보는 것이 좋겠다고 말했던 것이다. 여기서 호리병박이란 일종의 비유적인 표현으로 당시에 미술적 감각이 있던 하드리아누스가 마침 작업 중이었고 스스로 대단히 자랑스러워했던 그림을 의미했다.

하드리아누스는 황제가 된 다음에도 뛰어난 전문가인 아폴로도로스로부터 건축의 전문가로서 인정받고자 노력했다. 그는 아폴로도로스에게 자신이 직접 기획한 신전의 건축 계획을 보여주고(아마도 가식적인 겸손함으로) 이 계획이 성공할 수 있을지 물어보았다. 그런데 아폴로도로스의 전문적 감정은 혹독했을 뿐 아니라 나중에는 어설픈 지식을 갖고 있는 황제를 업신여기기까지 했다. 그는 당황해 하는 하드리아누스에게 황제가 설계한 신의 조각들은 신전 내부에 놓기에는 너무 크다고 평했다. 그리고는 아마도 여신들이 일어나서 밖으로 나가고 싶어도 그럴 수도 없을 것이라고 조롱하듯 말했다. 이런 말이 황제의 마음에 들었을 리가 없었다. 카시우스 디오에 따르면 아폴로도로스는 먼저 추방을 당했고 후에 처형되었다고 한다. 그러나 하드리아누스가 소위 아폴로도로스 사건 때문에 도나우강의 다리를 파괴했다는 것은 완전히 허무맹랑한 가정일 뿐이다. 왜냐하면 그런 일을 하기에는 너무도 이성적이고 신중한 황제였기 때문이다.

다리와 왕국의 개발

그렇지만 다리를 파괴하는 것보다는 다리를 건설하는 것이 여전히 로마인들의 주요한 관습 중 하나였다. 다리는 왕국의 기본 시설 개발을 위한 중요한 도구였다. 그래서 로마인들은 모든 지방에 도로를 건설했던 것처럼 수없이 많은 다리를 세웠다. 현재까지 1,000여 개가 넘는 다리가 확인되었고 그 중에서 많은 것들이 아직까지 보존되어 있거나 최소한 기본 구조물이 남아 있다. 로마의 다리는 건너는 사람이 편안하고 기분 좋도록 만들어졌다. 다리 가운데에는 차도가 만들어져 있고, 양쪽 옆에는 경우에 따라서 보행자용 인도와 난간이 있었다. 그리고 로마인들은 강물이 흐르는 방향 때문에 발생할 수 있는 문제에 대처하는 법도 잘 알고 있었다(위대한 카이사르가 이미 보여주었던 것처럼 말이다). 즉 그들은 마치 뱃머리가 강물 방향으로 향하는 것처럼 다리의 기둥들을 물이 흐르는 방향으로 세웠다.

화려한 구경거리

로마의 황제시대에 건설된 다리 중에서 가장 화려하면서 오늘날까지 보존되어 있는 걸작품은 스페인 서부의 알칸타라에 있는 다리다. 높이 45미터에 200미터 길이의 이 석교는 로마인들이 타구스라고 불렀던 타호강 위로 펼쳐져 있다. 이 다리의 건설은 트라야누스의 지배 기간에 이루어졌는데 오늘날까지도 완전한 아름다움을 발산하고 있다. 후계자인 하드리아누스가 이 다리를 파괴되지 않았다는 것은 그가 실제로 다리에 어떤 반감을 가졌던 것이 아니라는 분명한 증거로 볼 수 있다.

운하 건설
크세르크세스

기원전 486 - 465년.
페르시아의 대왕. 그리스의 아토스 반도에 두 척의 커다란 갈레선이
나란히 지나갈 수 있는 운하를 건설했다.

오늘날 그리스 북부의 칼키디케 지역에서 아토스 반도를 방문하는 사람들은 제일 먼저 비잔틴 시대에 만들어진 아름다운 수도원 건물들에 관심이 쏠리게 된다. 그렇지만 여기서 고대의 야심찬 프로젝트의 흔적을 찾아보는 것도 매우 의미 있는 일일 것이다. 바로 페르시아의 왕 크세르크세스 1세가 기원전 480년에 반도와 대륙을 연결하는 좁은 지협에 건설한 운하의 흔적이다. 이 사업에 들어간 비용은 너무도 막대해서 역사가들이 운하 건설에 관한 고대 자료들이 사실이 아닐 것이라고 간주했을 정도였다. 그러나 인류학자들의 연구가 이미 오래전에 그런 자료들이 분명한 사실임을 밝혀주었다.

오늘날 이 운하는 다시 육지로 메워졌다. 그러나 주의력 있는 관찰자라면 인위적으로 생긴 경사지와 외벽의 기초 구조물들을 놓치지

않을 것이다. 그리고 매해 봄에는 크세르크세스의 작품인 운하가 있던 자리에서 식물의 생장을 예고하는 싹이 돋아난다. 이 구역은 주변의 다른 곳보다 토양의 밀도가 훨씬 더 낮은 덕분에 초록색 식물들이 풍성하게 자라 뚜렷한 띠 모양을 형성한다.

실패한 함대작전

기원전 492년, 페르시아의 장군 마르도니오스는 함대를 이끌고 에게해의 북쪽을 통과하고 있었다. 이 원정의 목적은 변절한 트라키아인들을 상대로 페르시아의 권위를 다시 세우는 일이었다. 함대의 배들은 부족한 내항성 때문에 늘 그렇듯이 해안을 따라 항해했다. 그들은 동쪽, 즉 타오스 섬에서 오는 길이었고 마침 아토스 반도를 통과하려던 참이었다. 그때 북쪽에서 거대한 폭풍이 밀어닥쳤다. 마르도니오스의 함대는 아토스 산 절벽 쪽으로 내던져지고 말았다. 그 결과 300척의 배가 실종되었고 2만 명이 넘는 병사가 목숨을 잃었다.

그리스의 역사가 헤로도토스는 당시의 상황을 이렇게 기록했다. "아토스 근처의 바다는 괴물들로 가득 차 있어서, 많은 사람들이 그들로부터 공격을 받았고 깊은 물속으로 끌려들어갔다. 몇몇 사람들은 바위에 부딪혔고, 어떤 사람들은 헤엄을 치지 못해 익사했으며, 어떤 사람들은 얼어 죽기도 했다. 함대는 그렇게 처참한 불행을 당하고 말았다."

페르시아 왕이 얻은 교훈

그후 기원전 480년, 페르시아의 대왕 크세르크세스가 대규모 함대를 이끌고 에게해의 북쪽 해안을 따라 항해를 시작했다. 이번 원정의 군사적인 목적은 12년 전보다 훨씬 더 광범위하게 정해졌다. 바로 그리스 전체의 정복이었다. 그런데 크세르크세스는 미리부터 마르도니오스가 겪었던 재앙이 반복되지 않을까 걱정이 되었다. 그래서 3년 전부터 공병부대로 하여금 아토스의 지협을 통과하는 운하를 건설하게 했다. 이 운하를 이용하면 아토스 반도 주변의 위험한 항로들을 피해갈 수 있을 것 같았다. 크세르크세스의 신뢰를 받는 두 사람, 바로 페르시아인 부바레스와 아르타카이에스가 전체적인 감독을 맡았다.

전해지는 이야기에 따르면 운하 건설에 동원된 군인들은 채찍질을 받아가며 작업을 끝내야 했다고 한다. 기술적인 도구가 전혀 없었어도 문제가 되지 않았고 모든 것이 사람의 힘으로 이루어졌다. 도시 사네(Sane)로부터 똑바른 선이 그어졌다. 작업자들은 땅을 파내고, 파낸 흙더미를 위로 운반했으며, 위에서는 층계에 서 있는 군인들이 그 흙을 받아서 옮기는 작업을 했다. 크세르크세스가 자신의 함대를 이끌고 도착했을 때는 운하 건설이 완성된 다음이었다. 이제 아토스 반도가 아토스 섬이 된 셈이었다. 그리고 이때부터는 페르시아에서 그리스로 향하는 길이 안전해졌다.

크세르크세스의 운하

현대의 인류학자들은 연구 끝에 크세르크세스 운하의 규모를 밝혀냈다. 이 운하는 약 2,200미터 길이에 수심은 1.5~2미터에 이르렀으며, 개착 통로의 최고 깊이는 15.7미터나 되었다. 폭도 대단히 넓어서 두 척의 커다란 갈레선이 아무 문제없이 나란히 지나갈 수 있었다.

그러나 헤로도토스는 이 운하를 걸작의 지위에 올려놓을 생각이 없었다.

"내가 깊이 생각해 본 바에 따르면 크세르크세스는 자신의 힘을 보여주고 하나의 기념물을 남기기 위한, 순전한 자기과시욕에 사로잡혀 운하를 만들었음을 알 수 있었다. 그는 이런 큰 수고와 노력을 들이지 않고도 육지를 통해 배를 옮길 수 있었을 것이다. 그러나 그렇게 하는 대신에 두 대의 3인용 배가 나란히 노를 저을 수 있을 정도로 지나치게 넓은 운하를 건설했다."

하지만 그리스인들의 비난은 이 페르시아 왕에게 그다지 큰 영향을 미치지 않았다. 그는 오만한 지배자라는 명성과 더불어 살아가는 데 익숙해져 있었다. 그리스인들은 이미 공식적인 여러 가지 일들을 통해서 크세르크세스에 대해 그런 인상을 갖고 있었다. 그리스 원정

크세르크세스 운하와 지협

초기에 다르다넬스 해협에서는 페르시아 병사들이 건너가야 할 선교가 폭풍 때문에 그만 파괴된 적이 있다(앞장에서 언급했듯). 그러자 크세르크세스는 그 책임을 바다에게 물으며 채찍질을 했다. 고대의 역사가 이우스틴은 다음과 같은 글을 쓰기도 했다.

"이 페르시아 왕은 자신의 권력을 믿고서 마치 그가 자연의 지배자인 것처럼 행동했다. 즉 그는 산을 평평하게 만들고, 계곡을 메우고, 바다 위에 다리를 만들고, 거리 단축을 통해 배들을 쉽게 통과시킬 목적으로 바다의 부분들을 연결시켰다."

이집트의 운하 건설

크세르크세스의 아토스 운하는 고대 최초로 통행이 가능한 운하는 아니었다. 이와 관련된 흔적은 이집트, 바로 고대의 파라오 왕국에서 이미 찾을 수 있다. 이집트인들이 확실히 운하 건설에서는 전문가였다. 그들은 해마다 반복되는 나일강의 범람 때문에 넘쳐 들어오는 물을 다스리고 동시에 토지를 비옥하게 만드는 관개용 운하를 일찍부터 개발하게 되었다.

그러나 이집트인들은 이 문제를 보다 큰 범주에서 생각하기도 했다. 그들은 광범위한 무역을 중요하게 여겼고, 특히 아랍 세계와의 거래를 원했다. 이런 점에서 홍해로 이어지는 수로가 없다는 사실이 대단히 큰 약점이었다. 그래서 이미 람세스 2세(기원전 1290~1224년)도 현대의 수에즈 운하의 전신이라 할 수 있는 운하를 만들 생각을 했다. 그러나 그의 노력은 오로지 계획 단계에만 머물렀던 것으로 보인다. 네코 2세(기원전 610~595년)에 이르러서야 비로소 나일강을 홍해와 연결하는 프로젝트가 다시 시작되었다.

당시의 상황으로서는 엄청난 기술적 투자와 수많은 노동력의 투입으로 작업이 시작되었다. 그러나 이번에도 운하는 완성되지 못했다. 그 원인은 아직까지 알려지지 않고 있다. 그대로 믿기 어려운 헤로도토스의 설명에 따르면 이 건설 사업에서 12만 명의 이집트인이 목숨을 잃었다고 한다. 또한 그는 이 프로젝트가 다음과 같은 신탁의 내용 때문에 중지되었다고 설명했다. "그곳에 무엇을 짓든지 간에 단지 이방인들을 위한 토대가 될 것이다."

다리우스의 운하

실제로 이 사업은 그들의 '이방인', 바로 크세르크세스의 뒤를 이어 페르시아의 왕위에 오른 다리우스 1세에 의해 실현되었다. 그 사이 이집트가 페르시아의 지배하에 들어가게 되었기 때문이다. 경제적인 이유에서, 그리고 명성을 위해서 다리우스는 람세스 2세 때부터 꿈꿔온 나일강과 홍해를 직접 연결하는 운하를 마침내 기원전 495년에 완성하였다. 자세한 사항은 역시 헤로도토스를 통해 알 수 있다. 운하의 길이는 직선거리로 약 180킬로미터에 이르고, 이렇게 긴 길이는 곡선 부분을 합해서 운하 전체를 통과하는 데 총 4일이 걸린다는 것을 의미했다. 45미터에 이르는 거대한 폭 덕분에 두 척의 3인용 갈레선이 나란히 운하를 지나갈 수 있었다. 그리고 운하의 깊이는 평균 5미터에 달했다.

이 운하는 나일강의 삼각주에서 시작되어 아주 오래된 도시 부바스티스의 북쪽으로 이어지고 아라비아의 도시 파투모스를 지난 다음에 홍해로 흘러들어 간다. 실제로 이 운하가 얼마나 빈번히 왕래되었는지에 대해서는 알려진 바가 없다. 그후에 프톨레마이오스가의 왕들이나 트라야누스와 같은 로마의 황제들은 반복적으로 운하의 수리 작업을 펼쳤는데, 이는 이 운하가 얼마나 지속적으로 중요한 역할을 했는지를 짐작하게 해준다.

그러다가 아라비아 시대에 들어서 사용이 현격히 감소했고, 기원후 9세기부터 나일강과 홍해를 잇는 운하는 더 이상 사용되지 않았다. 그리고 1,000년 뒤에, 그러니까 1859년과 1869년 사이에 프랑스인 페르디난트 드 레셉스가 람세스, 네코, 다리우스의 전통을 이어 지중해와 홍해 사이에 새로운 인공 수로인 수에즈 운하를 만들었다. 물론 고대의 전신과는 다른 노선으로 건설되었다.

그리스의 운하 건설

그리스인들이 크세르크세스의 아토스 운하를 비판했다고 해서 그들이 일반적으로 인공 수로에 어떤 반감이 있었다는 뜻은 아니다. 그들은 배의 운항과 무역을 위해 이득이 있다고 여기는 곳에는 기꺼이 그리고 자주 운하를 건설하였다. 그 중에서 아마도 기원전 7세기에 건설된 것으로 보이는 레우카스 반도의 운하는 비교적 초창기의 작품이면서 동시에 고대 운하 건설의 어려움들을 잘 보여주는 사례이기도 하다.

아토스 반도와 유사하게 레우카스 반도도 좁은 지협으로 대륙과 연결되어 있었다. 흔히 이 반드 주변을 항해하는 것은 두려움의 대상이었다. 이미 호메로스 시대에도 레우카스 반도 남쪽 끝의 레우카테스 곳은 죽음의 세계로 가는 입구로 알려져 있었다. 이 지역은 항해의 위험 때문만이 아니라, 사람들이 70미터 높이의 곳에서 바다에 빠질 수 있는 위험 때문에(혹은 여류시인 사포가 주장하듯이 불행한 연인들이 스스로 이런 일을 저지르기 때문에) 결코 고대인들의 호감을 얻지 못했던 곳이다.

운하의 문제점

레우카스 지협을 통과하는 새로운 운하 덕분에 운항에 대한 부담은 현저히 줄어들었다. 이제는 배들이 해안 가까이로 동쪽 측면을 통과할 수 있었기 때문이다. 그러나 땅을 파서 운하를 만들었기 때문에 운하 안에 끊임없이 진흙과 모래가 쌓여서 정기적으로 운하를 청소해야만 했다. 그런데 하필이면 그리스의 두 강대국인 아테네와 스파르타가 각각의 동맹국들과 함께 싸움을 벌였던 펠로폰네소스 전쟁(기원전 431~404년)의 시기에 전략적으로 요긴한 레우카스 운하의 통행이 불가능해졌다. 역사가 투키디데스가 보고한 바에 따르면 스파르타의 함대는 기원전 427년에 그런 상황 때문에 지협 위로 배를 운반해야 했다고 한다. 기원전 218년에 마케도니아의 왕 필리포스 5세는 좀더 지혜롭게 사전 준비를 했다. 즉 그는 일종의 청소 주간에 병사들에게 운하를 미리 청소해 놓도록 시켰던 것이다.

로마의 운하

고대의 운하 건설은 로마에서 그 절정에 달하게 되었다. 로마의 입장에서 인공 수로와 도로, 다리의 건설은 정복 지역을 지배하기 위한 도구였고 경제적 발전의 요소였으며 특히 병사들의 일거리가 되기도 했다. 평화로운 시기에는 병사들의 넘치는 에너지를 의미 있게 활용할 기회가 없는 것(그런 경우에 혹시 혁명이나 반란으로 에너지를 발산하는 것)도 큰 걱정거리였기 때문이다.

로마의 운하 건설에서 개척자로 평가받는 또 한 사람은 킴브리와 테우토니족들과의 싸움에서 승리자로서 명성과 부를 얻은 가이우스 마리우스(기원전 158~86년)였다. 그는 기원전 104년에 남아프리카의 아를(고대의 아렐라테)에 론강의 하구와 지중해를 연결시키는 운하를 건설했다. 이것은 론강의 삼각주가 흘러내려 생긴 진흙더미 때문에 로마의 식료품 운반 선박들이 더 이상 통과를 할 수 없을 정도로 막혀버렸기 때문에 꼭 필요한 일이었다.

그리스의 전기작가 플루타르코스는 이렇게 보고했다. "그래서 마리우스는 마침 할 일이 없던 군대에게 대형 운하를 파라고 지시했고, 강물의 대부분을 이 운하로 흐르게 했으며, 그 물을 다시 해안가의 유리한 지점까지 유도했다. 그렇게 함으로써 바람과 파도로부터 안전하고 대형 선박을 감당할 수 있는 바다로 가는 넓은 통로가 마련되었다." 흔히 그렇듯이 건설자의 공적을 기려 이 운하를 '마리우스 운하'라고 불렀다. 이처럼 로마의 정치가와 장군들은 기꺼이 나라를 위해 좋은 일을 하지만 동시에 자신들의 업적이 충분히 인정받기를 원했다. 어쨌든 아를의 주민들은 대단히 고마워했다. 왜냐하면 그들의 도시가 마리우스 운하 덕분에 획기적인 경제 발전을 이루었기 때문이다.

로마의 황제시대

로마인들은 초기에 특히나 군사적으로 중요한 갈리아, 게르만 지역에 몇 개의 운하를 건설했다. 기원전 12년에 로마의 장군 드루수스(후에 황제가 되는 클라우디우스의 아버지)는 라인강 하류와 북해(아마도 조이데르해)를 연결하는 운하를 건설했다. 전기작가인 수에토니우스의 표현에 따르자면, 이 일은 '대규모 사업'이었고 운하는 마리우스의 경우와 마찬가지로 '드루수스의 운하'라고 불렸다.

기원후 46년에는 장군 코르불로가 마스강과 라인강 사이에 약 36킬로미터에 이르는 운하, 즉 코르불로의 운하를 건설했다. 고대 작가들에 따르면 이 프로젝트의 배경에는 대단히 많은 동기가 숨어 있었다고 한다. 우선 사람들은 거친 북해를 지나는 위험한 항로를 감수할 필요 없이 운하를 통해 편안하게 강을 건널 수 있었다. 둘째로 코르불로는 북해의 큰 파도 때문에 규칙적으로 일어나는 두 강의 범람현상을 개선하고자 했다. 끝으로 여기서도 병사들에게 일거리를 제공한다는 의미가 있었는데, 역사가 타키투스가 표현한 것처럼 병사들은 운하를 건설함으로써 그들의 '게으른 생활'을 포기해야만 했다.

실패한 계획

물론 로마의 운하 건설과 관련해서 항상 성공의 역사만 있었던 것은 아니다. 많은 사람들의 계획이 실현되지 못했는데 거기에는 각기 다른 이유들이 있었다. 기원전 1세기 중반에 한 지방의 총독이 모젤강과 손강 사이에 운하를 건설하려고 했다. 이 운하가 의사소통의 문제를 해결하고, 북해와 지중해 사이를 직접 연결하는 역할을 하는 동시에 힘들고 비용이 많이 드는 육로의 대안이 될 수 있을 것으로 보였다. 그러나 한 동료가 총독이 운하 건설자로 명성을 얻게 될 것을 질투하여 온갖 종류의 방해공작을 펼친 탓에 결국 이 계획은 실현되지 못했다.

이탈리아의 대단한 계획

자기과시 중독이라는 말이 전혀 낯설지 않았던 네로 황제(기원전 54~68년)도 모든 시대를 통틀어 역사에서 가장 위대한 운하 건설자로 남고 싶었다. 그런데 불행히도 그가 시작했던 두 번의 계획은 모두 실패로 끝났다. 결국 네로는 영원히 남을 운하 건설자 목록에는 들지 못했지만 그의 의도와는 전혀 다른 방식으로 관련 기록 속에 이름을 남기게 되었다.

첫번째 계획은 아베르누스 호수와 항구도시인 오스티아를 연결하는 수로를 이탈리아에 만드는 일이었다. 캄파니아 지방의 아베르누스 호수는 화려한 온천도시인 바이아에 근처에 있는데, 호수가 특별히 깊어서 로마인들에게는 죽음의 세계로 가는 입구로 알려져 있었다. 또한 신화에 따르면 오디세우스와 아이네이아스가 이곳을 통해서 죽음의 세계를 방문했다고 한다. 아우구스투스 황제의 절대적인 조력자였던 아그리파가 기원전 37년에 이곳에 — 두려운 전설에도 아랑곳하지 않고 — 항만시설을 만들어놓았다. 그리고 테베레강 하구에 있는 오스티아는 클라우디우스 황제(기원후 41~54년) 이후로 로마시의 주요 항구였다. 이곳에서 시칠리아, 이집트, 그리고 키레나이카로부터 도시 로마의 생계를 위해 대단히 중요한 곡물들을 싣고 오는 운반선들이 집결하였다. 그런데 바이아에와 오스티아 사이에 있는 해안은 위험지대였다. 많은 선박들이 궂은 날씨 때문에 항해를 포기해야 했다.

네로는 바로 이 구간에 운하를 건설해서 문제를 해결하려 했다. 그 생각 자체는 전혀 비이성적인 것이 아니었다. 하지만 문제는 네로 황제의 경우에 어떤 일에서든 극단적이고 도가 넘친다는 점이었다. 황제는 운하의 길이가 거의 200킬로미터에 달해야 한다고 생각했다. 뿐만 아니라 폭도 가장 큰 배인 5인용 갈레선이 동시에 지나갈 수 있을 만큼 넓어야 했다. 운하에 난간을 설치하는 것도 꼭 필요한 일은 아니었다. 특별히 네로 황제에게 우호적이지 않은 역사가 타키투스도 이런 점에 대해 불평을 했지만 그 안에는 운하의 건설 가능성을 인정하는 의미도 함축되어 있었다.

그러나 네로가 계획한 운하를 만들려면 척박한 해안지대를 따라서 그 사이에 놓인 산을 가로질러 통로를 만들어야 했다. 그리고 이렇게 거대한 운하를 채울 수 있는 물을 어디에서 조달한단 말인가? 단지 말라리아의 위험이 있는 로마 남부의 폼프티나 습지만이 물 공급에 충분하고 촉촉한 토지를 가지고 있었다. 타키투스에 따르면 "그 외의 모든 주변 지역은 바위나 모래로 되어 있었고 어떻게든 굴착 작업을 해낸다고 해도 아무런 의미도 없이 엄청난 수고만 들이는 것에 불과했다." 그럼에도 불구하고 네로는 작업을 시작했고 심지어 강제노역자로서 체포된 범죄자들까지 끌어들였다. 그러나 이 운하는 지역적 상황 때문에 결국 실패하고 말았다.

지속적인 테마가 된 코린트 지협

그러나 이런 실패를 통해서도 별로 깨달은 바가 없는 듯 네로는 또 다시 고대의 운하 건설에서 가장 거창한 기술적 도전을 시도했다. 바로 그리스의 코린트 지협에 운하를 건설하는 일이었다. 이 지협은 서쪽의 코린트 만과 동쪽의 사로니카 만을 구분하는 역할을 했다. 또한 지리적으로는 그리스 대륙으로부터 펠로폰네소스 반도를 구분했다. 네로 이전에도 여기에 운하를 건설하려는 시도가 이미 여러 번 있었다. 배의 원활한 통행을 위해 운하 건설은 의심의 여지없이 커다란 장점이었을 것이다. 이곳에 운하가 생긴다면 선원들은 펠로폰네소스 남쪽 끝에 있는, 폭풍이 심한 마엘라 곶 주위의 일반적인 항로를 가지 않아도 되고 이오니아해와 에게해 사이의 중요한 항로가 대략 8일에서 10일은 단축되었을 것이다.

제일 먼저 기원전 6세기 초에 코린트의 독재자 페리안드로스가 이곳에 운하 건설을 시도했다. 그런데 그는 원래의 계획이 실패하자 소위 디올코스(Diolkos), 즉 일종의 대체 운하로서 돌로 포장된 운반용 도로를 건설하였다. 그래서 1.5미터 폭의 배들을 운하 대신에 육로인 이 도로를 통해 힘겹게 지협을 가로질러 운반했다.

그 다음에는 기원전 300년경에 알렉산드로스 대왕의 계승자들 중 한 명인 마케도니아의 왕 데메트리오스 1세가 같은 시도를 하였다. 폴리오르케테스(도시의 공격자)라는 별명에서 그의 근본적인 성향이 잘 나타나 있는 데메트리오스 1세는 전문적인 학술 자료를 근거로 운하 건설을 계획했다. 기술자들은 코린트 만의 바다 수면이 사로니카 만의 수면보다 더 높다고 확신했다. 지협이 굴착될 경우 아이기나 섬과 주변의 섬들이 물속에 잠기거나 파괴될 것이 우려되었다.

사실 예전에도 수면의 차이로 인한 위험성이 운하를 건설할 때 중요한 작용을 했었고 그와 관련된 여러 가지 증거들도 남아 있다. 예를 들면 기원후 2세기 초에 로마의 속주이며 흑해의 남부 해안에 위치한 비티니아의 총독 플리니우스는 로마의 트라야누스 황제에게 바다와 니코메디아 호수와의 연결 계획에 대한 서신을 보냈다. 플리니우스는 호수가 바다의 수면보다 더 높은지를 상세히 조사해 줄 수준 측량사나 물에 관한 기술자를 보내달라고 황제에게 청했다. 왜냐하면 현지의 전문가들은 호수가 바다보다 40엘레(옛날의 길이 단위, 약 55~85센티미터에 해당됨 - 옮긴이)나 더 높다고 주장했기 때문이다. 이에 트라야누스 황제는 지원을 약속했고 현장을 자세히 조사하라고 지시했다. 호수의 물이 바다로 완전히 빠져나가지 않도록 하기 위해 이런 조사는 중요한 일이었기 때문이다.

코린트 지협을 정복하려 했던 인물 중에는 율리우스 카이사르도 있었다. 물론 그의 경우도 기술자들이 이미 기초 작업을 지시받았음에도 불구하고 단순한 계획의 단계를 넘어서지 못했다. 기원전 44년 3월 만월의 날에 카이사르는 살해되었다. 그리고 그와 함께 코린트 지협의 운하 건설 계획도 일단 사라지고 말았다.

이 과제는 다시 칼리굴라 황제(기원후 37~41년)에 의해 다시 시도되지만 역시 큰 성공을 거두지 못했다. 그 역시 카이사르처럼 측정작업을 시작했지만 본격적인 작업이 들어가기 전에 테러의 희생자가 되고 말았기 때문이다.

네로 황제의 계획

그 다음으로 코린트 운하에 도전한 사람은 바로 네로였다. 이 도전에서 네로는 어떤 것도 두려워하지 않았다. 실제로 그는 이 운하 건설에 실패했던 다른 모든 전임자들보다 훨씬 더 많은 진전을 보였다. 또한 운하의 홍보 효과를 이용한 자기연출에 도취되었던 네로는 작업 초기부터 눈에 띄는 행동을 했다. 기원후 67년에 공사가 개시될 때에는 직접 행사에 참석하기까지 했다.

수에토니우스가 전하는 바에 따르면 황제는 여기서 연설을 했고 공사의 성공에 대한 간절한 바람을 피력했다고 한다. 그런 다음 트럼펫 신호와 함께 첫 삽을 떠서 파낸 흙을 어깨에 메고 있던 바구니에 담는 일종의 퍼포먼스를 선보였다. 물론 황제는 그 이상의 육체적 노동을 시도하지는 않았다. 그 대신에 흔히 그렇듯이 건설현장에 투입되는 병사들과 함께 강제노역자들이 작업에 동원되었다. 유태인 역사가 플라비우스 요제푸스에 의하면 그런 강제노역자들 중에는 기원후 66년에 있었던 유태인 폭동 후에 유태로부터 코린트로 강제이송된 6,000명의 유태인 전쟁포로들도 포함되어 있었다고 한다.

얼마 후에 작업자들은 대단한 일을 해냈다. 마침내 지협의 양쪽으로부터 40~50미터 폭의 도랑이 만들어진 것이다. 이때 사람들은 서쪽으로부터는 2킬로미터, 동쪽으로부터는 1킬로미터까지 와 있었다. 50만 제곱미터의 땅이 이동된 셈이었다. 그런데 이 모든 수고가 물거품이 되고 말았는데, 이해할 수 없는 이유로 공사가 중단되었기 때문이다. 남겨진 자료에 따르면 그 이유로 두 가지를 들고 있다. 첫째로 데메트리오스 1세가 이미 예전에 의뢰했던 수면 차이에 대한 조사가 갑자기 문제가 되었다. 위험성을 지적한 사람들은 이집트의 학자들이었다. 그리고 두번째로 안퀴타니엔에서 일어난 소동 때문에 네로가 이탈리아로 돌아가야만 했다.

종교적인 우려

그러나 그 외에도 아마 크세르크세스가 아토스 운하를 건설할 때에도 대두되었던 우려가 여기서도 한몫을 했을 것으로 보인다. 그 우려란 바로 운하의 건설이라는 것이 신들이 만든 세상의 자연 질서에 대한 오만한 공격일 수도 있다는 종교적인 측면에서의 불안함이었다. 기원후 2세기에 그리스의 여행작가인 파우사니아스는 이렇게 적었다.

"펠로폰네소스 반도를 섬으로 만드는 작업을 했던 사람들은 먼저 지협의 굴착을 포기해야만 했다. 그들이 굴을 파기 시작했던 곳은 아직도 쉽게 찾을 수 있는데 그들은 바위로 된 부분까지도 전혀 도달하지 못했다. 그리고 지금 그 땅은 자연이 창조한 그대로 여전히 대륙으로 남아 있다. (……) 신의 작품을 억지로 바꾸는 것은 인간에게 그만큼 어려운 일이다."

이 그리스의 역사가는, 코린트에서 시도한 네로의 건설 사업과 관련해서 심지어 기괴하기까지 한 이야기도 전했다. "사람들의 걱정에도 불구하고 그는 정말로 공사를 시작했다. 그런데 작업자들이 처음 땅에 손을 대자마자 피가 솟구쳐 나왔다. 또한 비명과 울부짖는 소리가 들렸으며 많은 유령들이 나타났다."

코린트의 현대식 운하

이런 이야기들은 신의 영역으로 여겨지던 대지의 저항으로 인식되기도 했다. 단지 네로의 관심을 끌려던 사람들이 이런 이야기를 만들어낸 것이지, 혹은 실제로 종교적인 동기로 인한 주저 때문인지를 알아보는 일은 뒤로 미뤄두어도 될 것이다. 어쨌든 고대 사람들은 코린트 지협의 운하 없이 지내야 했다. 오늘날의 현대적인 코린트 운하는 1881년과 1893년 사이에 처음에는 프랑스 회사가, 그리고 그 회사가 부도난 후에는 그리스의 회사가 건설했다. 이 운하의 폭은 23미터, 깊이는 8미터에 이르며 최고 1만 톤까지의 선박이 통과할 수 있다. 오늘날의 사람들이 네로가 계획했던 바로 그 운하를 현대의 코린트 운하의 이상적 모델로 여긴 것은 아마도 로마의 기술적 업적에 대한 뒤늦은 경의의 표현이라 할 수 있을 것이다.

한 개척자의 종말

운하 건설의 개척자였던 크세르크세스에게는 많은 행운이 따르지 않았다. 그의 그리스 원정은 대패배로 끝나고 말았다. 기원전 480년에 코린트 지협의 보호를 받는 사로니카 만의 살라미스에서 그의 함대가 그리스에게 처참한 패배를 당한 것이다. 이 페르시아 왕이 언덕에서 현장이 내려다보이는 특별한 관람석에 앉아 있었음에도 불구하고 말이다. 그럼으로써 페르시아의 그리스 침략은 완전히 수포로 돌아가고 말았다. 크세르크세스 자신은 기원전 465년에 일어난 귀족들의 모반에서 목숨을 잃었다.

도시 계획
히포다모스

기원전 5세기.
그리스의 건축가이며 도시설계가. 바둑판 모양의 도시구획을 창안한 사람으로
'히포다모스 방식'이라는 말까지 생겨났다.

　네로 황제의 절친한 친구이자 시인인 페트로니우스는 최초의 로마 소설로 알려져 있는 《사티리콘》을 썼다. 이 소설에서는 한 무리의 사람들이 한밤중에 술자리를 끝내고 가볍게 유쾌해진 채로 숙소로 가는 길을 찾기 위해 필사적인 노력을 벌이는 모습이 묘사된다.

　"길을 잃었을 때 우리에게는 방향을 밝혀줄 안내용 횃불도 전혀 없었다. 그리고 한밤중의 정적은 우리가 횃불을 든 사람과 만날 가능성도 거의 없다는 것을 깨닫게 해주었다. 거기에다 취기가 오른 상태였고 아마 낮이라고 해도 문제가 되었을 우리의 부족한 현지 지식도 문제였다. 거의 한 시간 내내 우리는 피가 나는 발로 뾰족한 돌과 사방에 널린 점토 조각들 위를 걸어다녔다. 그러다가 마침내 기톤의 풍부한 상상력 덕분에 고생을 면할 수 있었다. 이 빈틈없는 남자는 사전

에 환한 낮에도 길을 잃을 것이 두려워 지나는 모든 말뚝과 기둥에 백묵으로 선을 그려놓았던 것이다. 그리고 이 선들이 어두운 밤에도 남아 있어서 헤매는 우리를 안내해 주었다."

이들은 그렇게 가까스로 숙소에 도착할 수 있었다.

화려한 대리석 뒤의 실제 모습

그렇다면 웅장한 로마, 세계의 중심, 위대한 장군들과 정치가들의 도시, 그리고 아우구스투스 황제가 벽돌로 된 도시에서 대리석으로 된 도시로 바꾸고 싶어했던 곳이 고작 그런 도시였단 말인가? 좁고 꼬불꼬불하고 손질이 되지 않은 골목들, 밤에는 불빛도 없고 낮에조차도 제대로 길을 찾기가 어려운 그런 곳이란 말인가? 어쩌면 페트로니우스가 극적인 효과를 위해 지나치게 과장을 한 것은 아닐까? 하지만 그것은 헛된 희망일 뿐이다. 왜냐하면 비슷한 불평을 했던 동시대인들의 보고가 많이 남아 있기 때문이다.

대리석의 화려한 전면 뒤에, 즉 화려한 로마제국의 궁전 뒤에는 위엄도 품위도 거의 없는 도시의 실제 모습이 펼쳐져 있었다. 로마의 역사가이며 아우구스투스와 동시대인이었던 리비우스와 같은 애국자조차도 도시의 설계가 계획적인 구도라기보다는 오히려 마구잡이로 지어진 곳과 같다고 불평했다. 로마에서 길을 제대로 찾는 일은 마치 영웅적 행위에 버금갈 만큼 힘겨운 일이었다. 거리 표지판도 없고, 집 주소도 없고, 길 안내 표시도 없었다. 당황하여 이리저리 헤매고 끊임없이 길을 묻는 낯선 사람들의 모습은 세계적인 도시 로마에서 일상적으로 눈에 띄는 모습이었다. 현지인들도 예외는 아니었으니, 그들은 자신이 사는 도시의 길을 잘 파악하지 못하는 것이 정상인지 아닌지 고개를 갸우뚱거리기도 했다.

황제의 출생지

단지 도시의 몇몇 특징 있는 곳들이 방향 찾기에 작은 도움이 되었다. 예를 들면 황제의 전기작가인 수에토니우스(기원후 2세기)는 독자에게 자신이 소개하는 지배자가 태어난 집의 위치를 알려주고자 할 때 이런 방법을 사용하였다. 그의 이야기에 따르면 아우구스투스는 "로마 7언덕 중 하나인 팔라티누스 언덕 부근에서" 태어났다고 했다. 조금 더 자세히 알려주기 위해 수에토니우스는 이렇게 설명했다. "그곳에는 오늘날 작은 예배당이 있지만 아우구스투스가 죽고 얼마 뒤에 세워진 것이다."

또한 기원후 79년부터 81년까지 로마를 지배했던 티투스는 "낡은 사원인 셉티조니움 근처에 있는 초라한 집에서, 그것도 아주 작고 어두운 방에서 태어났다"고 설명했다. 그리고 이렇게 덧붙였다. "이 집은 오늘날에도 남아 있어서 사람들이 가서 구경할 수 있다." 티투스의 동생이며 그의 왕위계승자였던 도미티아누스는 "도시의 제6지역의 석류나무 거리에 있는 집에서 세상의 빛을 보았고 이곳은 나중에 플라비우스 왕조의 신전이 되었다"고 기록했다. 그러므로 도미티아누스는 당시에 특정한 명칭을 가진 몇 안되는 거리에서 출생한 셈이었다.

성장도시

로마는 왜 이토록 열악한 상황에 처하게 되었을까? 아마도 그 원인은 유명한 도시 계획가인 히포다모스가 로마를 건설하지 않았다는 (또한 신화에 따르자면 로물루스가 건설한 것도 아니었고) 데 있을 것이다. 로마는 전형적인 성장도시였고, 티베르강에 있는 작은 마을로부터 시작되어 지속적으로 확장되면서 — 당연히 인구의 엄청난 증가에 따르는 도시 건설의 개발은 전혀 없이 — 수많은 사람들에게 매력적인 곳이 될 만큼 폭발적으로 발달했다.

히포다모스는 전문지식을 갖춘 사람이었지만 로마인들에게는 어떤 도움도 줄 수가 없었다. 왜냐하면 로마는 비록 지극히 소박하고 작은 도시였지만 그가 살던 시대에 이미 존재하고 있던 도시였기 때문이다. 그의 전문 분야는 신도시 건설이었고, 소위 제도판 위에서 이루어지는 작업이었다. 그는 새로운 도시에서 사람들이 방향을 잃지 않도록 길을 설계할 수 있었다. 히포다모스가 설계한 도시에서는 페트로니우스의 작품에 등장했던 사람들도 쉽게 집으로 가는 길을 찾을 수 있을 것이다. 도시 계획에 관한 히포다모스의 업적은 대단히 높은 평가를 받아서 '히포다모스 방식'이라는 말까지 생겨나게 되었다.

종잡을 수 없는 인물

이 시점에서 우리는 히포다모스라는 인물에 대해 호기심이 생긴다. 그러나 그에 관한 자료는 대단히 부족하다. 우리는 단지 그가 그리스 역사에서 '고전적' 단계인 기원전 5세기에 살았으며, 고대의 많은 유명한 학자와 연구자들을 배출했던 소아시아 서쪽 해안가 도시인 밀레토스 출신이라는 사실을 알 뿐이다. 그가 머물기를 좋아했던 곳은 아테네였다. 아테네는 당시에 그리스 세계의 정치적, 문화적, 학술적 중심지였다.

평소에 악평을 일삼기로 유명한 아리스토텔레스의 글에서 그에 대한 아주 짧고 비교적 솔직한 글을 발견할 수 있다. 거기에 따르면 히포다모스는 대단히 야망이 크고 활발한 사람이었으며 언제나 다른 사람들의 눈에 띄는 것을 중요시했다고 한다. 특히 그의 외모는 비난의 대상이 되었는데, 숱이 많은 머리와 비싼 장신구, 그리고 겨울뿐만 아니라 더운 계절에도 입고 다녔던 단순하지만 따뜻한 외투 등이 그의 특징에 속했다고 한다.

밀레토스의 재건

이 특이한 건축가의 첫번째 도시 건설 프로젝트는 고향도시인 밀레토스를 재건하는 일이었다. 밀레토스는 기원전 494년에 페르시아에 의해 완전히 파괴되었다. 이 도시에서 페르시아의 지배권에 대한 반란의 신호가 나타나기 시작하자 페르시아가 공격을 했기 때문이다. 이제 히포다모스의 설계하에 새로운, 어쩌면 더 아름답지는 않을지 모르지만 전혀 다른 밀레토스가 탄생하게 되었다. 그가 의도한 도시 계획은 제반 시설을 기하학적인 형태로 배치하는 것이었다. 하늘에서 보면 모든 길이 바둑판 모양이 되도록 직각으로 설계했고, 이런 길들 사이로 마치 도로의 안전지대처럼 주택들을 세웠다. 그리고 모든 건물이 기능에 따라 확실하게 분류되어서 공공건물(시의회 건물, 시

1. 북쪽 시장
2. 아폴로 신전
3. 체조장
4. 시의회
5. 분수탑
6. 남쪽 시장
7. 세라피스 신전 지역
8. 경기장
9. 체조장
10. 서쪽 시장
11. 아테네 신전 지역
12. 사자문
13. 성스러운 거리의 문
14. 나중에 지어진 횡단 성벽
15. 칼라바크테페
16. 극장만
17. 극장
18. 사자만

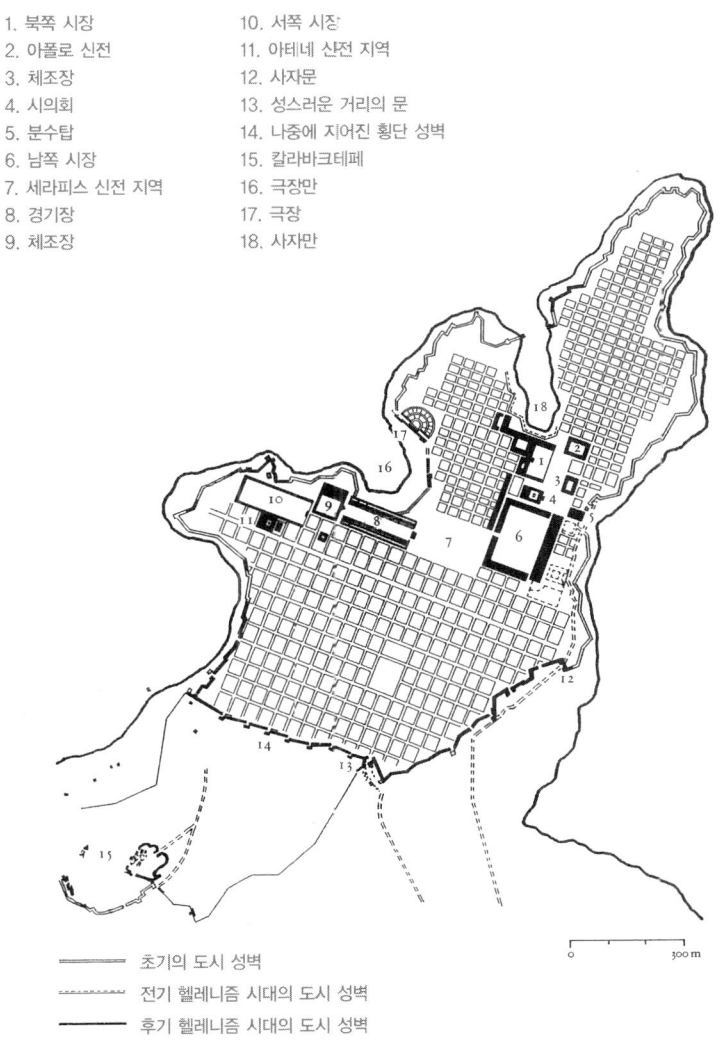

초기의 도시 성벽
전기 헬레니즘 시대의 도시 성벽
후기 헬레니즘 시대의 도시 성벽

바둑판 모양의 밀레토스

장, 극장처럼)들이 따로 배치되었고, 종교 건축물인 신전들은 통일적이고 조화로운 복합체를 형성하였다.

도시 건설과 이상국가

그런데 히포다모스는 어떻게 그처럼 도식적이면서 뚜렷한 구조를 가진 도시 시설을 계획하게 되었을까? 사실 우리는 그가 혼자서 한눈에 들어오는 체계적인 도시 건설과 야간 통행자들의 편이한 귀갓길에 대해 생각했다고는 추측하기 어렵다. 이 건축가의 외모에 대해 언급했던 아리스토텔레스에 따르면 이런 도시 계획은 그의 정치적 구상의 표현이라고 했다.

히포다모스는 1만 명의 남자들로 이루어진 이상국가(이 구상에서는 여성들에 대한 이야기는 나오지 않는다)를 꿈꾸었다. 그가 생각하는 이상국가란 세 가지 직업, 즉 수공업자와 건설자, 그리고 병사들로 구성된 국가였다. 또한 그는 국가를 세 가지 영역, 즉 종교적, 공적, 그리고 사적인 영역으로 나누고자 했다. 히포다모스의 계획에 따르면, 병사들은 공공 토지의 수확물로 생계를 유지하고, 수공업자와 건설자들은 농업용으로 이용되는 땅의 수확물로 식량을 얻어야 한다.

그러나 히포다모스의 이상국가는 밀레토스에서나 그 외 어디에서도 실현되지 못했다. 어쩌면 그의 정치적 구상은 도시 계획가로서 그의 실제 작업과는 아무런 관련이 없었는지도 모른다. 그리고 엄격히 말하자면 히포다모스는 '히포다모스 방식'의 창안자도 아니었다. 왜냐하면 이미 그보다 200년도 전에 그리스인들이 히포다모스처럼 길이 직각으로 된 바둑판 모양의 도시들을 건설했기 때문이다.

히포다모스 방식

이런 도시들은 그리스인이 소위 대대적인 식민지 개척 시대에 건설했던 도시들을 가리킨다. 기원전 7세기 이후로 소아시아의 해안부터 남이탈리아와 시칠리아를 거쳐 이베리아 반도까지 그리스의 도시들은 하나의 사슬 형태를 이루었다. 그리고 이런 도시에는 자신들의 고향이 너무 좁아졌거나 새로운 도전을 추구하는 사람들이 이주해 왔다.

식민지 개척자들이 도시 건설 과정에서 가장 중요시했던 두 가지가 있었는데, 첫째는 새로운 거주지가 외부의 침략으로부터 안전해야 했다. 두번째는 토지가 각각의 거주민들에게 가능한 한 공정하게 분배되어야 했다. 도시의 제반 시설들은 안전한 방어를 위해서 한 곳에 집중적으로 배치되었고 튼튼한 도시 성벽도 만들어졌다. 그리고 토지 분배 과정에서 자연스럽게 '히포다모스 방식'이 적용되었다. 즉 모든 거주민은 도시에서 각자 한 칸의 토지를 받았다. 또한 새로운 도시의 초기 단계부터 사회적이고 경제적인 불평등으로 거주민들이 불만을 갖지 않도록 각 구역을 같은 크기의 블록으로 나눴고 규칙적인 도로 연결을 통해 구역 간에 서로 경계가 그어지도록 했다.

이런 도시에서는 정치적 질서도 중요한 영향을 미쳤다. 즉 사람들이 민주적인 공동체를 설립했을 때의 토지 분배는 한 사람의 귀족 엘리트가 지배하는 도시의 경우보다 훨씬 더 균등하게 이루어졌다. 이러한 계획도시의 거주민들은 아테네와 코린트와 같이 성장도시의 시민들과는 전혀 다른 삶과 생활을 경험했다. 도시의 모든 것이 정돈되어 있었고, 더 깨끗하고 더 투명하지만, 동시에 더 단조롭고 변화가 적었다. 그러나 이런 점들이 히포다모스의 전임자들에게는 그다지 중요한 문제가 아니었다. 그들은 거주민의 정신적인 상태는 별로 중요시하지 않았고 오로지 안전과 평등만을 추구하였다.

품질보증 도장

이처럼 소위 '히포다모스 방식'은 이미 오래전부터 존재했기 때문에 원칙적으로 그를 도시 계획의 선구자로 보기는 어렵다. 그렇다고 해서 그가 훌륭한 공적을 남기지 않았다는 의미는 결코 아니다. 그의 본래 업적은, 그리스 식민지에서 사용된 방식을 도시 계획의 한 원칙으로 끌어올렸고 그 방식을 완벽하게 실현했다는 점이다. 그 결과 밀레토스의 재건설이 멋진 서막의 역할을 한 후에 히포다모스의 건설 공사들은 성공적으로 진행되었다. 도시 건설과 관련된 모든 문제에서 히포다모스의 조언과 활약이 필요하게 되었다. 그래서 그가 건설에 전혀 참여하지 않은 도시들조차도 그의 작품으로 알려질 정도였다. 왜냐하면 히포다모스가 건설했다는 것은 마치 기원전 5세기에 통용되었던 도시의 품질보증 도장과도 같은 의미였기 때문이다.

피레우스 건설

그러나 히포다모스가 아테네의 항구도시인 피레우스의 건설에 참여한 것만큼은 역사적으로 분명한 사실이었다. 페르시아와의 전쟁 후에 전쟁용 항구와 무역용 항구가 필요해지자 히포다모스는 기원전 470년으로부터 몇 년 지난 시기에 이곳에 도시를 세웠다. 학자들은 인류학적 연구를 통해 그의 작업 방식을 자세히 추정할 수 있었다.

우선 그의 계획적인 공사에서 나타나는 전형적인 특징은 각 도시 구역들이 뚜렷하게 구분되었다는 사실이다. 중앙의 아고라 주변에는 공공건물들과 종교 건축물이 세워졌고, 이 건물들을 주거지역이 둘러싸고 있었다. 또한 인류학자들은 폭이 15미터에 이르고 완전히 직선으로 뻗어 있는 주요 도로들을 발견했다. 피레우스의 주민들은 이 도시를 건설해 준 사람에게 빚을 졌다는 것을 알고 있었던지 광장들 중 한 곳을 '히포다모스 광장'이라고 불렀다.

히포다모스에 대한 신뢰

기원전 444년에 한 곳에 오래 머물지 않는 이 도시 계획가가 이번에는 남이탈리아에 나타났다. 여기서 그는 도시 투리오리(오늘날의 시바리)의 건설에 참여하였다. 이것은 히포다모스와 절친했던 것이 분명해 보이는 아테네의 정치가 페리클레스의 생각이었다. 여기서도 지극히 당연하게 직사각형의 히포다모스 방식이 사용되었다. 히포다모스의 능력에 대한 고대인들의 신뢰가 얼마나 컸는지는 그가 로도스 섬의 수도 건설에도 참여했다는 점이 증명해 준다.

이 수도는 섬의 북쪽 끝에 건설되었는데 오늘날에도 여전히 현대의 로도스 시가 위치해 있는 곳이다. 오늘날 그곳을 뒤덮고 있는 현대적인 건축물들 때문에 더 이상 고대의 주거지에 대한 많은 것을 볼 수는 없다. 그러나 고대 작가들이 기록한 내용들을 보면 당시에 이곳에도 분명히 히포다모스 방식이 적용되었을 것으로 보인다. 그런데 문제가 되는 것은 바로 건설 시기이다. 도시 로도스는 기원전 408년에 건설되었다. 이때는 히포다모스가 자신의 최고작인 밀레토스 재건을 완성한 지 7년이 지난 시기였다. 당시 히포다모스의 나이가 얼마나 되었는지는 알려져 있지 않지만 그러나 만약 그가 로도스에서도 활동했다고 가정한다면 일을 극단적으로 아주 오랫동안 계속했다고밖에는 볼 수 없다.

본보기가 된 히포다모스

다른 분야의 트렌드세터들과 마찬가지로 도시 계획 분야에서는 그의 사례가 교훈이 되었던 것으로 보인다. 그가 시도했던 직사각형 방식의 도시 계획은 실제로 고대의 모든 새로운 도시 건설에 사용되었다. 로마인들까지도 이 방식을 모방했는데, 특히 그들은 자신들의 수도보다도 이탈리아와 지방의 도시 건설에서 이 방식을 잘 활용했다. 오늘날에도 로마가 건설한 것으로 알려진 도시들에 가보면 직각으로 만들어진 주요 도로들, 데쿠마누스(동서 횡단도로)와 카르도(북남 횡단도로) 덕분에 방향을 쉽게 찾을 수 있다.

알렉산드리아 건설

물론 히포다모스 방식에 대해 가장 잘 알고 있는 사람은 히포다모스 자신일 것이다. 그러나 두 번째 자리는 당연히 로도스 출신의 건축가 다이노크라테스에게 돌아가야 할 것이다. 그는 기원전 332~331년에 이집트의 알렉산드로스 대왕을 위해 알렉산드리아를 건설하였고, 이 도시는 금방 당시까지 알려져 있던 모든 지역을 능가하는 대도시로 발전하게 되었다. 한 연대기 작가가 이 도시에 있는 주택 수를 세어보았더니 정확히 4만 7,790채나 되었다고 한다. 아마도 프톨레마이오스 왕조 시대와 로마의 황제시대에 이르러서는 알렉산드리아의 인구가 100만의 경계선을 넘었을 것이 분명하다. 바로 이곳에서 히포다모스 방식이 알렉산드로스 대왕의 소망과 조화를 이루며 웅장하고 화려한 모습으로 발전하였다.

번화가는 — 아마도 알렉산드로스 대왕 시절에는 아직 완성되지 않았더라도 프톨레마이오스 왕조의 지배 기간에는 확실히 — 그 폭이 30미터에 이르렀다. 알렉산드리아에 머물렀던 여왕 클레오파트라가 카이사르의 곁에 있기 위해 기원전 46년에 로마로 왔을 때 왕은 수준 높은 도시에 익숙해져 있는 여왕 앞에서 좁고 꼬불꼬불한 로마의 골목들을 숨기기 위해 안간힘을 썼을 것이다.

한편 히포다모스의 공식적인 계승자 다이노크라테스는 '세계의 도시'(알렉산드리아의 사람들이 대단히 거만하게 말하곤 했던)를 세웠다는 명성에 도취되어 있었던 것이 분명했다. 전해지는 바에 따르면 그는 헤라클레스 분장을 하고 나타나서는 알렉산드로스 대왕에게 허황된 제안을 했다고 한다. 즉 과거에 페르시아 왕 크세르크세스가 운하를 건설했던 그리스 북부의 아토스 산에 알렉산드로스 대왕의 웅장한 동상을 세우자는 것이었다. 다행히도 당시에 잇단 성공으로 현실감각을 잃어버렸다는 비난을 계속 받고 있던 알렉산드로스 대왕이 이 제안을 받아들이지 않았다.

건강한 주거생활

다이노크라테스 덕분에 알렉산드리아의 주민들은 지중해의 다른 도시들에 비해 더위로 인한 고생은 별로 하지 않았다. 이 부분에서는 그가 스승인 히포다모스를 능가한 것처럼 보인다. 왜냐하면 그는 히포다모스가 전혀 생각하지 못했던 기후 문제까지 고려했기 때문이다. 다이노크라테스는 도로를 건설할 때 북쪽으로부터 시원한 계절풍이 잘 불어오도록 고려했고, 반면에 더운 남풍은 구릉대를 설치해서 막는 방법을 썼다. 이때부터는 건강을 고려한 도시 계획이 고대의 도시 계획가들에게 일반적인 과제가 되었다.

이에 대해 아리스토텔레스도 많은 생각을 했는데, 그는 거의 모든 객관적 사실에 주관적 생각을 보탤 수 있는 뛰어난 인물이었다. 그에 따르면 좋은 물과 좋은 공기가 도시에서의 안락한 삶을 위한 가장 기본적인 전제조건이라고 했다. 또한 길이 북쪽이나 동쪽을 향해 뻗어 있으면 도시에 좋은 공기가 통한다고 말했다. 사람들이 이런 좋은 충고를 듣지 않을 때 무슨 일이 일어나는지를 로마의 건축가이며 역사가인 비트루브(기원전 1세기)가 레스보스 섬의 도시 미틸레네의 사례를 들어 설명했다. "이 도시는 화려하고 개성 있게 건설되었지만 지혜롭게 설계되지는 않았다. 이 도시에서 남쪽으로부터 바람이 불어올 때면 사람들이 병이 나곤 했다. 그리고 북서쪽에서 바람이 불어오면 기침을 했다. 그러다가 북풍이 불면 주민들은 다시 건강해졌지만 대형 도로나 작은 도로에서는 추위 때문에 서 있었을 수가 없었다."

그래서 미틸레네 주민들은 자신들의 몸이 지속적인 변화에 시달리지 않도록 바람이 불지 않기만을 바랐다고 한다.

키케로의 위로
한편 로마의 시민들은 훌륭한 방식으로 건설된 그리스의 도시와는 상반되는 도시에 살고 있다는 사실을 어떻게 받아들였을까? 네로 황제가 기원후 64년 로마에 대화재가 일어나서 아무것도 남지 않은 땅에 비로소 히포다모스 혹은 다이노크라테스의 방식으로 대규모 도로를 건설했지만 기본적인 딜레마에 있어서는 별다른 변화가 없었다. 로마인들에게 위로가 된 것은 키케로의 글뿐이었다.

《국가론》에서 키케로는 로마가 최소한 세계의 모든 도시 중에서 가장 좋은 위치에 있다고 주장했다. 로마인들이 흔히 비난하는 것처럼 그리스인들은 도시를 대부분 바닷가에 건설했다. 로마인들은 도시가 바다 가까이에 있으면 항구를 드나드는 선원들에 의해 전파되는 모든 낯선 관습과 풍습 때문에 고유한 전통이 위협을 받는다고 생각했다. 그런데 신적인 예리한 판단력을 지닌 로물루스(전설상의 로마 건설자)가 로마인들의 독특한 도덕적 특성을 지키기 위해 로마를 바다로부터 적당히 먼 곳에 세웠다는 것이다. 동시에 로마는 바다와도 적당히 가까운 곳에 있어서 생활필수품을 편안하게 티베르강을 통해 도시로 운반해 올 수 있는 축복도 누리고 있다고 했다. 그래서 키케로의 책을 읽은 고대의 로마인은 여전히 안심하면서 위안을 얻을 수 있었다. 즉 그들은 도시 계획의 측면에서 보면 세계에서 가장 열악한 도시에서 살지만, 그 대신에 도덕성만큼은 올바르게 지켜진 곳에서 살고 있다고 믿었던 것이다.

원자 연구
데모크리토스

기원전 460-370년.
압데라 출신의 그리스 학자. 원자가 세상과 생명의 구성성분이라는
원자론에 입각한 유물론을 제창하였다.

데모크리토스는 학자로서의 자세에 대해 확실히 올바른 생각을 가진 인물이었다. 그는 페르시아의 왕이 되는 것보다 한 가지라도 더 자연현상에 대한 해명을 찾는 데 열중했다. 이런 소망은 부분적으로 이루어졌다. 즉 그는 페르시아의 왕이 되지는 않았지만, 자연현상들에 대한 여러 가지 해명을 발견했다. 데모크리토스와 동시대를 살았던 페르시아 왕들은 권력과 부를 누리면서 즐거워했던 반면에, 연구에 몰두했던 데모크리토스는 학문적으로 확고한 지위에 오른 위인이 되었고, 그의 명성은 오늘날까지도 빛나고 있다.

우화와 전설
한편 데모크리토스는 매우 현명하고 중요한 말을 많이 했다고 알

려져 있는데, 그렇게 전해지는 이야기 중에서 일부는 사실로 확인되기도 했다. 특히 믿을 만한 자료에 따르면 그는 약 90세까지 살았다고 하므로 그의 말이 온갖 종류의 인용구 사전에 자리를 확보할 만큼 충분한 시간이 있었다. 그러나 전해지는 이야기의 많은 부분이 우화의 영역으로 분류되어야 했다. 흔히 사람들은 고대의 개척자들에 관해 사실과 다른 이야기를 만들어내곤 했는데 데모크리토스도 같은 운명을 겪었다.

이런 경향이 나타난 것은 한편으로는 개척자들의 개혁적인 연구가 귀족적 또는 시민적 삶에 관한 기존의 사고와는 달랐기 때문이며, 다른 한편으로는 사람들이 그들의 학술 활동과 개인적 삶 사이에 어떤 연관성을 만들고 싶어했기 때문이다. 전자와 관련해서는 데모크리토스가 고독 속에서 살아가는 사람이고, 동물 해부를 즐기며, 동시에 망상에 대한 연구를 하고, 특히 유명한 의사인 히포크라테스를 상대로 자기 삶의 타당성을 설득시켰다는 등의 소문이 퍼졌다. 후자와 관련해서는 데모크리토스가 명랑하고 잘 웃는다는 호의적인 이미지들이 생겨났다. 물론 그의 웃음은 다른 사람들보다 더 많이 알고 있다고 여기는 사람들의 건방진 웃음으로 해석되기도 했다. 그러나 이런 해석은 내적인 평정, 밝고 침착한 마음상태를 권했던 그의 윤리 이론을 악의적으로 평가 절하시키는 것이었다.

여행을 많이 한 학자?

역시 같은 맥락에서 데모크리토스가 널리 여행을 다녔고 세계 곳곳을 가보았다는 소문이 있는데, 이것은 그가 고립되어 살았던 학자라는 이야기와는 완전히 모순되는 부분이기도 하다. 소문에 따르면 데모크리토스는 이집트를 방문했고 중근동 지역에도 갔으며 누구보다도 세상을 많이 돌아다녀서 도처에서 훌륭한 학자들을 만났다고 전해진다. 당연히 그는 문명의 메카인 아테네에도 갔는데, 여기서는 자신의 유명세가 썩 대단치 않다는 것을 체험했다고 한다. "나는 아테네에 갔다. 그런데 아무도 나를 알아보지 못했다." 이렇게 보면 데모크리토스가 많은 곳을 돌아다녔다는 소문이 사실이 아닐까 하는 생각도 하게 된다.

그러나 단지 고대의 전통에 따라 데모크리토스가 실제보다 더 많은 ─ 즉 허구적인 ─ 여행을 다닌 것으로 포장되었다는 현대 학자들의 의견도 완전히 틀린 것은 아닐 것이다. 왜냐하면 당시 사람들은 지혜로운 사람은 대체로 널리 여행을 했음이 틀림없다고 생각했기 때문이고, 다른 한편으로는 이런 의견이 그의 다양한 학술적 관심사에 대한 설명이 될 수도 있기 때문이다. 실제로 데모크리토스의 직업을 한 가지로 표현하기는 쉽지 않다. 고대시대에 그는 흔히 철학자로 통했지만, 이 명칭은 그가 보여준 다양한 지적 활동을 포괄하는 집합명사일 뿐이다. 물리학도 데모크리토스가 의욕적으로 활동했던 한 분야(장기적인 시각에서 보면 가장 지속적이었던)였다. 또한 그는 윤리학, 생물학, 의학, 수학, 문법, 그림과 음악에도 몰두했다.

평판 나쁜 압데라 출신

데모크리토스의 일생에 대해서는 불분명한 사실이 많지만 몇 가지는 확실하게 알 수 있다. 그가 90세 정도까지 살았다는 것은 분명한 사실로 알려져 있다. 구체적인 생존 기간은 대략적으로만 추측할 수 있는데 대부분의 학자들이 기원전 460년에서 370년까지로 추정한다. 그렇다면 데모크리토스는 젊은 시절에 그리스 문화의 전성기를 체험했을 것이다.

한편 인생의 중반기에는 전쟁의 경험으로부터 깊은 영향을 받았다. 이 전쟁이란 바로 펠로폰네소스 전쟁(기원전 431~404년)으로, 가장 막강했던 두 나라 아테네와 스파르타가 그리스의 지배권을 두고 벌인 싸움이다. 거의 모든 그리스의 국가들이 이 싸움에 개입하였다. 그리고 그는 마지막 30년의 세월을 전쟁 때문에 정치적으로나 경제적으로 쇠약해진 그리스에서 보냈다. 그리스는 그의 죽음 후에 바로 마케도니아 왕들의 제국주의적 욕망의 대상이 되어야 했다.

또 한 가지 그에 관한 확실한 정보는 고향에 관한 것이다. 그는 트라키아의 압데라, 즉 에게해의 북부 해안에 있는 타소스 섬의 건너편 지역에서 태어났다. 그런데 죽는 날까지도 데모크리토스는 감히 공식적으로 자신이 압데라 출신이라는 사실을 고백하지 못했다. 왜냐하면 이 도시는 고대시대 내내 오늘날의 사고방식으로는 이해하기 어려운 이유에서 대단히 나쁜 평판을 갖고 있었기 때문이다. 당시에는 압데라의 주민이라는 사실이 정신적으로 문제가 있다는 것을 의미했다. 그래서 압데라 사람들은 전혀 원하지 않았겠지만 압데라는 후대의 실다(처음에는 똑똑한 사람들이 살기로 유명했던 곳이지만 나중에는 엉망이 되고 결국 흔적도 없이 사라졌다는 도시 - 옮긴이)와 같은 처지가 되고 말았다. 이에 대해 압데라 사람들은 그들의 도시가 지닌 역사적인 의미를 열심히 설명했지만 별 소용이 없었다.

그런 설명에 따르면 압데라는 기원전 7세기 중반에 클라조메네에서 온 이주민들에 의해 건설되었고, 기원전 550년에 트라키아 출신 사람들에 의해 파괴되었다. 그리고 이 도시는 다시 도시 타오스에서 온 식민주의자들에 의해 재건되었고, 그때 이후로 비옥한 토지와 광범위한 무역 덕분에 에게해 북부에서 가장 중요한 그리스 도시 중 하나가 되었다고 한다. 또한 압데라 출신의 위대한 학자들도 언급되었지만 도시의 평판을 바꾸는 데는 효과가 없었다. 데모크리토스뿐 아니라 "인간은 모든 일의 기준이다"라는 문장으로 철학사에 한 획을 그은 저명한 학자이자 연설가 프로타고라스도 이곳에서 태어났다. 또한 데모크리토스의 제자이며, 동방 원정을 떠나는 알렉산드로스 대왕을 동행하기도 했던 아낙사고라스도 이곳 출신이었다(전해지는 바로는 이들이 인도까지 갔다고 하는데, 아마도 여기서 데모크리토스가 인도에 간 적이 있다는 소문이 나왔을 것이다). 이외에도 유명한 헤라클레이토스가 있는데, 그는 그리스를 세운 전설적 민족에 관한 공상소설을 썼다.

그러나 압데라는 지방의 열악함을 지닌 대표적인 곳으로 부정적인 평판을 결코 떨쳐내지 못했다. 그리고 이런 경향은 근대에까지도 이어졌다. 그래서 1774년에 크리스토프 마르틴 빌란트는 당시의 인습적이고 자주성이 없는 사람들에 대한 우화소설을 썼는데 그 제목을 《압데라 사람들》이라고 지었다.

스승과 제자

분명한 것은 데모크리토스가 고향도시의 부정적인 이미지와는 아무런 상관이 없다는 점이다. 그는 고대의 원자론으로 불멸의 공로를 세웠다. 경우에 따라서는 이 분야의 선구자로서 조금은 의심쩍은 레우키포스라는 인물이 호명되기도 하는데, 오늘날까지의 지배적인 의견에 따르면 데모크리토스의 스승으로 알려져 있다. 그러나 레우키포스라는 인물은 전혀 존재하지 않았다고 주장하는 고대 작가도 여러 명 있었다.

더욱이 의심스러운 것은 그 누구도 이 레우키포스라는 인물이 도대체 어디 출신인지 제대로 알지 못한다는 점이다. 그의 출생지일 가능성이 있는 곳은 소아시아의 밀레토스부터 남이탈리아의 엘레아를 거쳐 압데라까지 생각할 수 있다. 그러나 오늘날 우리는 결국 위대한 학자인 아리스토텔레스의 판정이 옳다고 믿게 되었다. 아리스토텔레스는 고대 원자론의 계기를 준 사람은 레우키포스였지만 원자론을 창시하고 발전시킨 사람은 데모크리토스라고 말했다.

세상에 대한 해명을 찾아서

데모크리토스는 자신의 이른을 통해 세상을 설명하고 그 특성과 작동방식을 이해하고자 했다. 이런 생각은 사실 새로운 것이 아니었다. 이미 데모크리스토 전에도 모든 것이 신의 작품이고 존재하는 모든 것이 신에 의한 것이라는 기존의 해명에 만족하지 않았던 그리스의 사상가들이 있었다. 그런 최초의 사람들로서 기원전 6세기에 밀레토스의 이오니아 자연철학자들이 기본 원소, 즉 이 세상 모든 것의 근원이 되는 원초적 물질에 대해 연구했다. 밀레토스 출신의 대가인 탈레스는 이런 물질을 물에서 찾았고, 그의 제자인 아낙시만드로스는 아페이론, 즉 무한하고 무규정적인 것이라고 보았으며, 그의 동료인 아낙시메네스는 공기를 그런 물질이라고 여겼다.

그러나 이렇게 다양했던 이론들은 역시 다양한 모습으로 사라져 갔다. 단지 여기서 혁신적인 점은 이런 이론들이 사물에 신과 무관한, 합리적인 의미를 부여했다는 것이다. 이것이 바로 자연학적, 물리학적 유물론(사람들이 물질에서 모든 자연현상의 기본 원소를 찾으려고 했다는 의미에서)의 탄생이었다. 먼저 탈레스와 그의 동료들이 방향을 제시하였고 그후 이에 대한 토론은 계속되었다. 그리하여 그리스의 현명한 지식인들은 각자의 사상을 통해 물질의 생성과 성질을 밝히는 데 큰 기여를 했다.

존재와 비존재

이런 면에서 가장 대표적인 인물은 파르메니데스였다. 그는 완전히 외떨어진 남이탈리아의 도시 엘레아에 있는 학교의 교장이었고 데모크리토스보다 약 80년 전에 태어났다. 그가 깊은 숙고 끝에 내린 결론은 다음과 같았다. "우리가 살고 있는 세상은 허상이며 환상이다. 진정한 세계, 실질적인 존재는 감각적인 지각에 의해서가 아니라 연구하는 이성에 의해서만 이해할 수 있다." 그는 이런 '존재'는 변하지 않고 나눌 수도 없으며 무한하고 영원한 것이라고 주장했다. 그럼으로써 모든 것을 변하고 움직이는 것으로("모든 것은 흘러간다") 이해하려 했던 헤라클레이토스와는 반대 입장에 섰다. 또한 파르메니데스는 자기만의 논리를 가지고 '무(無)'의 의미에 대해 논쟁을 벌였다. 즉 그는 '무'로부터는 단지 '무'가 생길 뿐이므로 존재란 이미 항상 존재했던 것이라고 주장했다.

네 가지 원소

비록 파르메니데스는 자신의 지혜가 한 여신으로부터 비밀리에 부여받은 것이라고 주장했을 만큼 자신감을 보였지만 그의 이론에도 모순점은 있었다. 당시에 많은 동시대인들이 의문을 가졌던 것처럼 그의 이론이 자연과 우리의 삶이 겪는 끊임없는 전환과 변화를 어떻게 설명할 수 있는가 하는 점이다. 왜냐하면 이 세상에는 계절의 변화, 날씨의 변화, 각기 다른 운명의 삶이 분명히 존재하기 때문이다.

파르메니데스가 이런 주장을 한 후 50년이 훨씬 넘어서 시칠리아의 아그리젠토 출신인 엠페도클레스가 새로운 모델을 제시했다. 그런데 엠페도클레스의 인생 역시 베일에 가려 있었고 심지어 신비함까지 발산하였다. 그는 스스로에 대해 시인, 정치가, 의사, 그리고 기적을 일으키는 자로서의 능력을 고루 갖춘 사람이라고 말했다. 그래서 그의 추종자들은 그가 죽은 뒤에 승천을 했다고 주장했지만, 비판자들은 그가 에트나의 분화구에서 떨어져 죽었을 것이라고 생각했다 (엠페도클레스가 자신의 불멸성을 증명하기 위해 에트나 화산의 분화구로 뛰어들었다는 전설이 전해지고 있다 - 옮긴이).

어쨌든 엠페도클레스가 대단히 합리적인 이론으로 세계, 우주, 물질의 존재에 대한 논쟁에 끼어들었던 것은 확실하다. 그는 4원소 이론을 제시하였다. 이오니아 자연철학자들이 각기 하나의 물질을 본질적인 것으로 보았다면 엠페도클레스는 네 개의 기본 물질이 존재한다고 믿었다. 그 네 가지란 바로 흙, 물, 불, 공기였다. 그리고 그는 파르메니데스의 정적인 세계상과는 다르면서도 중간적인 입장을 취했다. 즉 이 네 가지 원소는 끌어당기고 밀어내는 끊임없는 과정 속에 있으므로 — 파르메니데스의 생각과는 다르게 — 항상 움직이고 있다고 했다. 그러나 동시에 이 각각의 원소들은 — 파르메니데스의 생각과 같이 — 변하지 않으며 그 어떤 다른 것으로부터 생겨나는 것이 아니라고 주장했다.

데모크리토스의 모델

그러나 엠페도클레스는 이런 타협적 제안으로 당연히 받아야 할 갈채를 비판적인 동시대인들 때문에 받지 못했다. 그의 원소 이론은 후에 중세와 근대 초기까지 커다란 영향을 끼쳤지만 그는 개인적으로 별로 얻은 것이 없었다. 어쨌든 고대에는 데모크리토스와 그의 스승인 레우키포스에 의해 창안된 원자론이 훨씬 더 성공적이었다. 이 이론이 특히 설득력을 얻었던 것은 일관되고 구성이 탄탄한 체계 안에서 원인과 결과의 법칙을 따르는 역학적 내지는 인과적인 세계상을 형성했기 때문이다. 데모크리토스가 한 말을 인용해서 이런 세계상을 설명하자면 "그 어떤 것도 계획 없이 생겨나는 것은 없으며, 모든 것에는 이유와 필연성이 있다"는 것이다.

그에게 세상은 두 가지 구성 요소로 이루어져 있었다. 바로 무(혹은 공허)와 원자였다. 원자는 세상과 생명의 구성 성분이다. 원자의 특성은 더 이상 쪼갤 수 없는 물질이라는 점이다. 그리스어 'atomos(나눌 수 없는)'에서 유래된 원자(atom)는 변하지 않는다(파르메니데스의 이론대로). 데모크리토스의 주장에 따르면 원자는 형태와 크기에서 다양성을 지닌 가장 작은 원소이다. 원자들은 움직이고 서로 충돌하고 모여서 인간이 감각적으로 지각할 수 있는 대상으로 형성된다. 인간이 자

데모크리토스와 원자 모델, 그리스의 동전

신들의 세상이라고 보고 있는 것은 결국 원자들의 외형적 현상의 모습일 뿐이다. 그리고 파르메니데스에 의해서는 논리적으로 부정되었던 '무'가 데모크리토스의 세계상 모델에서는 필수적인 구성 요소가 되었다. 즉 그의 이론에서 원자는 이리저리 움직일 수 있는 공간을 필요로 하고, 그것이 바로 '무' 혹은 공허인 것이다.

우주와 인간

데모크리토스는 자신의 원자론을 우주에도 적용시켰다. 그는 이 우주가 원자들의 충돌을 통해 생겨났다고 했다. 그의 이론에 따르면 이런 충돌 현상들을 통해 소용돌이가 생겼고, 거기서부터 태양계가 생겨났으며, 태양계는 천체로 둘러싸인 채 원반 모양을 하고 있고 지구와 함께 우주의 가운데에 놓여 있다고 했다. 그리고 원자의 소용돌이는 인간의 지각에서 벗어나는 또다른 세계들도 형성한다고 믿었다. 끝으로 인간 자체도 원자와 공허로 구성되어 있고, 그 안에서 한 물질에서 일어나는 것과 동일한 현상들이 일어난다고 했다.

데모크리토스와 원자물리학

그렇다면 우리는 데모크리토스를 최초의 원자물리학자라고 불러도 좋을까? 여기서도 지나친 낙관주의가 경고를 받는 것은 당연한 일이다. 일단 데모크리토스는 오늘날 가장 저명한 물리학자 스티븐 호킹의 저서《시간의 짧은 역사》에서 언급되는 영광을 누렸다. 그는 이 책의 '원자 입자와 자연의 힘'이라는 단원에서 오늘날 논의되고 있는 자연과학적 주제의 주창자와 선구자로 인정받았다. 그러나 그의 이론은 현대의 원자학과는 근본적인 차이점이 있다. 데모크리토스와 그의 동료들은 오로지 억측과 추리에 의해 연구를 했고, 그들의 모든 인식은 실험에 근거한 연구가 아니라 이론적인 숙고의 결과였다. 그러므로 데모크리토스는 최초의 원자론자이기는 하지만 최초의 원자물리학자는 아니다.

후대에 끼친 영향

그렇다고 해서 데모크리토스가 후대에 끼친 영향력이 과소평가되어서는 안된다. 17세기, 그러니까 데모크리토스가 죽은 지 2,000년이 지난 후에 프랑스의 자연과학자 피에르 가상디(1592~1655년)는 데모크리토스의 이론에 의존하여 고대 그리스의 원자학을 근대의 자연과학에 도입하였다. 또한《공산당 선언》을 쓴 카를 마르크스는 1841년에 데모크리토스와 그의 추종자인 에피쿠로스에 대해 박사학위 논문을 썼다. 이 논문의 제목은《데모크리토스와 에피쿠로스 자연철학의 차이점》이었다.

실제로 에피쿠로스는 데모크리토스 사상의 가장 중요한 계승자였다. 그러나 단순한 계승자가 아니라 고대의 전형적인 방식대로 데모크리토스의 이론을 토대로 그 위에 자기만의 철학적 사고의 건물을 세웠다. 에피쿠로스의 관심은 사람들을 더 행복하게 만드는 데 있었다. 그렇다면 그는 사람들이 어떻게 행복해질 수 있다고 여겼을까? 우선 두려움과 걱정의 원천을 없애야 한다고 했다. 에피쿠로스의 견해에 따르면 그 원천들이란 바로 신들과 죽음이었다. 에피쿠로스는 그런 걱정과 두려움을 치료하기 위한 방법을 데모크리토스의 이론에서 찾으려 했다. 왜냐하면 원자에 의해 지배되는 세상에서는 신들이 그다지 중요하지 않고 단지 부차적 역할만을 하기 때문이다. 그리고 사람들이 평소에 죽음을 두려워할 필요가 없다는 것을 에피쿠로스는 몸소 실천을 통해 보여주었다. 그는 침착하고 밝게 생활했고, 일명 '웃는 철학자'라고 불리던 데모크리토스처럼 즐겁게 지내면서 미지근한 물에 목욕을 했으며, 혼합하지 않은 와인을 한 모금씩 마셨고, 친구들에게는 낮에는 즐기되 밤에는 길을 나서지 말도록 경고했다.

히포크라테스

기원전 460-370년.
그리스의 의사. 인간 신체의 해부학적 구조를 알아낸 의학의 창시자이며,
히포크라테스의 선서로 널리 알려져 있다.

로도스 출신의 푸블리우스 아에리우스 테온이라는 사람이 어떤 병을 앓았는지는 알려져 있지 않다. 아주 드문 일은 아니지만 어쨌든 그는 치유되었다. 그는 자신의 회복에 너무 감사한 나머지 건강을 찾게 해준 치료법을 한 비문에 새겨놓았다. 여기에 따르면 그는 120일 동안 아침에는 아무것도 마시지 않았다. 그 대신에 15개의 백색 후추 알갱이와 양파 반 개를 먹었다고 했다. 어떤 의사가 이런 식이요법을 처방했을까? 그 대답도 비문에 적혀 있었다. 이런 처방을 한 인물은 바로 '인간을 사랑하는 신', 아스클레피오스였다.

새로운 메시지

이 비문은 소아시아 서부에 있는 페르가몬의 아스클레피오스 신전

에서 발견되었다. 비문이 세워진 때는 로마의 황제시대였다. 이 시대는 히포크라테스가 의학의 역사를 새롭게 시작한 후 몇백 년이 지난 시기였다. 그리스의 지중해 섬인 코스 출신의 의사 히포크라테스는 기원전 5세기에 다음과 같은 메시지를 가지고 대중 앞에 나섰다. 그 메시지란 바로 질병은 자연적인 원인, 즉 신체기관에 의한 원인을 가지고 있으며, 질병은 인간이 치료할 수 있다는 것이었다. 히포크라테스는 인간 신체의 해부학적 구조를 알아냈고, 한 사람이 살고 있는 기후와 그 사람의 신체적, 정신적 기본 상태 사이에는 밀접한 연관이 있음을 주장했다.

의사보다는 신을 더 믿는 사람들

그러나 여전히 많은 사람들은 병에 걸려 고생할 때 의학자보다는 신들을 더 신뢰했고 의지했다. 무엇보다도 아폴론의 아들인 치료의 신 아스클레피오스는 히포크라테스와 그의 후계자들에게 오랫동안 고집스러운 경쟁자로 남아 있었다. 로마인들이 아에스쿨랍이라고 불렀던 이 신을 알아볼 수 있는 특징은 뱀들로 둘러싸인 지팡이였다. 그리고 이 특징은 후대에도, 심지어 오늘날까지도 의술의 상징적 마크가 되었다. 병자들과 허약한 자들은 무리를 지어 아스클레피오스의 신전으로 순례를 떠났다. 그들은 펠로폰네소스의 에피다우로스, 혹은 테온이나 페르가몬, 그리고 당연히 히포크라테스의 고향인 코스 섬 등으로 몰려들었다. 특히 코스 섬의 아스클레피오스 신전은 오늘날 가장 잘 알려진 고대 유적에 속하며 이곳의 다기능 시설은 요양 업체가 근대에 처음 생겨난 것이 아님을 증명해 준다.

수면 중의 치료

아스클레피오스 신봉자들은 병의 치료 과정에서 잠복기(incubation)
에 특별한 희망을 걸었다. 오늘날의 의학에서는 이 개념이 질병의 발
생과 감염 사이의 단계를 의미한다. 그러나 단어 'incubation'이 가
진 원래의(라틴어) 의미는 '잠을 자기 위해 눕다'였다. 실제로 아스클
레피오스의 신전에서는 병자들이 소위 '신전에서의 수면'을 취하도
록 처방받았다. 즉 사람들은 신전이라는 특수한 공간에서 하룻밤을
보내는 것을 치료의 한 과정으로 여겼던 것이다. 그렇게 하면 신이
자고 있는 병자를 치료하여 그날 밤 안에 병이 낫도록 해주거나, 혹
은 꿈속에 나타나 몇 가지 좋은 충고를 해주면 병자들은 다음날 신전
의 사제들과 구체적인 방법을 의논했다고 한다. 물론 가장 바람직한
것은 첫번째 경우, 즉 밤새 병이 치유되는 것이었고 그것이 모든 병
자들의 소망이었다. 그러나 사람들은 성공적 치료를 위한 신의 조언
과 충고에 만족하기도 했다.

신의 치유력을 의심하지 말라

로도스 출신의 푸블리우스 아에리우스 테온이 자신을 구해준 신에
게 감사하며 비문에 남긴 유일한 사람은 아니다. 기원전 300년경에
헤라이에우스라는 이름의 한 남자가 에피다우로스에 있는 아스클레
피오스의 신전을 찾아왔다. 생명을 위협하지는 않지만 대단히 신경
이 쓰이는 그의 약점은 몸의 털이 불균형하게 분포되어 있다는 것이
었다. "그는 머리카락이 없었다. 그러나 턱에는 수염이 아주 많다.
그는 종종 다른 사람들로부터 웃음거리가 되었기 때문에 수치심을

느꼈고 이를 치료하기 위해 신전에서 잠을 잤다. 신은 그의 머리에 치료제를 발라주었고 그에게 머리카락이 생기도록 해주었다." 유감스럽게도 아스클레피오스는 치료할 때 사용한 처방전에 대해서는 공개하지 않는 습관이 있었다. 그래서 헤라이에우스가 다시 평범한 외모를 가질 수 있었던 효과 높은 발모제 성분은 영원히 비밀로 남아 있어야 했다.

비슷한 일이 클레오라는 이름의 한 여성에게도 일어났다. 그녀는 5년 동안 임신을 여러 번 했지만 한 번도 출산까지 이르지 못했다. "그래서 이 여성은 도움을 받기 위해 신에게 갔고 신전 내부에서 잠을 잤다. 그런데 그녀가 신전을 떠나자마자 아들을 낳게 되었고 아이는 태어난 후 금방 자라서 엄마와 함께 주변을 돌아다녔다." 즉 아스클레피오스가 재현되기 힘든 기적을 일으켜서 아이가 태어나자마자 바로 다섯 살이 되었다고 전해진다.

물론 때때로 신의 치유력을 의심한 사람도 있었다. 그러나 결국에는 그들도 신의 도움을 받았고 훈계를 들었다고 한다. 예를 들면 아테네 출신으로 암브로시아라는 이름의 한 여인이 이런 일을 경험했다. 그녀는 한쪽 눈이 보이지 않는 사람이었다. 비문에는 그녀에 관해 이렇게 쓰여 있었다.

"그녀는 도움을 청하기 위해 신전에 왔다. 그러나 막상 성스러운 신전 근처에서 치료를 받았다는 사람들의 이야기를 듣자 우습다고 생각했다. 왜냐하면 그녀는 몸이 마비된 사람들과 눈이 보이지 않는 사람들이 꿈을 꾸는 동안에 간단히 치유된다는 것은 불가능하다고 여겼기 때문이다. 그런 그녀가 신전에서 잠을 자게 되었고 꿈을 꾸었다. 꿈속에서 신은 그녀 옆에 가까이 서서 그녀를 낫게 해주겠다고 약속했다. 그 대신 신전에 은빛 백조를 바쳐야 한다고 했다. 그녀의 몽매함을 사과하라는 의미였다. 신은 이런 말을 하면서 그녀의 보이지 않는 눈에 약을 넣었다. 날이 밝자 그녀는 길을 떠났다. 그녀의 눈은 이미 씻은 듯이 나아 있었다."

기적의 치료?

우리는 아스클레피오스 신전에서 일어났다는 이런 기적의 치료들을 어떻게 받아들여야 할까? 명백한 회의론자들은 그런 기록들을 단순히 지어낸 이야기들로 격하시키려는 경향을 보인다. 또한 인간의 내면에 잠재된 '선'을 믿지 않는 사람들은 그런 이야기들을 그저 아스클레피오스 신전의 사제들이 계산적으로 퍼뜨린 선전이라고 여긴다. 왜냐하면 그 모든 사례들이 당연히 아주 좋은 돈벌이였기 때문이다. 당시에 아스클레피오스로부터 치료를 받으려는 사람은 먼저 대가를 지불해야 했다. 치료받는 곳의 명성이 높아질수록 그곳이 벌어들이는 수입도 더 많아지는 것은 당연했다. 그러므로 성공적인 치료에 대해 가능한 한 많은 이야기들이 퍼지는 것은 사제들이 바라는 일이기도 했을 것이다.

그러나 실제로는 단지 환자들의 믿음이 너무 컸기 때문에 그런 이야기들이 나왔을 것으로 보인다. 오늘날의 현대 의학에서도 건강해지겠다는 환자의 의지에 따라 치료의 가능성이 결정된다는 것은 분명히 인정되고 있는 사실이다. 그리고 아스클레피오스의 신전에서는 환자들이 이곳에서 원하는 치료가 반드시 이루어질 것이라는 믿음을 갖도록 많은 일들을 행했다. 신과의 접근을 시도한 것도 그런 일들 중 하나였는데 마치 특별한 제식과 같이 거행되었다. 환자들은 이런 제식을 통해 자신들의 병을 진지하게 의식한다. 이때 사람들은 먼저 제물을 바치고 그 다음에 대가를 지불하고 다시 제물(케이크나 과자류)을 바쳐야 했다. 그런 다음 화환을 쓰고 신전의 홀에 있는, 나뭇가지로 만든 소박한 침상에 누웠다. 그 외에도 성관계를 하는 것, 염소 고기와 염소 치즈 먹는 것을 삼가는 등의 규칙을 지켜야 했다.

고대의 피트니스 프로그램

페르가몬의 신전에 있는 아스클레피오스가 푸블리우스 아에리우스 테온의 소원을 듣고 병을 치료하기 위해 식이요법을 처방했다는 것은 신도 고대 의학의 발전을 무시할 수 없었음을 보여준다. 왜냐하면 히포크라테스의 시대 동안에 이미 그리스에서는 식이요법에 관한 의학 분야가 형성되었기 때문이다. 이때 나온 학설들은 대단히 현대적인 분위기를 풍기는 이론이었다. 이 분야의 선구자들은 예방을 위한 건강 관리와 질병 치료를 위한 일종의 피트니스 프로그램을 설교했는데 음식, 음료, 운동, 그리고 목욕을 혼합한 방식이었다. 당시의 식이요법 학자들이 권한 음식들을 살펴보면, 로도스 출신의 테온에게 주어진 양파와 후추알갱이 치료식은 지극히 행운이 따르지 않은 경우였음을 알 수 있다.

일반적으로 환자들의 식단표에는 생선, 치즈, 견과류처럼 단백질이 풍부한 음식, 그리고 통밀빵과 신선한 과일이 함께 들어 있었다. 기원전 2세기에는 섭생과 관련해서 영감을 받았다는 의사 아스클레피아데스가 매우 새로운 방식을 시도하였다. 그는 소아시아의 프루사에서 출생했으며 로마에서 유명세를 얻은 사람이었다. 예를 들면 그는 와인을 충분히 마시는 것이 건강에 효과가 있다고 주장했고 환자들은 그의 견해를 높이 평가했다. 그 외에도 아스클레피아데스는 환자들에게 또다른 매력적인 서비스를 제공하였다. 즉 "신속하게, 확실하게, 그리고 편안하게"라는 표어에 따라 최대한 환자 우호적인 방식으로 진료했다. 또한 그는 정신적 질병을 위한 음악치료법을 개발하는 등 대단히 혁신적인 시도를 하기도 했다.

이런 모든 활동을 통해 그는 로마에서 의사라는 신분이 조금씩 좋은 평판을 얻는 데 기여했다. 이런 노력은 의사들이 별로 대접을 받지 못했던 사회에서 꼭 필요한 일이기도 했다. 실제로 당시에는 의사들에 대한 일반의 평가가 대단히 좋지 않아서 의사들을 칭하는 말로 carnifex, 즉 고기 만드는 사람, 도살자를 뜻하는 단어가 사용되었을 정도였다. 그래서 로마 농업 경제 분야의 개척자로 알려진 카토는 아들의 치료를 그리스의 의사에게 맡기느니 차라리 죽게 내버려두겠다고 말하기도 했다.

신기록에 이를 만한 열정

고대의 의사들 중에서 빛과 같은 존재였던 위대한 히포크라테스도 이미 식이요법에 대해 연구했다. 고대시대에 그가 쓴 글을 모아놓은 《히포크라테스 전집》을 보면 〈식이요법에 대하여〉라는 제목의 논문을 발견할 수 있다. 그러나 이것은 히포크라테스가 몰두했던 의학 분야의 아주 작은 단면일 뿐이었다. 그의 의학적 관심 범위는 대단히

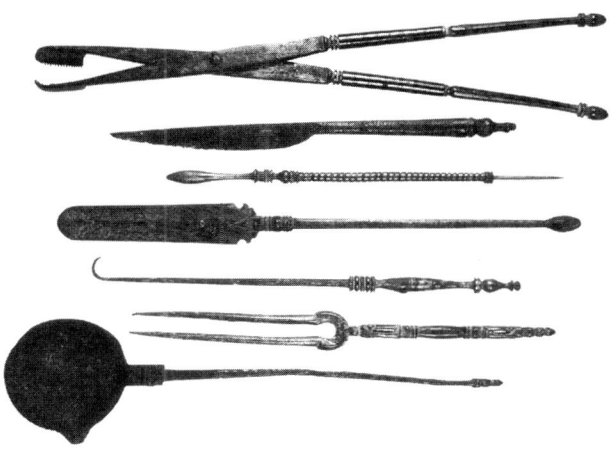

외과 기구들, 기원전 4세기

광범위해서 각기 다른 분야에서 많은 논문을 썼다. 〈관절 맞추기에 대하여〉, 〈치아에 대하여〉, 〈비관적인 날들에 대하여〉, 〈치질에 대하여〉, 〈8개월짜리 신생아에 대하여〉, 〈뇌의 부상에 대하여〉, 〈처녀의 질병에 대하여〉 등의 논문들이 있었다.

당연히 그의 전집에 수록된 130편에 이르는 모든 논문의 원작자가 진정으로 히포크라테스인지에 대해 의구심이 생겨났다. 오늘날 합의된 사항에 따르면, 이 책에는 그의 제자들과 동료들이 쓴 글도 많이 포함되어 있으며, 어떤 논문은 그 내용이 사실이든 거짓이든 히포크라테스의 글이어야만 일반적인 관심을 끌 수 있다는 이유만으로 그의 이름이 붙여지기도 했다.

전설과 현실
이렇게 유명한 히포크라테스는 과연 어떤 인물이었을까? 이런 질문은 쉽게 나올 수 있지만 대답하기는 매우 어렵다. 고대 학문의 모든 선구자들이 그렇듯이 그에 관해서도 대단히 많은 전설과 일화들이 쌓여 있어서 그에 관한 일관되고 믿을 만한 전기를 쓰는 일은 거의 불가능하기 때문이다. 또한 그에 관한 이야기 중에는 아첨하는 내용이 아니라 오히려 인류를 위해 위대한 일을 한 사람에게 그다지 어울리지 않는 내용도 있다. 예를 들어서 우리는 그가 코스 섬의 도서관에 불을 질렀다는 이야기를 진실이라고 믿어야 할까? 혹은 그가 페르시아 왕국에 전염병이 돌았을 때 도와주기를 거부했다는 이야기를 믿어야 할까? 우리는 차라리 이런 이야기들이 시기심 많고 성공하지 못한 그의 동료들이 퍼뜨린 소문이라고 믿고 싶어진다.

플라톤, 아리스토텔레스, 히포크라테스

물론 히포크라테스가 하나의 환상이며 신화적인 존재라고 여긴 사람들도 있었지만 우리는 그가 현실적인 인물로 존재했다는 점만은 최소한의 사실로 받아들여도 좋을 것이다. 왜냐하면 그의 실존은 플라톤과 아리스토텔레스와 같은 믿을 만한 사람들에 의해 분명히 확인되었기 때문이다. 그들 덕분에 히포크라테스가 위대한 의사이기는 했지만 성장발육이 잘된 사람은 아니었음이 밝혀졌다. 또한 그는 잘생긴 사람도 아니었다(물론 의사인 그가 잘생길 필요는 없었지만 말이다). 고대의 인물화에 묘사된 그는 수염을 길렀고 대머리였다.

한편 플라톤은 의사들의 활동에 대해, 그러므로 당연히 히포크라테스의 활동에 대해서도 좋게 생각하지 않았다. 그의 의견에 따르면 치료라는 것은 단지 질병을 연장시키는 것이고 죽음을 지연시키는 것일 뿐이었다.

라리사에서의 죽음

다행히도 히포크라테스는 이런 논쟁을 직접 들을 필요가 없었다. 왜냐하면 그는 훨씬 더 이전 시대에 살았기 때문이다. 그의 출생 시기는 그리스 문화의 찬란한 시기, 즉 기원전 5세기 중반이었다. 이때는 그리스인들이 정치, 문화, 학문에서 대단히 중요한 업적을 이루었기 때문에 사람들이 일반적으로 고전주의 시대라고 부르는 시기였다. 전해지는 바에 따르면 히포크라테스가 생을 마감한 곳은 그가 여행을 갔던 그리스 동부 테살리아 지방의 라리사라는 도시였으며, 이때 그의 나이는 의사로서도 대단히 많은 90세였다고 한다. 그런데 사실은 이런 숫자도 그렇게 위대한 사람이 일찍 죽었을 리가 없다는 당시의 만연된 생각 때문일지도 모른다.

유명한 의사가 되는 법

히포크라테스에 관한 믿을 만한 자료가 매우 부족하다고 해도 우리는 최소한 어떻게 코스 섬 출신의 의사인 그가 당시로서는 대단히 개혁적이고 진보적인 이론의 개척자가 되었는지 알고 싶어진다. 이런 경우 언제나 고려해야 할 사항은 가정적인 환경이다. 그의 아버지 역시 의사였지만 가문의 전통대로 당연히 치료의 신 아스클레피오스를 따르고 신봉했다. 이 때문에 후에 환자들을 유치하기 위해 아버지와 아들이 경쟁을 벌여야만 하는 상황이 벌어지기도 했다.

히포크라테스는 의학적 혁명을 위한 자극을 풍부한 여행 경험으로부터 얻었다. 그는 단지 순수한 즐거움만을 위해 여행을 간 것이 아니었다. 왜냐하면 당시에는 의사란 움직이는 직업을 의미했기 때문이다. 그리스의 의사들은 병원에 앉아서 환자를 기다리는 것이 아니라 여러 곳을 돌아다니거나 개인적으로 환자들을 방문했다. 의사들은 생계비를 벌기 위해서라도 열심히 여러 곳을 돌아다녀야 했다. 의사가 일을 잘 끝내면 풍족한 진료비를 받을 수 있었다. 그러나 오늘날과는 달리 당시의 진료비는 의료적인 행위에 대해 정해진 대가를 지불하는 것이 아니었다. 고대의 의사들에게 진료비는 일종의 '명예 표창'의 의미를 지니고 있었다. 그러니까 만족한 환자들이 의사의 성공적인 노력을 인정하면 충분한 사례를 지불했다. 이런 역사적인 관습을 근거로 한다면 오늘날에도 사람들이 의사의 진료가 만족스럽지 않았을 때 진료비 지불을 거부할 수도 있을 것이다.

모범이 된 이집트인

아마도 히포크라테스는 이집트에도 여행을 갔던 것으로 추측된다. 여기서 그는 많은 것들을 배웠을 것이다. 최소한 히포크라테스 이전에는 이집트의 의사들이 그리스의 동료들보다 훨씬 더 앞서 있었다. 그리스에서는 여전히 악마를 부르는 마법의 주문이 환자 치료의 일반적인 방법이었지만, 이집트에서는(메소포타미아에서도 마찬가지로) 의사들이 벌써 약품을 제조하고 처방을 내리고 있었다. 예를 들어 그리스에서는 다리가 부러지면 제일 먼저 전투에 참가할 자격을 상실했고, 그 다음에는 수면 치료를 위해 친구나 지인들이 아스클레피오스 신전으로 옮겼다. 이집트인은 같은 경우라도 훨씬 더 효과적으로 대처했다. 즉 이집트 무덤에서 발견된 뼈를 보면 당시 의사들이 뼈 수술의 시행도 전혀 꺼리지 않았음을 알 수 있다. 그리고 이집트에서는 환자의 안정과 보호를 위해 이미 알코올을 마취제로 사용하고 있었다.

계몽주의 시대

그런데 당시에 불어온 계몽주의적 정신이 아마도 아주 천천히 히포크라테스의 의학 이론에 영향을 미친 것으로 보인다. 밀레토스 출신의 탈레스를 비롯한 이오니아 자연철학자들이 세계를 더 이상 종교적으로만 이해하지 않고 합리적으로 이해하기 시작한 이후부터 학술계에 새로운 바람이 불어왔다. 히포크라테스의 고향인 코스 섬은 소아시아 해안 가까이에 위치해 있어서 이러한 새롭고 혁명적인 사상을 직접적으로 느낄 수 있었다. 그래서 히포크라테스는 말하자면 '의학계의 탈레스'로서 질병으로 고통받는 사람들의 행복을 위해 노력하기 시작했다.

의사의 임무

합리적인 사고를 가진 히포크라테스는 질병과 건강이 신들과는 아무런 상관이 없다는 것을 알아냈다. 그는 환자들이 결코 신전으로 갈 필요가 없고 차라리 한 의사를 믿고 따르는 것이 더 낫다고 굳게 믿었다. 또한 그는 전반적인 예측과 진단을 위해 개별적인 질병의 사례들을 자세히 관찰하였다. 그런 다음 시행되는 치료의 결과는 올바른 약품과 올바른 치료 방법에 좌우된다고 했다. 히포크라테스는, 인간의 신체는 스스로 다시 건강해지려는 기질을 지니고 있기 때문에 의

사는 이런 기질이 활발해지도록 도와주어야 한다고 생각했다.

질병은 왜 생길까?

그렇다면 과연 질병이란 무엇인가? 그것은 어떻게 발생하는가? 사람의 신체 안에서 조화가 깨지면 병이 생긴다. 이것이 바로 히포크라테스가 주장한 체액병리학(humoralpathologie) 이론이었다. 'humor'라는 단어가 가진 원래의 의미, 즉 '액체, 습기'가 조금은 생소한 이 명칭의 근거가 되었다. 히포크라테스의 생각에 따르면 인간에게는 신체를 조절하는 네 가지의 체액이 있다. 바로 피, 점액, 그리고 황담즙과 흑담즙이다. 이 체액들이 조화를 이루고 있는 '에우크라지에' 상태에서는 사람이 건강하다. 그러나 외부의 영향으로 인해, 혹은 나이 때문에 이런 긍정적인 질서가 변할 수 있는데, 그렇게 되면 병이 난다는 것이 그의 이론이었다.

체액병리학은 근대까지 전반적인 의학적 사고에 많은 영향을 끼쳤다. 중세시대에 이 체액론은 네 가지의 기질론으로 계속 발전했는데, 이 기질론에 따르면 사람들은 체액에 따라 네 가지 기질, 즉 다혈질(피를 뜻하는 단어에서 유래), 점액질(점액을 뜻하는 단어에서 유래), 황담즙질 혹은 담즙질(담즙을 뜻하는 단어에서 유래), 흑담즙질 또는 우울질(흑담즙을 뜻하는 단어에서 유래)로 나뉜다.

질병과 계절

그러나 히포크라테스는 단지 인간의 신체적 기능을 연구하는 데 만족하지 않았다. 그는 총체적인 시각을 통해 — 다시금 혁신적인 생각을 통해 ― 인간의 건강은 그가 살고 있는 환경에 좌우된다는 결과를 얻었다. 특히 인간은 기후 상황으로부터 큰 영향을 받는다는 사실을 알게 되었다. 이런 사실은 광범위한 내용의 책인《히포크라테스 전집》의 〈공기, 물, 그리고 장소에 대하여〉라는 제목의 글에 소개되어 있다. 그런데 학자들 사이어서는 오늘날까지도 이 글이 실제로 히포크라테스가 쓴 것인지에 대해 논란이 일고 있다. 히포크라테스는 체액론과 관련해서 질병의 발생이 계절적으로도 영향을 받는다는 사실을 언급했다. 그래서 그는 모든 질병은 겨울에 시작되고 여름에는 다시 사라진다는 주장을 폈다. 이와 달리 봄의 질병은 가을까지 지속되고, 가을의 질병은 봄이 되어야 끝난다고 했다. 그럼으로써 히포크라테스를 믿었던 고대의 환자들은 자신의 병에 대해 나름대로 예측을 할 수 있었던 셈이다. 단지 사람의 몸이 이런 예측에 들어맞지 않을 경우에 문제가 발생했다. 그래서 히포크라테스는 주변 사람들에게 이렇게 강조했다. "그런 경우에는 병이 ― 사람들은 이 사실을 정확히 깨닫게 되는데 ― 1년 내내 지속된다."

아시아인은 활기가 없다?

  기후와 관련된 논문에서 히포크라테스는 특별히 아시아인의 신체적, 정신적 특징에 대해 언급하였다. 기상학에 대해서도 사전지식이 많았던 그는 아시아인들이 사는 곳에는 기후가 언제나 일정하고 계절 사이에 뚜렷한 변화가 없다고 생각했다. 그래서 아시아인은 호전적이지 않고 부드러운 성품을 지녔지만 유럽인보다 무기력하고 활기가 없다고 했다. 그러나 히포크라테스가 이런 확신 때문에 어떤 일이야기될지 예감했다면 자신의 생각을 공개적으로 말하는 일은 삼갔을 것이다. 왜냐하면 서양의 정치가들은 이 이론으로부터 힘을 얻었고 그 내용을 동양 국가들과의 정치적, 군사적 싸움에서 선동용 자료로 이용하였다. 그리스인들은 페르시아와의 오랜 싸움에서, 그리고 후에 로마인들은 이집트나 이란의 파르티아와의 갈등에서 이 이론을 활용했다.

기원전 4세기에는 사실 기상학의 전문가로서 더 정확하게 알고 있어야 했을 세계적 학자 아리스토텔레스가 히포크라테스의 기후와 환경에 대한 이론을 조금 수정하고 몇 가지 사항을 덧붙여서 다음과 같은 내용의 글을 썼다. "추운 지역과 유럽의 민족들은 용감하지만 덜 지적이고 솜씨가 없다. 아시아 민족들은 이와 반대로 지적이며 예술적인 재능이 있다. 그러나 이들은 힘이 없어서 하인이나 노예로 살아간다." 그 다음에는 아마도 히포크라테스는 동의하지 않았을지도 모르는 사항에 대해 이야기했다. 즉 그리스인들이 가장 바람직하게도 지리적으로 그리고 기후적으로 중간 지대에 살고 있고, 그 때문에 양쪽의 특징을, 그것도 당연히 양쪽의 긍정적인 특징들만을 지닌 행운을 누리고 있다고 했다. 그의 말을 요약하면 "그리스인들은 에너지가 넘치며 지적이다"라는 것이었다.

물론 로마인들은 이런 주장을 인정하려 하지 않았다. 그래서 이들은 히포크라테스와 아리스토텔레스의 이론을 기꺼이 받아들이되 그리스인들과는 약간의 관점 차이가 있었다. 로마인들은 자신들을 환경적으로 매우 유리한 중심부의 민족으로 여겼고 그리스인들을 무기력하고 그다지 지적이지 않은 아시아인들과 가까운 민족으로 몰아붙였다.

히포크라테스 선서

그러나 오늘날 누구도 히포크라테스가, 비록 스스로 의도했던 일은 아니라고 해도, 동양에 대한 서양의 편견을(오랜 세월 동안 유효했던) 제일 처음 만들어낸 사람이라는 생각을 하는 사람은 거의 없을 것이다. 그보다는 오히려 히포크라테스를 그의 이름이 붙여진 선서와 연관시켜 떠올리는 경우가 많다. 히포크라테스 선서는 8가지 항목으로 의사의 윤리적 책임을 문서화한 것인데, 당시에는 소위 '십계명' 혹은 의사의 기본수칙으로 알려져 있었다.

첫째, 의사는 스승을 존경해야 한다.
둘째, 의사가 하는 모든 일은 환자의 이익을 위한 것이어야 한다.
셋째, 의사는 사망을 돕는 일을 해서는 안되며, 여성들에게 낙태를 시술해서도 안된다.
넷째, 의사는 순수하고 독실하게 자신의 삶을 살고 자신의 의술을 지켜야 한다.
다섯째, 의사는 외과수술을 하지 않는다.
여섯째, 의사는 호출을 받은 집에서 여성과 남성, 자유인과 노예를 상대로 성적인 과욕을 부려서는 안된다.
일곱째, 의사는 침묵의 원칙을 지켜야 한다.
여덟째, 이 선서를 지키는 의사는 영원히 존경받아야 하고, 이 선서를 깨뜨리는 의사는 그 반대의 읕을 당한다.

히포크라테스 선서의 영향

이 선서가 지속되어 온 역사는 동시에 히포크라테스가 오늘날에 이르기까지 후대의 의학자들에게 끼친 영향력이 지속된 역사이기도 하다. 한때는 히포크라테스의 선서가 구속력을 가질 만큼 완벽한 것으로 여겨지던 시대가 있었다. 예를 들어서 19세기에 몽펠리에에서는 모든 의대생들이 졸업할 때 이 선서를 외워서 낭독해야 했는데, 그것도 꼭 프랑스 정부가 기증한 히포크라테스 흉상 앞에서 해야 했다. 그러다가 선서의 내용 중 몇몇 문장이 삭제되기도 하고 다른 문장이 덧붙여지기도 했다. 1810년에 통용된 프로이센의 의사 선서는 히포크라테스 선서를 프로이센 정부를 위한 충성의 맹세로 바꾸어 사용한 경우였다. 제2차 세계대전 후인 1948년에는 히포크라테스 선서가 제네바 선서로 대체되었고, 이때 선서 내용 중에서 특히 낙태와 외과수술 금지에 관한 항목이 달라졌다.

그러나 오늘날까지도 히포크라테스 선서의 수준 높은 윤리적 내용은 여러 측면에서 많은 영향력을 발휘하고 있다. 1996년에 영국에서는 명망 있는 영국의사협회가 히포크라테스 선서의 개정판을 발표했는데, 말하자면 그것은 위대한 고대 의학자 히포크라테스의 생각을 21세기에 적합한 사용안내서로 표현한 것이었다.

군사학
에파미논다스

기원전 362년에 사망.
그리스의 장군이며 정치가. 스파르타 군을 '사선진전술'로 물리쳐 패권을 빼앗았다.
그의 전술적 혁명은 그가 죽은 뒤에도 지속적인 영향을 미쳤다.

고대시대에 가장 위대한 장군은 누구였을까? 후보자의 목록에 들어갈 만한 이름은 매우 많다. 그대에는 군사적으로 뛰어난 실적을 이룰 기회가 충분히 많았다. 왜냐하면 당시에 전쟁은 거의 일상에 속하는 일이었기 때문이다. 그러나 많은 사람들의 기억에 남아 있는 특별히 위대한 정복자들이 있었다.

알렉산드로스 대왕

거의 논쟁의 여지없이 최고의 자리를 차지할 만한 사람은 알렉산드로스 대왕이다. 기원전 336년에 20세의 나이로 지배권을 차지한 이 마케도니아의 왕은 1년 후에 벌써 과거 다른 왕들의 모든 시도를 훨씬 능가하는 대대적인 원정을 시작했다. 왕위에 오른 지 11년이 채 안되어 그는 소아시아부터 인도까지 동양 전체를 정복했으며, 그리스인들을 아주 오랜 시간 동안 반복해서 괴롭혔던 페르시아의 아케메네스 왕국을 점령하였다. 소아시아의 그라니코스(기원전 334년), 시리아와의 경계선에 위치한 이소스(기억하기 좋은 숫자 기원전 333년), 그리고 티그리스강 근처의 가우가멜라 등과 같은 전장에서 이 젊은 마케도니아의 왕은 군사적으로 성공적인 역사를 만들어나갔다.

기원전 324년이 되자 알렉산드로스 대왕은 스스로를 세계의 지배자로 느낄 수 있을 정도가 되었다. 물론 우리가 지중해 서부에는 아직 알렉산드로스 제국에 속하지 않은 몇몇 민족이 있었다는 사실을 대범하게 무시한다면 말이다. 그러나 안타깝게도 그는 기원전 323년에 겨우 33세의 나이로 바빌로니아에서 생을 마감했고, 사람들에게는 진정으로 위대한 전설적 존재로 남게 되었다.

율리우스 카이사르

고대를 빛낸 위대한 장군들의 목록에서 역시 가장 윗부분을 차지해야 할 또다른 사람으로 로마의 장군 율리우스 카이사르를 빼놓을 수 없다. 이런 견해는 아마도 그리스의 작가 플루타르코스의 생각과 일치할 것이다. 그는 자신의 병렬식 전기에서 그리스 위인 한 명과 로마의 위인 한 명을 서로 비교하는 형식으로 글을 썼는데 '정복자'라는 항목에서는 알렉산드로스 대왕의 옆에 바로 이 율리우스 카이사르를 세웠다. 평소에 알렉산드로스 대왕을 본보기로 삼았던 카이사르는 어느 날 불쑥 알렉산드로스는 이미 많은 것을 이루고 세상을 떠났지만 같은 나이에 자신은 아직 아무런 군사적 활약을 보이지 못했음을 깨닫고 정신적 위기에 빠지기도 했다.

그러나 카이사르는 이런 부진을 뒤늦게 충분히 만회하였다. 즉 그는 지극히 뻔뻔한 핑계를 내세워 갈리아 지방에서 전쟁을 음모하였고 기원전 58년과 51년 사이에 로마제국을 라인지방까지, 그후에는 북해까지 확장시켰다. 또한 바로 이어진 로마의 내전들을 겪으면서 천재적인 군사 전술가임을 증명해 보였다. 이 전쟁에서 그는 자신의 마지막 경쟁자인 폼페이우스(역시 고대의 저명한 장군의 목록에서 확실한 자리를 예약해 둔)를 제거하였고 마침내 로마에서 자신이 원하는 독재정치를 하게 되었다.

한니발

고대의 위대한 장군들을 상대로 서열을 정한다면 알렉산드로스 대왕과 카이사르의 진정한 경쟁자는 의심의 여지없이 카르타고의 한니발이다. 물론 최종적으로는 그에게 패배자라는 낙인이 찍혔고 사실 제대로 정복한 것은 아무것도 없었다. 그러나 로마인들은 제2차 포에니 전쟁(기원전 218~201년)에서 한니발 장군으로부터 심한 괴롭힘을 당해 자신들이 세계 최강의 군대라는 자부심에 심각한 회의에 빠질 정도였다.

또한 한니발은 기원전 216년에 로마의 칸나에(Cannae)에서 집정관 루시우스 아에밀루스 파울루스와 가이우스 테렌티우스 바로가 담당하는 여덟 지역에서 천재적인 군사전략을 펼쳐 패배와 파멸을 안겨주었다. 이 패배가 로마인들에게는 후에 토이토부르거 발트에서의 전투(기원후 9년)와 유사하게 잊지 못할 악몽이 되었다. 그후에 한니발은 몇 년 동안 이탈리아의 여러 곳을 돌아다녔지만 로마인들이 두려워했던 수도 로마에 대한 공격은 포기했다. 그 대신에 로마와 연대되어 있는 이탈리아인들을 자기편으로 끌어들이려 했다. 하지만 이런 시도는 성공하지 못했고 결국 승리도 얻지 못한 채 아프리카로 돌아가야 했다.

이외에도 한니발은 특별히 용감한 행동으로 사람들의 기억에 남아 있다. 그는 기원전 218년에 늦가을의 알프스를 넘는 힘든 여정으로 전쟁을 시작했는데, 여기에는 뛰어난 군사적 지식과 논리학적 지식이 필요했다. 3만 8,000명의 보병, 8,000마리의 말, 그리고 40마리의 전투용 코끼리를 산꼭대기까지 끌고가야 했기 때문이다. 비록 40마리 중에서 단 한 마리의 코끼리만이 그 과정을 겪어냈을 정도로 손실이 컸지만 이 위험한 모험은 결국 성공했다. 한니발은 한 마리의 코끼리를 가지고는 이탈리아와의 싸움에서 무기로서의 효과가 적다고 판단하고 바로 시리아에서 수입하거나 아프리카에서 이탈리아로 운반해 온 코끼리들로 보충했다.

피로스의 무의미한 승리

로마인들이 전투용 코끼리에 대해 처음 알게 된 것은 이보다 수십 년 전으로 타렌툼의 구조요청을 받은 에페이로스의 왕 피로스가 기원전 280년에 이탈리아로 원정을 왔을 때였다. 로마인들은 이때 헬레니즘 시대의 군대로서는 가장 현대적인 기술에 익숙한 장군과 용병 지도자들을 보게 되었다. 코끼리들에게 주어진 임무는 실질적인 역할보다 심리적인 효과를 내는 일이었다. 여러 마리의 코끼리들은 로마인에게 두려움과 공포를 느끼게 했고, 그 결과 피로스는 고대의 작가 이우스틴이 쓰고 있는 것처럼 이미 진 싸움을 다시 한 번 뒤집을 수 있었다.

"로마인들은 당시에 거의 승리를 거둔 상태였다. 그런데 이때 여태까지 한 번도 보지 못했던 코끼리들의 모습을 보고는 놀라움으로 경직되어 그 자리에 멈췄고 그 다음에는 전투에서 후퇴를 할 수밖에 없었다. 그리하여 이미 승리자였던 그들은 마케도니아의 이 새로운 대형 동물 때문에 결국 패배하고 말았다."

나중에 이런 인간적인 감정을 이용한 전술방식에 당한 것을 알고 로마인들은 매우 당황스러워했다. 그래서 부지런히 전설적인 이야기들을 만들어냈는데, 물론 이 이야기에 따르면 그들은 코끼리를 보고도 전혀 아무런 동요 없이 침착했다고 한다. 피로스가 단지 코끼리들 때문에 고대의 최고 장군들을 뽑는 목록의 단골 인물이 된 것은 아니다. 그는 로마인들을 상대로 여러 번의 승리를 거두었다. 그런데 이런 승리들이 결과적으로는 일종의 격언이 된 '피로스의 승리'(흔히 이득이 없는 무의미한 승리를 거둔 경우를 뜻함)가 되었다. 왜냐하면 마케도니아의 장군 피로스는 이런 많은 전투에서 너무 많은 힘을 소모해 결국에는 로마인들이 더 우세해졌기 때문이다.

그늘에 가려진 남자

이런 유명한 거장들의 이름 뒤에는 눈에는 덜 띄지만 훨씬 효과적이고 지속적으로 고대의 군사 문제를 개혁한 인물이 있었다. 바로 그리스 테베에 있는 보이오티아 지역 출신으로 정치가이며 장군이었던 에파미논다스이다. 그는 근대에 이르기까지 군사전략 중 '최고의 것'으로 인정받았던 '사선진전술'을 만들어낸 사람이며, 이 방법을 처음으로 기원전 371년에 레우크트라 전쟁에서 활용하였다. 그런데 왜 이런 유능한 에파미논다스가 알렉산드로스, 피로스, 한니발, 카이사르의 그늘에 가려져 있었던 것일까? 왜 그는 고대의 최고 장군이라는 자리를 차지하지 못한 것일까?

훌륭한 장군

우선 존경받는 장군의 중요한 전제조건이라고 할 수 있는 카리스마와 영향력은 (알렉산드로스와 카이사르의 경우처럼) 그에게도 결코 모자라지 않았던 것으로 보인다. 그 외에도 그는 (역시 알렉산드로스와 카이사르와 똑같이) 전반적으로 교육을 잘 받은 인물이었고, (카이사르와 달리) 매수의 유혹을 거부했으며, (카이사르와 알렉산드로스와는 다르게) 한 번도 결혼한 적이 없었고, (한니발과는 다르지만 피로스와는 똑같이) 뛰어난 사교능력을 지니고 있었다. 그가 지닌 군인으로서의 기질도 다른 장군들과 마찬가지로 특별했다. 즉 그는 사선진전술을 창안했을 뿐 아니라, 장군의 다양한 임무를 가장 훌륭히 수행하는 법을 잘 알고 있었다.

에파미논다스의 다양한 전술

우리는 이런 사실을 로마의 황제시대인 1세기 말경에 로마인 프론티누스(그는 수리시설 분야의 전문가이기도 했다)가 쓴 특이한 책에서 분명하게 찾아볼 수 있다. 이 책은 고대의 다양한 전술에 대한 이야기를 담고 있는데, 이런 분야가 로마에서는 언제나 고정된 독자층을 형성하고 있었다. 그리고 이 책에서 에파미논다스는 여러 부분에 등장함으로써 그 능력을 인정받았다. 물론 카이사르와 한니발만큼은 아니라고 해도, 거의 알렉산드로스만큼, 그리고 심지어 피로스보다 조금 더 자주 그의 이름이 언급되었다.

프론티누스는 에파미논다스가 보여준 전술들을 여러 가지 종류로 분류하였다. '군대로 하여금 전투 의욕을 갖게 하는 방법'이라는 제목에서는 에파미논다스에 대해 다음과 같은 내용이 들어 있다. "그리스 테베의 장군인 에파미논다스는 스파르타를 상대로 전쟁을 시작하기 직전에 병사들이 육체적으로뿐 아니라 정신적으로도 전력을 다하도록 만들기 위해 군사들이 집합해 있는 곳에서 이렇게 말했다. 만약 스파르타가 승리를 하게 되면 그들은 테베의 모든 남자를 죽일 것이고, 여자와 아이들을 노예로 만들 것이며, 테베를 파괴할 것이 틀림없다고 했다. 이런 말을 들은 병사들은 매우 의기충전하여 첫번째 공격에서 스파르타인을 모두 굴복시켰을 정도였다."

같은 제목 속에서 또다른 내용도 찾아볼 수 있다. "테베 출신의 에파미논다스는 스파르타와의 싸움에서 군사들의 용기가 종교적 확신을 통해 더욱 고양되어야 한다고 믿었기 때문에 신전의 장식으로 매달려 있던 무기들을 밤 사이에 바닥으로 내려놓았다. 그리하여 병사들로 하여금 신들이 전쟁에서 자신들의 곁에 있어주기 위해 원정에 동행한다고 생각하게 만들었다. 또한 에파미논다스는 병사들이 나쁜 징조에 사로잡혀 두려움에 떨 때 어떻게 몰아내는지도 잘 알고 있었다. 스파르타와의 전쟁이 시작되기 전에 에파미논다스가 앉아 있던 의자가 부서지는 일이 생겼다. 놀란 병사들이 이 일을 나쁜 징조로 해석하고 두려워하자 그는 '오히려 그 반대의 의미이다. 우리가 여기 앉아 있으면 안된다는 뜻이다'라고 말했다."

또한 '싸움의 장소를 선택하는 방법'이라는 제목 밑에서도 에파미논다스의 이름이 등장한다. "테베의 장군인 에파미논다스는 스파르타와 전쟁을 시작하기 직전에 적군의 최전선 앞에 기마대를 세우고 출정 준비를 시켜서 거대한 먼지구름이 적의 눈에 보이게 만들었다. 그래서 마치 갑작스런 기마전이 일어날 것 같은 기대감을 형성해 놓았다. 그런 다음에 보병들을 데리고 다른 길로 돌아서 뒤에서 돌진이 가능한 언덕진 곳으로 갔다. 그리고 전혀 예감하지 못하는 스파르타 군인들을 뒤에서 덮쳤고 그들을 전멸시켰다."

또한 프론티누스는 '포위한 자들을 속이는 방법'에서, 책략가 에파미논다스는 군사적 전술의 원조라고 할 수 있는 오디세우스의 트로이의 목마를 연상시킨다고 썼다. "에파미논다스는 아카디아에서 대부분의 병사들에게 여자 옷을 입히고 축제일에 성 밖으로 나와서 돌아다니는 적군 나라의 여자들과 뒤섞이게 했다. 여장을 한 병사들은 의상 덕분에 밤에 성문 안으로 들어갈 수 있었고 도시로 잠입하여 아군을 위해 성문을 열어줄 수 있었다."

그 외에도 우리는 프론티누스의 책에서 에파미논다스가 호감이 갈 정도로 사치를 하지 않는 겸손한 사람이었음을 알 수 있다. "그는 집에 매트 한 장과 고기구이용 쇠꼬챙이 하나 외에는 가지고 있는 것이 없을 만큼 절제의 측면에서 대단히 남달랐다." 이처럼 절제와 신중함에서 그는 위대한 동료 장군들 중에서도 매우 특별한 사람이었다.

암울한 시대

에파미논다스가 이런 모든 뛰어난 업적에도 불구하고 고대의 뛰어난 전략가들의 목록에서 가장 앞쪽에 위치하지 못하는 데에는 아주 간단한 이유가 있다. 그는 잘못된 시대와 잘못된 장소에 살았기 때문이다. 그는 그리스 역사에서 전성기에 속하지 않는 시대에 태어났고, 그의 고향 테베는 세상의 중심과는 거리가 먼 곳이었다. 이런 적합하지 않은 두 가지 요소 때문에 그는 대단히 많은 공적을 세웠음에도 그저 장기적인 시각에서만 확인할 수 있는 명성과 유명세만을 얻을 수 있었다.

에파미논다스가 살던 그리스 세계는 정치적으로나 경제적으로, 그리고 도덕적으로도 심각한 위기에 빠져 있었다. 그리스의 강대국인 아테네와 스파르타 사이의 지루한 전쟁, 소위 펠로폰네소스 전쟁(기원전 431~404년)은 사회적으로 전반적인 마비현상을 가져왔다. 결국 스파르타는 페르시아의 돈을 이용해 전쟁에서 승리했고 페르시아의 지지 덕분에 그리스의 새로운 주인이 될 수 있었다. 당연히 이런 정부는 별로 인기가 없었다. 얼마 되지 않아서 저항운동이 일어나게 된 것도 전혀 놀랄 일이 아니었다.

이때 스파르타에 대한 저항운동에서 리더 역할을 담당한 곳이 바로 에파미논다스의 고향인 테베였다. 당시까지 이 도시는 오랜 전통을 가지고 있음에도 불구하고 보이오티아 지방에서 지역적 세력의 근거지 이상의 명성을 누려본 적이 없었다. 그러나 에파미논다스를 통해 이제 테베는 마치 짧은 전성기처럼 특별한 시기를 경험했다. 그는 소위 보이오티아 동맹의 최고위원 7명 중 한 사람으로서 스파르타에 저항하는 군사적 행동을 기획하였다. 그리고 기원전 371년에 보이오티아의 레우크트라에서 결정적인 접전이 벌어졌다.

전쟁의 대가들

사실 여러 상황으로 볼 때 이미 성공에 길들여진 스파르타만이 이 전쟁에서 이길 수 있을 것으로 보였다. 그들은 단순히 페르시아의 도움만으로 그리스의 대표적 군사세력이 된 것이 아니었다. 예를 들어서 스파르타에서 젊은이들을 군사적으로 훈련시키는 방법과 수단은 지독하기로 유명했다. 7세가 되면 스파르타인들은 부모와 떨어져 엄격한 규칙 속에서 전쟁을 준비했다. 공동체 속에서 자신을 지키고 그와 동시에 절제와 강인함을 배우는 것이 훈련의 목표였다. 그래서 스파르타의 젊은이들은 끊임없이 행군과 체력 단련을 했다. 그들은 소박한 식사를 직접 만들어서 먹었고, 갈대로 만든 소박한 침상에서 밤을 보냈다.

스파르타의 군사훈련 중에서 특이한 종목으로 도둑질 테스트가 있었다. 즉 초년병들이 자신들의 능숙함과 독립성을 증명하기 위해 어디서든 생활필수품을 훔쳐오는 임무였다. 이때 발각되어서 일을 제대로 수행하지 못한 사람은 벌을 받았는데, 이 벌은 범죄행위를 저질렀기 때문이 아니라 성공적으로 임무를 수행하지 못한 무능함에 대한 것이었다.

또한 고대의 작가들은 스파르타인의 거친 도덕성에 대해서도 언급하였다. 바로 스파르타인의 억압을 받던 라코니아의 원주민 헬롯을 상대로 한 그들의 사냥을 두고 한 말이었다. "때때로 상사들은 가장 능숙한 젊은이들을 여러 곳의 시골로 보냈는데, 이들은 칼 외에는 아무런 장비도 없이 꼭 필요한 생필품만을 가지고 떠났다. 이들은 낮에는 흩어져서 잘 보이지 않는 장소에 숨어 휴식을 취하고, 밤에는 거리로 나가 길에 다니는 헬롯들을 죽였다. 흔히 그들은 들판으로 가서 가장 힘세고 일을 잘하는 헬롯들을 죽이기도 했다"고 그리스의 전기 작가 플루타르코스는 전하고 있다.

대규모 군대의 전열

그렇지만 스파르타인들이 단지 혹독한 훈련만으로 그리스의 지도적 군사세력이 된 것은 아니었다. 그보다 더 결정적인 것은 당시 그리스에서 일반적이었던 전쟁 기술을 보다 완벽하게 발전시켰기 때문이다. 기원전 7세기 이후부터 사람들은 더 이상 호메로스의 영웅들처럼 일대일로 싸우지 않았다. 이제는 밀집된 전투 진형, 즉 팔랑크스가 그리스 군대에서 일반적인 전투 형태가 되었다. 팔랑크스란 일종의 방진의 전열을 의미하며 중장비로 무장한 보병들로 구성되었다. 그들은 방패, 흉갑, 다리 브목, 긴 창, 그리고 근접한 거리에서의 싸움을 위해 단도로 무장을 했다.

여덟 명이 한 열을 이루어 가로로 적군 앞에 밀집 진형을 짰다. 이때 모든 것은 조화로운 협동에 달려 있었다. 그래서 평소에는 별로 음악을 즐기지 않는 스파르타의 병사들에게 피리 연주로 리듬을 들려주고, 그럼으로써 동일한 박자로 적군을 향해 행군하도록 했다고 그리스의 역사가 투키디데스는 설명했다. 이런 방법은 흔히 대규모 군대가 적의 공격을 받으면 쉽게 일어날 수 있는 전열의 흐트러짐을

그리스의 전투대열, 기원전 7세기, 꽃병

방지하기 위한 것이기도 했다. 이런 전열로 전진을 할 때 가장 큰 약점은 오른쪽이었다. 그래서 전열을 만들고 있는 각각의 보병들이 왼손에 들고 있는 자신의 방패로 옆사람의 노출되어 있는 오른쪽 신체부위를 막아주었다. 이런 방식을 통해 나타난 효과를 투키디데스가 다시 알려주고 있다.

　"병사들 모두가 두려워하면서 자신의 노출된 부분을 오른쪽 옆사람의 방패 속으로 바짝 밀어넣었다. 그들은 가장 밀착되게 연결되어 있을 때 가장 안전하게 방어할 수 있다고 생각했기 때문이다. 대열의 제일 앞에 있으면서 가장 오른쪽에 있는 사람은 언제나 기회를 노리고 있다가 병사들로 하여금 노출된 오른쪽 측면을 이용해 적을 뚫고 나가도록 유도하고 다른 사람들은 그를 따르게 된다."

　이런 메커니즘 때문에 고대 그리스의 전투에서는 대열의 가장 오른쪽이 공격을 담당하게 되었는데, 이것은 작전상의 계산 대문이 아니라 팔랑크스 전형이 자연적으로 오른쪽으로 향하게 되어 있기 때문이다. 이에 따라서 팔랑크스 공격이 집중되었던 곳은 적군 대열의 왼쪽 날개였다. 이런 모든 상황 때문에 그리스의 군사전술가들은 최우수 팀, 즉 엘리트 병사들을 대열의 오른쪽에 배치하였다. 그리고 적군의 대열을 왼쪽 측면에서브터 무너뜨리려는 시도를 했다.

레우크트라 전투

스파르타는 레우크트라 전투 이전까지 팔랑크스 전열을 뛰어나게 활용해 늘 승리를 거두었다. 도한 그들은 레우크트라에서 싸울 테베의 상대들보다 수적으로(비율상으로 보병의 숫자가 1만 대 7,000 정도로 스파르타가 많았다) 훨씬 우위였다. 그러므로 그들이 질 가능성은 거의 없어 보였다. 그러나 에파미논다스가 그들의 전쟁사에 길이 남을 놀라움을 선사했다. 그는 레우크트라에서 처음으로 (모든 면에서 볼 때 그가 직접 창안한) '사선진전술'을 시험하였고, 그 이후부터는 고대에서 이 전술이 수적으로 더 많은 군대와 맞선 모든 군대의 성공적인 방법이 되었다.

흔히 뛰어난 아이디어가 그렇듯이 에파미논다스의 생각도 아주 간단해서 사람들은 왜 더 일찍 누군가 이런 생각을 하지 못했는지 이상하게 여길 정도였다. 그의 생각에 따르면 적들은 자신들의 오른쪽 측면이 전투의 승패를 결정할 것이며 동시에 자신들의 왼쪽 측면이 공격을 받을 것으로 계산하고 있으므로 이런 익숙한 형세를 뒤집으면 오히려 전혀 새로운 효과를 얻을 수 있다는 것이었다. 그래서 에파미논다스는 보병들의 전투에서 지금껏 팔랑크스 전열에서 별로 중시되지 않았던 왼쪽 측면을 강화시켜 이들로 하여금 적의 오른쪽 측면을 공격하도록 했던 것이다.

일반적으로는 전투대열에서 왼쪽 측면에 8열의 보병만이 서게 되지만 에파미논다스는 레우크트라 전투에서 이 측면에 오히려 50열의 보병을 세우고 특히 '성스러운 무리'라고 불렀던 테베의 엘리트 부대를 배치하였다. 바로 테베의 강화된 '왼쪽' 팀이 스파르타 병사들의 '오른쪽' 측면을 상대로 공격을 했던 것이다. 물론 이런 전열은 조금 비스듬하고 왼쪽으로 길쭉해서 보기에 그다지 멋있지는 않았겠지만 ─ 아마도 이 점은 에파미논다스도 분명히 알고 있었을 것이고 ─ 전쟁에서는 미학이 그렇게 중요한 요소는 아니었다.

그런데 과연 이런 혁신적인 전술이 현실적으로 제대로 작동되었을까? 비교적 정확한 플루타르코스의 글은 그 다음에 스파르타 병사들과 불운의 장군 클레옴브로토스가 당황한 가운데 레우크트라 전쟁에서 어떤 일이 벌어졌는지 기록하고 있다. "에파미논다스는 자기편의 팔랑크스 전열을 왼쪽으로 치우치도록 비스듬하게 세웠다. 그럼으로써 스파르타의 오른쪽 날개가 예비 군인만이 있는 테베 측의 오른쪽 날개로부터 가능한 한 멀리 떨어지도록 조치했다. 그리고 에파미논다스는 클레옴브로토스가 있는 오른쪽 측면을 향해 막강하고 대대적인 공격을 감행했다. 적들도 바로 이런 작전을 알아차렸고 새로이 전열을 세워 자신들의 오른쪽 측면을 강화하고 수적으로 많은 병사들로 에파미논다스를 둘러싸서 포위하려고 시도했다."

그러나 스파르타의 이런 계획은 성공하지 못했다. 에파미논다스의 동료인 펠로피다스가 테베 병사들의 공격을 지휘하기 시작했고 스파르타 병사들이 다시 전열을 짜기 전에 이미 300명의 그리스 정예부대가 왼쪽 측면으로부터 돌진했기 때문이다. 그러자 스파르타 병사들은 절망적인 혼란에 휩싸였다. 플루타르코스가 적고 있는 것처럼 이런 상황은 그리스인들에게 아주 새로운 경험이었다. "전쟁의 모든 면에서 가장 위대하고 뛰어난 민족이었던 스파르타인은 전열이 흐트러졌을 경우에도 무질서와 혼란에 빠지지 말아야 하고, 언제 그리고 누가 그들을 놀라게 하더라도 최대한 서로 붙어서 계속 싸우도록 훈련받아 왔다."

그런데 이번만큼은 전혀 달랐다고 한다. 에파미논다스의 새로운 전술방식으로 스파르타 병사들은 몹시 동요했다. 그래서 그들은 각자 살기 위해 도망을 치거나 테베인들에 의해 죽임을 당했다. 그리고 이때 모든 일이 아주 빠르게 벌어져서 스파르타의 왼쪽 측면은 전투에 개입할 기회조차 얻지 못했다.

짧았던 전성기

스파르타에게 레우크트라 전쟁의 실패는 그리스에서 그들의 우위가 끝났음을 의미했다. 이 충격은 결코 쉽게 사라지지 않았다. 전쟁 후에 짧은 기간 동안이었지만 테베가 스파르타의 자리에 올랐고 에파미논다스의 지도하에서 일시적으로나마 그들이 그리스에 있는 많은 평범한 도시국가들 중 하나일 뿐이라는 콤플렉스로부터 벗어날 수 있었다. 그러나 테베의 전성기는 그리 오래 가지 않았다. 에파미논다스가 지배세력의 안정적인 균형을 유지하는 데 성공하지 못했기 때문이다. 기원전 362년에 벌써 전성기의 끝이 보이기 시작했는데, 이것은 그리스 내에서 테베가 차지했던 주도권의 종말인 동시에 고대 전술의 혁명가에게 닥친 종말을 의미하는 것이었다.

아르카디아에 있는 만티네이아에서 테베인들과 그리스의 다른 도시들 사이에 싸움이 벌어졌다. 이 전투에서도 에파미논다스는 강력한 왼쪽 측면(한 고대 작가가 감탄하면서 확신하듯이 전투함처럼 튼튼한)을 이용해서 간단히 적을 뚫고 나감으로써 새로운 전술로 상대의 전열을 흩트려놓았다. 이렇게 해서 승리는 마침내 테베인의 것이 되었다. 그러나 이런 무모한 공격 중에 테베의 장군 에파미논다스는 결국 목숨을 잃고 말았다.

팔랑크스 전열의 한계

그러나 에파미논다스의 전술적 혁명은 그가 죽은 뒤에도 지속적인 영향을 미쳤다. 이때부터 고대에서 전쟁을 승리로 이끌고자 하는 사람은 누구든 사선진전술을 잘 알고 있어야 했다. 더구나 이제 모두가 이 전술을 알고 있고 모방하려 했기 때문에 다른 사람보다 더 잘 활용할 수 있는 사람이 유리했다.

알렉산드로스 대왕의 아버지이며 마케도니아의 왕인 필리포스 2세도 에파미논다스의 매우 충실한 제자가 되었다. 그는 유명한 마케도니아 식 팔랑크스를 창안했으며, 이 방식을 이용해 단 몇 년 동안에 그리스 전체를 정복하였다. 기존의 방식과 차별되는 몇 가지 재치 있는 개선 방안들이 그의 군대로 하여금 지속적인 승리를 얻게 해주었다. 즉 중장 보병들은 16명을 한 열로 대열을 만들었고 사리사

(sarisa)라고 불리는 5미터 가량의 긴 창을 지니고 있었다. 이때 필리포스 왕은 다섯 번째 줄의 병사들이 들고 있는 창들이 첫번째 줄까지 나오도록 조치했다. 뿐만 아니라 왕은 지금껏 별로 신경쓰지 않았던 기병대의 무기에 변화를 주었다.

그렇게 해서 필리포스 왕은 승리의 행진을 계속해 나갔고, 이런 분위기는 후에 그의 아들 알렉산드로스 대왕에까지 이어졌다. 아마도 그가 얻은 명성 중에서 많은 부분이 에파미논다스 덕분이라고 볼 수도 있을 것이다. 그런데 매우 유연한 체계를 가진 로마의 군대들이 비로소 팔랑크스 전열의 한계를 드러냈다. 즉 팔랑크스 전열은 평평하고 탁 트인 지대에서 자연적인 장애물이 없을 때 그 효과가 발휘될 수 있었다. 그 외에도 전투가 너무 오래 지속되지 않아야 했다. 왜냐하면 팔랑크스 전열은 전투가 오래 갈수록 똑바로 유지되기가 힘든 경향이 있었기 때문이다.

프로이센의 에파미논다스

그렇다면 우리는 에파미논다스를 고대의 위대한 장군으로 인정해도 좋을까? 어떤 경우에든 그는 고대의 전쟁사에 전술적인 측면에서 큰 자극을 준 인물임은 틀림없다. 그리고 그는 당대를 지나 오랫동안 많은 영향을 끼쳤으며, 아마도 이런 점은 그의 경쟁자들인 알렉산드로스, 피로스, 한니발, 그리고 카이사르를 능가했을 것이다. 예를 들어서 나폴레옹도 전투를 할 때 에파미논다스로부터 영감을 얻은 방법을 사용했다. 그리고 1757년 12월 5일도 그런 사례에 속했다. 전쟁사를 연구하는 전문가들은 2,100년 전에 일어났던 오래된 레우크트라 전투의 개정판이 벌어졌다고 생각했다. 바로 이날 프로이센의 왕 프리드리히 2세는 에파미논다스의 전술적 신봉자로서 사선진전술의 도움으로 니더슐레지엔의 로이텐에서 수적으로 훨씬 많은 오스트리아 군을 대파했다. 아마도 오스트리아의 장군이었던 로트링겐의 카를은 평소에 역사책을 보면서 지식을 쌓는 일을 소홀히 했음이 틀림없다.

기상학
아리스토텔레스

기원전 384 - 322년.
그리스의 학자. 현실적인 지각과 관찰에 근거해 다양한 학문을 연구한 그는
기상학을 하나의 중요한 학문 분야로 만들기 위해 노력했다.

기원전 44년 3월 15일 율리우스 카이사르가 살해되던 날 로마의 날씨는 어떠했을까? 이 질문에 관심을 가진 로마인은 거의 없었을 것이다. 그리고 분명히 이날에는 날씨보다 훨씬 더 중요한 일이 있었다. 그리고 그 전날에 3월 15일의 날씨가 어떨지 신경을 쓴 사람도 거의 없었을 것이다. 혹시 폭우나 폭풍 때문에 독재자가 거사가 계획된 원로원으로 가는 길이 막히지 않을까 걱정했던 60명의 반란자들을 제외하고는 말이다. 많은 사람들이 나중에야 비로소 테러사건 후에 날씨가 어두워졌다는 것을 기억해 냈다. "태양은 빛나는 자신의 머리를 강철의 광택과 같은 회색으로 덮어씌웠다"고 시인 베르길리우스는 표현했다. 이런 글을 보면 사람들은 카이사르가 살해되던 날의 날씨에 대해 신경을 썼던 것일까? 그리고 기원전 44년 3월 15일의 날씨

는 처음에는 햇빛이 나왔다가 그 다음에 구름이 끼었다는 말일까?

그러나 베르길리우스의 시를 계속 읽어갈수록 여기서 역사적인 기상학 기록에 대한 정확한 자료를 얻을 수 있으리라는 기대는 빠르게 사라져버린다. 왜냐하면 이 시의 뒷부분에는 시칠리아 섬에서 에트나 활화산이 폭발하고, 알프스에서 지진이 일어나고, 포강이 범람해서 나무들이 뿌리째 뽑히고, 유령들이 돌아다니고, 동물들이 말하기 시작하는 등의 모습이 관찰되었다는 내용이 등장하기 때문이다. 다시 말해서 이 시의 내용은 결코 현실적인 자연관찰에 따른 것이 아니라, 카이사르의 죽음 뒤에 이어질 로마의 내전들을 예고하는 이미지들 위주로 공포 분위기를 표현한 것이 분명했다.

예언가와 날씨

그런데 사실은 이런 모습이 자연현상을 이해하는 로마인들의 전형적인 태도였다. 그들에게 자연현상이란 신들이 지상에서 벌어진 일을 어떻게 판단하는지 명확하게 보여주는 의지의 표현이었다. 그래서 로마인들은 신들의 기분을 알아내기 위해 특별한 사람들, 즉 예언가들을 활용하였고, 이들의 임무는 신들의 신호를 올바르게 해석하는 일이었다. 이런 경향은 점점 더 강해져 마침내 나라의 모든 중요한 일, 예를 들면 전쟁의 결과 등을 그런 신호에 따라 예측하는 정도까지 이르게 되었다. 이때 공식적으로 신의 신호로 인정되는 것들은 엄격하게 정해져 있었다. 예를 들면 새들의 비행 방향과 울음소리, 혹은 이런 예측을 하기 위해 기르는 성스러운 닭들의 행동 등이 그런 신호에 속했다.

그러나 가장 인상 깊은 것은 소위 '하늘'로부터의 신호였다. 즉 신들이 예언가의 질문에 대해 번개와 천둥으로 반응을 보이면 부정적인 계시로 여겨졌고, 이런 경우 다른 모든 정치적 활동이 중단되었다. 내적인 위기와 논쟁이 일상적인 일이었던 혼란스러운 카이사르의 시대에 로마인들은 기상을 정치적 수단으로 이용하는 이런 시도에 매우 현혹되었다. 그래서 한 정치가에 의해 매수된 예언가가 자신이 로마에서 유일하게 빛나는 푸른색의 하늘에서 천둥이 치는 소리를 들었다고 주장하여 이 정치가의 패배가 확실했던 투표가 즉시 중단되는 일이 벌어지기도 했다.

고대의 농사 격언

그런데 이런 경향은 주로 도시 로마에서 나타났고, 시골에서는 기상학적으로 보다 진지하게 대처했다. 즉 이탈리아의 농부들 중에는 수많은 무명의 기상 전문가들이 있었다. 농부들의 일상적 삶 자체가 계절의 리듬과 기상 상황에 의해 결정되었기 때문이다. 흔히 알고 있듯이 농사에 관한 오래된 격언들은 오늘날까지도 가장 현대적인 기술을 동원한 기상예보보다 더 많은 신뢰를 얻고 있다. 때로는 농부들의 간단한 기상학적 지혜들이 위대한 문학작품에 활용되기도 했다. 카이사르의 살해 후 몇 년 뒤에 앞에서 이미 언급한 시인 베르길리우스는 〈농경시〉라는 제목의 작품을 발표하였다. 이 시는 아우구스투스 황제의 뜻과도 상통하는 것으로 로마왕국의 옛 전통을 회고하면서 이탈리아의 전통적 농경생활의 복구를 열정적으로 주장하고 있다. 베르길리우스는 말하기를 "우리가 정확하게 날씨의 변화를 인식

할 수 있었던 것은 더위, 비, 그리고 얼음 같은 바람이었고, 주피터가 직접 이런 일을 담당했다"고 했다. 그리고 그는 농부들이 무엇을 관찰했고 어떤 지혜를 후손들에게 전해주었는지 열거하였다.

"별들이 하늘에서 갑자기 떨어지면 폭풍이 다가온다. 두루미가 낮게 날고 개구리가 연못에서 울면 비가 올 것이다. 까마귀가 시끄럽게 울어대면 날씨가 좋을 것이다. 달의 모양과 태양의 움직임을 관찰하는 것도 유용하다. 초승달이 흐릿한 어둠 속에 떠 있으면 많은 비가 올 것임을 암시한다. 붉은색이 도는 달은 이와 달리 강한 바람을 예고한다. 그리고 태양의 신호는 다음과 같이 해석할 수 있다. 태양이 구름으로 둘러싸이면 비가 온다. 태양이 푸른색이 도는 색깔로 내려가면 마찬가지로 비가 온다. 붉은색이 나타나면 동쪽으로부터 바람이 불어온다."

알렉산드로스 대왕의 스승

그렇지만 이런 지혜를 알고 있었던 이탈리아의 농부들이 아리스토텔레스의 작품을 읽었을 가능성은 거의 없다. 따라서 이들은 기상학에 대한 그의 학술적인 설명을 접해본 적도 없을 것이다. 거기다가 그들은 첫째 그리스어를 거의 하지 못했고, 둘째로 그들에게는 그럴 시간이 없었다. 그리스인들과 가까운 관계를 맺게 된 이후에 그리스의 문화적 업적에 대한 충분한 지식 습득을 일종의 예의로 여겼던 로마의 고위층 자제들조차도 이 다재다능한 세계적 학자 아리스토텔레스가 글로 남겨놓은 것들을 모두 읽으려면 많은 시간을 투자해야만 했다.

아리스토텔레스가 연구하고 공부하고 글을 쓰는 것 외에 어떤 다른 일을 했을 것이라고 생각하는 사람은 거의 없을 것이다. 그러나 정작 아리스토텔레스는 모든 일이 단지 시간 조정의 문제라고 생각했다. 그래서 그는 마케도니아 왕 필리포스 2세의 영광스러운 제안을 받아들일 수 있었다. 필리포스 2세는 기원전 342년에 아리스토텔레스에게 궁정이 있는 펠라로 와서 자신의 아들 알렉산드로스의 가정교사가 되어달라고 부탁했다. 아리스토텔레스는 이 유명인사 제자와 함께 지내는 것이 특별히 행복하지는 않았을 것이다. 물론 이 알렉산드로스가 후에 전례 없는 성공적인 원정을 통해서 거의 10년 내에 인도까지 이르는 오리엔트 지역 전체를 정복하였고 그 덕분에 '대왕'이라는 칭호를 얻었지만 말이다.

그러나 아리스토텔레스는 '위대함'이라는 말을 군사적인 능력과는 좀 다른 것으로 이해했다. 그가 자신의 수많은 저서 중 하나이며 아버지의 이름을 붙인 《니코마코스 윤리학》이라는 책에서 설명하고 있듯이 그에게 인식과 도덕은 서로 뗄 수 없는 것이었다. 또한 그는 여기서 공존 속에서의 평화로운 삶이 세계 제패 후의 죽음보다 훨씬 더 낫다고 여긴다는 의견을 밝혔다.

플라톤과의 경쟁

아리스토텔레스는 원래 위대한 플라톤의 제자였다. 그는 아테네에 있는 플라톤의 유명한 아카데미에서 수학했다. 그런데 시간이 흐르면서 두 사람 사이에 긴장감이 도는 상황들이 발생하였다. 이런 상황이 생기게 된 가장 큰 이유는, 플라톤이 스승으로서 제자가 스승을

아리스토텔레스, 로마 국립 박물관

능가하는 것이 누구보다도 스승 본인에게 가장 큰 영광이라는 헌신적인 생각을 가진 사람이 아니었기 때문이다. 플라톤이 천재적인 제자 아리스토텔레스 대신에 재능은 있지만 결코 뛰어나지 않았던 그의 조카 스페우시포스를 아카데미를 이끌 후계자로 정하자 모욕을 느낀 아리스토텔레스는 자기만의 길을 걷게 되었다. 그리고 펠라에서의 계약이 끝난 후에 바로 아테네에 플라톤의 아카데미와 경쟁을 하게 될 페리파토스를 설립하였다. 페리파토스라는 명칭은 아리스토텔레스가 수많은 제자들과 지혜로운 대화에 심취하여 산책하곤 했던 회랑의 이름이다.

파피루스의 최고 고객

그렇다면 아리스토텔레스는 어떻게 기상학과 관련된 문제에 관심을 쏟게 되었을까? 대답은 간단하다. 실제로 그가 관심을 쏟지 않은 분야가 거의 없었기 때문이다. 그의 총 저서는 400편에 이르지만 그 중에서 47편만이 완전하게 보존되어 있다. 그래서 어떤 사람이 여가를 이용해 계산을 해서 발표했던 것처럼 아리스토텔레스는 50만 줄의 글을 썼고 그럼으로써 고대 파피루스 생산자의 주요 고객이었다고 한다. 아마 그 중에서도 국가와 헌법에 관한 글이 가장 잘 알려져 있을 것이다. 매사를 이론적으로 생각하고 이상국가를 추구하는 그의 스승 플라톤과는 반대로 아리스토텔레스는 보다 더 현실에 근거를 둔 이론을 주장했고 최고가 아니라 가장 가능성 있는 국가의 구성을 위해 노력했다. 그리고 인간은 선천적으로 공동체를 위해 노력하는 생명체라는 그의 견해는 유명한 고전적인 내용이 되었다.

아리스토텔레스의 연구 방식

분석적, 방법론적, 논리적, 경험적인 엄격한 기준을 가지고 아리스토텔레스는 자신의 학술적 관심의 안테나에 걸린 모든 대상에 접근하였다. 또한 그는 이런 지적인 도구들을 자연과학에서도 사용하였다. 그의 동료들 대부분에게는 연구라는 것이 책상에 앉아서 머릿속으로 신과 세상에 대해 생각하는 것을 의미했다. 이와 달리 아리스토텔레스의 연구는 무엇보다도 사물에 대한 지극히 현실적인 지각과 관찰에 근거하고 있었다. 두 번째 단계로 그는 자신이 관찰한 현상들의 원인이 되는 일반적인 원칙을 얻어내려고 노력했다. 이런 방식은 오늘날의 기본적인 학술적 작업 방식과 크게 다르지 않다. 이런 측면 한 가지만 보더라도 왜 아리스토텔레스가 다른 어떤 학자보다도 중세뿐 아니라 근대의 사상에까지 큰 영향을 끼쳤는지가 분명해진다.

제자 그룹의 파견

그렇지만 혹시 아리스토텔레스가 기상학에 대한 논문을 준비하면서 밤낮으로 야외에서 지내며 날씨를 관찰하느라 고생하지 않았을지 걱정할 필요는 없다. 그에게는 이런 작업을 도와줄 사람들이 있었기 때문이다. 그가 대표를 파견하고 전권을 위임하는 법을 알고 있다는 것은 이미 《정치학》이라는 책에서 증명하였다. 이때 그는 제자들을 여러 그룹으로 나누어 그리스의 도시들로 나가게 했고, 이들로 하여금 각기 다른 158가지의 다양한 감정서를 그에게 제출하게 했으며, 그후 이 서류들을 상세히 검토했다. 그런데 아리스토텔레스가 기상학과 관련해서 단지 제자들의 도움에만 의지했던 것은 아니다. 날씨에 대해서는 이미 그보다 앞서 많은 사람들이 직업적인 혹은 학술적인 동기에서 관심을 가지고 있었다.

오디세우스와 바람

날씨에 관심이 많았던 첫번째 그룹은 당연히 선원과 농부들이었다. 물론 그리스의 배들은 항상 조심스럽게 해안 가까이로 항해를 하지만 어떤 경우에든 선장이 날씨와 천문학에 대한 기본 지식을 갖고 있다는 것은 큰 장점이 될 수 있었다. 그렇지 않으면 위험한 폭풍 속에 휘말리는 일이 쉽게 일어날 수 있었다. 트로이의 영웅 오디세우스는 이런 사실을 불쾌한 방식으로 깨달았는데, 즉 시인 호메로스의 대서사시 속에서 그는 당시에 널리 알려져 있던 지중해의 심술을 체험했기 때문이다.

이 서사시에서 오디세우스는 뱃길을 잘못 들어서 가장 서쪽에 위치한 아이올로스의 섬에 도착하게 되었다. 아이올로스는 최고의 신 제우스로부터 바람의 관리자라는 지위를 위임받은 신이었다. 그는 오디세우스가 마음에 들었기 때문에 바람의 지배자로서 그에게 선물을 주었다. 선물이란 오디세우스가 이타카로 안전하게 귀향하는 데 방해가 될 수 있는 모든 종류의 바람을 넣은 가죽 자루였다. 그런데 이 이야기는 《오디세이아》의 제10권에 들어 있고, 서사시는 총 24권에 이르기 때문에 사람들은 이미 이런 선의가 오디세우스의 행복한 결말을 의미하지 않는다는 것을 예감하게 된다. 그리고 실제로 오디세우스가 자고 있는 동안 이 자루에 비싼 선물이 있을 것이라고 추측한 부하들이 자루를 열고 말았다. 그 때문에 자루에서 나온 엄청난 바람이 끔찍한 폭풍 속에 있던 배를 다시 바다 멀리로 내몰았다.

그리스 농부들의 지혜

기본적으로 비판적 사고를 지녔던 아리스토텔레스에게 이런 이야기는 뱃사람들의 모험담 정도로밖에는 여겨지지 않았을 것이다. 그런데 여기서 그의 관심을 끈 것은 호메로스가 이미 에게해의 바람을 방향과 세기에 따라 분류했다는 점이다. 이때 가장 강력한 바람으로 여겨졌던 것은 보레아스 북풍으로 트라키아로부터 남쪽 방향으로 부는 바람이었다. 그러나 이 바람과 대응되는 노토스의 남풍, 즉 남쪽으로부터 북쪽으로 때로는 대단히 강한 세기로 불기도 하는 바람도 결코 만만치 않았다.

그러나 아리스토텔레스는 전반적으로 농부들이 관찰을 통해 얻은 지식을 더 많이 신뢰했다. 그리스의 농부들은 이런 측면에서 훗날에 로마의 농부들보다 훨씬 더 많은 관심을 받았다. 그리고 로마인들에게 그들의 농경생활을 찬양하고 날씨에 관한 대변자였던 베르길리우스가 있었다면, 그리스인들에게는 헤시오도스가 있었다. 헤시오도스는 호메로스보다 아주 조금 뒤에 역시 유명한 작품을 썼는데, 그가 심취했던 세계는 귀족과 영웅의 세계가 아니라 가난하게 자신들의 생계를 유지하며 살아갔던 소박한 농부들의 세계였다.

헤시오도스의 작품 《농경과 나날》에 등장하는 농부들은 오로지 자연의 리듬과 날씨의 상황에 따라 살아갔다. "그대가 높이 떠 있는 구름으로부터 길게 아래로 퍼뜨리는 두루미의 울음소리를 듣게 되면 바로 주의를 기울여야 한다. 그것은 밭을 갈고 씨를 뿌리라는 신호이며 겨울비를 예고한다." 또한 차가운 보레아스의 북풍에 대해서는 이렇게 설명했다. "그러나 그대는 고약한 레나이온의 달(오늘날의 1월 중순에서 2월 초순을 이름 - 옮긴이)을 주의해야 하고 북풍이 불 때 땅위에 내려 남모르는 고통을 주는 서리에도 주의를 기울여라. 보레아스 북풍이 말을 기르는 트라키아를 지나 대양을 넓게 덮치면 땅과 숲들은 울부짖는다."

직접 못을 꽂는 날씨달력

농부들의 이런 경험들이 체계적으로 정리된 것은 기원전 5세기였는데, 소위 파라페그마라고 불리는 달력이 만들어졌던 것이다. 이것은 실용주의자인 아리스토텔레스도 분명히 기뻐했을 일이다. 파라페그마는 석판으로 만들어진 간단한 달력으로 처음에는 365개의 구멍에 못을 옮겨 꽂음으로써 해당되는 날을 표시하는 방식으로 되어 있었다. 그런데 사람들은 여기서 더 나아가 이 달력을 천문학적이고 기상학적인 관찰을 위해서도 사용하였다. 사람들은 이 달력에 날마다 성실하게 태양의 위치, 항성의 모양, 그리고 날씨의 뚜렷한 변화 등을 기록했다. 그러므로 파라페그마는 기상통계 역사의 시작이라고 볼 수 있다. 왜냐하면 사람들은 이 달력을 이용해서 (아리스토텔레스의 뜻에도 상응되듯이) 경험적인 기반 위에서 기상상태의 중장기적 변화를 확인할 수 있었기 때문이다(그리고 그 덕분에 제한적 범위 내에서는 기상 예측도 가능하게 되었다).

이 분야의 선구자로 여겨지는 사람은 메톤(기원전 5세기)이라는 인물이었다. 사실 그는 당시에 병역의 의무를 피하기 위해 비용이 많이 들면서도 엽기적인 아이디어를 낸 것으로 유명한 사람이다. 즉 펠로폰네소스 전쟁이 진행되는 동안 아테네 사람들은 시칠리아 섬으로 탐색 함대를 보낼 계획을 세웠다. 그런데 메톤은 장교였음에도 불구하고 이런 위험한 계획에 참여하고 싶은 생각이 별로 없었다. 그래서 플루타르코스의 전기에 나와 있듯이 일부러 미친 척을 했고 정신병자라는 인상을 주기 위해 자신의 집에 불을 질렀다고 한다.

기상학자에 대한 낮은 평판

그런데 위대한 아리스토텔레스가 기상 변화의 연구를 하나의 중요한 분야로 만들고자 했을 때 던저 취해야 했던 조치는 기상학자라는 직업의 사회적인 이미지를 끌어올리는 일이었다. 당시에는 기상학자의 이미지가 별로 좋지 않았기 때문이다. '기상학자'는 대부분의 사람들에게(단, 농촌에 있는 사람들이 아니라 도시에 사는 사람들에게) 자신의 인생을 흔히 말하는 '상부의 현상', 즉 지구 표면의 상부에서 일어나는 자연현상을 연구하는 데 브내는 색다른 사람들이었다. 그래서 이들은 다른 차원의 세계에서 떠돌거나 현실적인 생각을 하지 못하는 사람들로 인식되었다. 그 때문어 소크라테스도 조소의 대상이 되어야 했고 후에 키케로는 하늘에 있던 철학을 땅 아래로 떨어뜨렸다는 평가를 받기도 했다.

사실 플라톤의 스승이었던 소크라테스는 자연과학에는 별로 관심이 없었다. 그에게 중요한 것은 인간의 문제에 대해 고민하는 철학을 성립하고 이를 통해 인간이 스스로 겸손해지도록 깨닫게 하는 것이었다. "나는 내가 아무것도 알지 못한다는 것을 알고 있다"고 말했던 것처럼 말이다. 그러나 누구에게든 일단 적이 생기면 그 적의 공격으로부터 벗어나기란 쉽지 않은 법이다. 그래서 다방면에서 활동했지만 기상학에는 손을 대지 않았던 아리스토파네스는 자신의 희극《구름》에서 소크라테스를 열악한 처지에도 불구하고 '상부의 현상'에 다가가려는 매우 기이한 인물로 표현했다.

기상학자들을 구하다

그러므로 아리스토텔레스는 기상학자라는 직업의 명예를 높여야 했고, 이 과제를 두 가지 방식으로 해결했다. 먼저 그는 기상학에도 분명한 방법론이 필요하다고 생각했다. 그는 위에서 말한 모든 소위 '상부의 현상'들이 오직 한 가지 원칙에 따라 일어난다고 보는 것은 옳지 않다고 생각했다. 실제로 과거에 그리스의 자연 연구가들은 대기와 관련된 현상들(바람, 비, 벼락), 천문학적 현상들(항성, 혜성), 그리고 지구와 관련된 현상들(지진, 화산, 바다의 폭풍)을 모두 동일한 원칙에 근거해 설명했다. 그래서 항상 나이가 많은 기상학자들은 이와 동시에 천문학자, 지진학자, 수리학자, 그리고 그 외에 다른 많은 분야의 전문가이기도 했다. 예를 들어서 탈레스의 제자였던 아낙시만드로스도 그런 사람으로서 기원전 6세기에 대단히 복합적인 모델을 개발하기도 했다.

아낙시만드로스는 지구의 표면이 최초에는 전체적으로 촉촉했다는 가정에서 출발했다. 그 중의 일부분은 태양을 통해 물기가 증발되었고 나머지는 바다가 되었다고 했다. 그런 다음 물이 증발된 부분으로부터 모든 ― 좁은 범위에서 대기와 관련된 ― 기상학적 현상들이 생겨났다는 것이다. 바람은 증발된 물기가 뭉쳐져서 태양에 의해 움직임으로써 발생된다고 했다. 벼락은 프네우마, 즉 압축된 공기 때문에 일어난다고 주장했다. 프네우마가 구름으로 둘러싸이면 여기서 빠져나오려는 시도를 하게 되고 이때 구름이 조각나면서 커다란 소리와 빛이 만들어진다고 했다. 아낙시만드로스가 여기서 더 나아가 이런 증발현상이 천체에도 영향을 미치고 그 때문에 태양과 달이 움직인다는 가정을 하게 되자 그의 이론은 이제 천문학적 현상까지 아우르는 이론으로 방향을 바꾸게 되었다.

아리스토텔레스의 기상학

물론 아리스토텔레스가 날씨 현상을 완전히 새로 발견한 것은 아니다. 그러나 그의 기상학 이론을 통해 보다 많은 것들이 분명해졌다. 그는 우선 우주의 모든 현상이 기상학의 대상이 될 수는 없다고 생각했다. 그리고 달의 저편에서 벌어지는 일에 대해서는 기상학자가 관심을 갖지 말아야 한다고 주장했다. 왜냐하면 그런 일들은 변하지 않는 영원한 질서의 영역이기 때문이다. 그러나 아리스토텔레스의 주장에서도 천문학과 기상학이 분명하게 구분되지 않았다. 그는 은하수, 혜성, 유성과 같은 것들도 달의 저편에서 일어나는 일이 아니라 변할 수 있는 영역의 일들이므로 기상학적 의미를 갖는 현상으로 여겼고, 지진도 여기에 포함된다고 생각했다.

한편 아리스토텔레스가 사물을 바라보는 시각의 출발점은 이미 아낙시만드로스가 주장했던 증발이론이었다. 그러나 그는 천체까지도 이런 증발을 통해 유지된다는 생각은 강하게 부정했다. 그는 대지 위의 습기가 하늘까지 상승하고 그럼으로써 일종의 순환이 이루어진다고 생각했다. 그리고 습기는 천체에 아무런 영향도 끼치지 않은 채 다시 물이 되어 땅으로 돌아온다고 믿었다. 이런 증발현상은 아리스토텔레스에게도 모든 기상학적 현상을 설명할 수 있는 열쇠로 여겨졌을 것이다. 실제로 그는 모든 현상이 촉촉한 정도의 증발과 건조한 증발의 협동 작업에 근거한다고 믿었다. 그래서 촉촉한 증발은 비, 눈, 우박의 형태로 나타나고 후자의 것은 번개와 천둥으로 나타난다고 여겼다.

아리스토텔레스의 기상학은 이런 큰 틀에서 많은 개별적 지식들을 제공하고 있다. 이런 지식들이 기원전 44년 3월 15일의 날씨를 예측하기에는 아직 적합하지 않았지만 날씨의 변화에 대한 중요한 근거를 제시해 주었다. 예를 들어서 우리는 아리스토텔레스의 전형적인 방식인 경험과 분석이 연결된 연구로부터 다음과 같은 내용을 접하게 된다. "이슬은 북풍이 아니라 남풍이 부는 도처에서 생겨난다. 단 흑해에서만 반대의 경우가 되어서 이슬이 남풍이 아니라 북풍에 의해서 형성된다. 그 이유는 이슬이 폭풍우에는 생기지 않고 오직 맑은 날씨에만 맺히기 때문이며, 남풍이 바로 이런 맑은 날씨를 만들고 북풍은 이와 반대로 냉기와 함께 폭풍을 일으켜서 공기 중에 있는 수증기의 온기를 없애기 때문이다. 그런데 흑해 연안에서는 수증기가 형성되는 맑은 날씨가 남풍이 아니라 북풍에 의해서이다. 즉 북풍이 흑해 주변의 온기가 가는 길을 차단해서 그 안에 더 강한 수증기를 발생하게 만든다.

또다른 그의 기상학 이론으로는 다음과 같은 내용들도 있다. "비가 내린 후에는 대부분 바람이 생기고, 비가 올 때는 바람이 약해진다." "북풍은 습기가 있는 지역에서 오는 것이기 때문에 증기가 깊이 포함되어 있어서 매우 차갑다."

알렉산드로스 대왕과 몬순 강우

아마도 알렉산드로스 대왕이 저지른 큰 실수 중 하나는 스승인 아리스토텔레스의 말에 귀를 기울이지 않았다는 점일 것이다. 그가 날씨 전문가인 아리스토텔레스의 충고를 전혀 받아들이지 않았던 것만은 틀림없다. 그렇지 않다면 어떻게 그가 오리엔트 원정 기간에 그곳에 몬순 강우가 있다는 것을 생각지도 못한 채 인도까지 전진을 감행할 수 있었겠는가? 70일 동안 내린 비는 알렉산드로스 병사들의 도덕적 의식을 심각하게 와해시켰고, 결국 병사들은 동쪽으로 계속 행군하기를 거부했다. 알렉산드로스는 어쩔 수 없이 돌아서야만 했고 세계의 끝에 도달하려는 자신의 간절한 목표를 포기해야만 했다. 그는 기원전 323년에 바빌로니아에서 세상을 떠났는데, 그때 나이는 33세였다. 그리고 아리스토텔레스는 그보다 1년을 더 살았다.

아테네에 알렉산드로스의 죽음에 관한 소식이 퍼졌을 때 사람들은 잠깐 동안이라도 마케도니아 지배권의 압박으로부터 벗어날 수 있을 것이라고 믿었다. 그리고 사람들은 실제로 혹은 그렇게 알려져 있는 마케도니아 추종자들을 잔인하게 사냥하기 시작했다. 아리스토텔레스도 이런 사냥꾼들의 대상이 되고 말았다. 비록 그가 오래전부터 자신의 제자와 거리를 두고 지내왔음에도 불구하고 이런 사실은 전혀 도움이 되지 않았다. 사람들은 아리스토텔레스에게 재판을 받으라고 위협했다. 그는 자신의 학교와 도시를 떠나 에우보이아 반도에 있는 칼키스로 갔고 거기서 62세의 나이로 생을 마감했다. 안타깝게도 그가 세상을 떠나던 날의 날씨가 어떠했는지를 기록한 고대의 작가는 아무도 없었다.

도로 건설
아피우스 클라우디우스

기원전 300년경.
로마의 정치가. 로마에서 카푸아까지 이르는 아피아 가도를 건설하여
고대의 새로운 도로 건설 프로그램의 출발을 알렸다.

이 길은 오래전부터 로마인들로부터 '도로의 여왕'이라고 불렸고 오늘날에도 여전히 고대의 가장 유명한 통행로로 인정받고 있다. 바로 로마에서 브린디시로 향하는 '아피아 가도(Via Appia)'를 이르는 말이다. 이 길은 2,300년 전인 기원전 312년에 건설되었고, 당시에는 먼저 로마에서 카푸아까지 218킬로미터에 이르는 거리가 완성되었다. 기원전 3세기에 이 도로는 항구도시인 브린디시까지 연장되어 363로마마일(약 550킬로미터에 해당됨)의 길이가 되었으며 이탈리아의 수도와 아페닌 반도의 남동부를 연결하였다.

로마에서는 흔히 도로에 건설자의 이름을 따서 부르곤 했다. '아피아 가도'는 아피우스 클라우디우스 카에쿠스의 작품이다. 아피우스 클라우디우스는 로마 공화국에서 가장 특별한 인물들 중 한 사람으

로 노년에 시력을 잃었기 때문에 중간 이름으로 카에쿠스(맹인)라는 별칭이 덧붙여졌다.

유명한 감찰관

기원전 312년에 이 도로가 건설된 사실은 로마의 역사가 리비우스(기원전 59년~기원후 17년)의 짧은 기록이 증명하고 있다. "또한 아피우스 클라우디우스와 가이우스 플라우티우스가 그 유명한 켄소르(로마 제국에서 재산 및 호구조사, 풍기단속 등의 일을 맡아 본 감찰관 - 옮긴이)로 활동했던 것도 이 해였다. 그러나 후대인들에게는 아피우스라는 이름이 더 많이 기억 속에 남아 있었는데, 왜냐하면 그가 견고하게 포장된 도로를 설치했고 관개시설을 도시로 끌어들였으며 이런 작업들을 혼자서 주도했기 때문이다."

아피우스는 켄소르로서 원래 로마 시민들의 재산과 — 몹시 까다로운 문제였던 — '바람직한 관습'의 유지를 담당하는 사람이었다. 그러나 그의 머릿속에는 제반시설의 개발에 대한 생각이 더 많았다.

아피우스 클라우디우스 카에쿠스,
로마 바티칸 박물관

물론 이 시기에 로마는 아직 세계의 중심지가 아니었다. 그러나 로마인들은 그 동안 이탈리아의 선두세력으로서 자리를 잡아가고 있었다.

이들의 적수 중 하나가 바로 캄파니아에 있는 부유한 도시 카푸아였다. 아피우스 클라우디우스가 켄소르가 되기 2년 전부터 이런 점이 심각한 문제로 대두되었다. 로마의 병사들이 반란에 개입해야 될 것처럼 보였다. 그래서 포장된 도로시설을 건설하게 된 가장 주요한 목적도 군대를 전쟁 지역으로 더 빠르고 쉽게 이동시키기 위해서였다. 그러나 이점에 대해 학식 있는 도로 전문가들의 의견은 분분하다. 왜냐하면 그들의 주장에 따르면 '아피아 가도'는 결코 일방통행로가 아니었기 때문이다. 즉 로마로 향하는 이 직접적인 연결도로가 오히려 카푸아에게 군사적으로 이득을 줄 수도 있었다는 말이다. 이런 점에서 어쩌면 아피우스 클라우디우스의 도로들은 애초에 군사 계획의 일부로 만들어진 것이 아니라 두 도시 사이의 의사소통과 관계 개선을 위한 수단이었는지도 모른다.

대대적인 도로 건설 프로그램

어쨌든 '아피아 가도'의 건설은 당시까지 고대인들이 보지 못했던 새로운 도로 건설 프로그램의 출발이었다. 아피우스 클라우디우스의 시대가 지난 뒤로 수십 년, 수백 년이 흐르고 나서 로마는 세계를 정복했고, 정복한 세계의 곳곳에 도로를 건설했다. 이탈리아에는 아피아 가도의 뒤를 이어 로마로부터 리미니까지 이르는 플라미니아 가도, 피아첸자로 향하는 아에딜리아 가도, 플로렌스로 향하는 카시아 가도, 피사로 향하는 아우렐리아 가도, 아퀼레이아로 향하는 포스투미아 가도 등이 계속해서 간들어졌다.

이탈리아의 외부에 건설된 로마의 첫번째 도로는 기원전 148년에 건설이 시작된 에그나티아 가도였다. 이 가도는 아피아 가도의 바다 건너 연장된 부분을 말하며 이때는 이미 아피아 가도가 브린디시까지 이어져 있었다. 에그나티아 가도는 두라초에서 시작해 오늘날 이 스탄불에 해당되는 비잔츠까지 이르렀고, 여기서 이 가도는 페르시아인이 이미 설치해 놓은 오래된 통행로와 연결되었다.

알프스 방벽

로마제국이 서부지방의 기반시설들을 건설하기 위한 전제조건은 교통 측면에서 알프스 산맥을 개발하는 일이었다. 그리고 이런 시도는 기원전 1세기 말에 아우구스투스 황제의 확장정책의 일환으로 본격적으로 실행되었다. 그때 이후로 모든 길이 알프스 산맥을 지나게 되었고, 그곳의 성 베른하르트 대협곡 혹은 소협곡을 통과하게 되었다. 예를 들어서 클라우디우스 황제는 기원후 46~47년에 알프스를 거쳐 포에베네와 도나우를 연결하는 클라우디아 아우구스타 가도를 건설했다. 그러나 로마인들에게 알프스 산지에 고갯길을 건설하는 일은 결코 쉽지 않았다. 로마의 상황이 좋았던 시절에는 알프스 산이 진정으로 고마운 존재였다. 로마인들은 알프스라는 방벽 뒤에서 북쪽에 있는 적들의 공격으로부터 안전하다고 느꼈기 때문이다. 그래서 어떤 로마인도 알프스 산지에 건설된 고갯길이 어쩌면 적들을 이탈리아로 끌어들이게 될지도 모른다는 생각은 전혀 하지 않았다.

기원전 4세기 초에 켈트족의 알프스 횡단은(그들 중 일부는 심지어 로마까지 밀고 들어왔다가 카피톨리노 언덕 위의 전설적인 특이한 거위들 때문에 격퇴되었다) 일종의 '사고' 정도로 분류될 수 있을 것이다. 더 치명적이었던 것은 기원전 218년에 카르타고의 한니발 장군이 알프스를 횡단한 일이었다. 또한 기원전 2세기 말경에 게르만 민족 중 하나인 킴베르

인과 튜턴인들에게도 로마인이 방어벽이라고 여겼던 알프스가 더 이상 특별한 장애물이 아니었다. 이런 경험과 나날이 증가하는 제국의 자의식 때문에 로마인들은 아우구스투스 이래로 도로 건설을 통해 알프스를 일종의 기반시설로 만들게 되었던 것이다.

모든 길은 로마로 통한다

교통정책에 대한 이 모든 노력의 결과로서 기원후 2세기, 즉 로마의 황금시기에는 거의 10만 킬로미터에 이르는 도로망이 완성되었다. 이제 실제로 모든 길이 로마로 향하거나 혹은 ─ 다르게 관찰하면 ─ 로마로부터 모든 세계로 향하게 되었다. 그래서 그리스의 연설가 아에리우스 아이스테이데스는 로마의 도로들에 대해 감탄하면서 로마인들의 또다른 업적에 대해서도 찬양했다. "그대들은 지구 둘레를 측정하였고, 강을 다양한 방식의 다리로 연결하였으며, 도로를 만들기 위해 산을 뚫었고, 또한 인간이 없던 지역에 우편정거장을 설치하였고, 도처에 세련되고 질서 있는 생활방식을 도입하였네."

또다른 자리에서 그는 언급하기를 로마의 도로망이 가진 능률성 덕분에 황제는 로마에 앉아서도 편지를 이용해 나라를 다스릴 수 있었다고 했다. 이 말은 당시에 완벽하게 작동되었던 우편체계와 관련된 것으로 로마에는 말과 전령의 교환을 위해 수많은 정거장이 있었고 하루에 60킬로미터 정도의 거리를 이동하는 것은 전혀 드문 일이 아니었다고 한다.

그런데 여기서 우리는 아에리우스 아리스테이데스가 했던 이런 찬양의 진실성에 대해 조금 의심이 가는데, 왜냐하면 그는 이 연설로 로마로부터 두둑한 대가를 받았기 때문이다. 그러나 기독교 작가인 터툴리안(기원후 2~3세기)과 같이 믿을 만한 증인들도 이러한 찬양의 대열에 합류했다. 그리고 오늘날에도 로마의 역사와 문화를 다룬 책 중에서 로마인들이 이룬 가장 중요한 문명화의 업적으로서 도로 건설에 대해 칭찬하지 않은 것은 거의 없다. 실제로 유럽에는 18세기에 이르도록 로마의 도로들보다 더 나은 장거리 도로 체계가 없었으며, 영국인들은 18세기에야 비로소 과거의 로마인들에 버금가는 수준의 포장도로를 만들 수 있었다.

선구자와 본보기

그러나 로마인이 최초로 도로를 건설한 것은 아니었다. 흔히 그렇듯이 그 기원을 찾아가보면 고대 오리엔트에서 그 흔적을 발견할 수 있지만 예외적으로 이 분야에서만큼은 이집트나 메소포타미아 인들이 주인공이 아니었다. 파라오의 나라인 이집트는 대부분 사막으로 이루어져 있기 때문에 당연히 단단한 도로의 건설이 어려울 수밖에 없었다. 그래서 고대 이집트인의 주요 교통수단은 무엇보다도 수로 교통이었다. 거의 나일강을 통해서만 이동이 이루어졌다. 유프라테스와 티그리스강 사이에 있는 메소포타미아에서도 상황은 비슷했다. 여기서도 사람들은 수로 교통을 이용하거나 수많은 대상로들을 활용하였다.

고대의 도로 건설에서 최초의 왕관을 차지할 만한 사람들은 바로 페르시아인들이었다. 이들은 명성이 높았던 아케메네스 왕조하에서 기원전 6세기에 아시아 대부분의 지역을 정복했다. 그런데 이런 정복 지역으로부터 멀리 떨어져 있는 수사(Susa)에 주로 머물렀던 대왕들은 시간이 지나면서 이런 거대한 왕국은 단지 능률적인 의사소통의 연결망이 있어야만 지배할 수 있다는 것을 깨달았다. 그래서 이들은 소위 '왕의 길'이라고 불리는, 수사에서 소아시아의 사르데스까지 2,600킬로미터가 넘는 길이의 도로를 만들었다. 그리스의 역사가 헤로도토스는 기원전 5세기에 이 도로에 대해 대단히 감탄하며 이렇게 묘사했다. "도로 중간의 곳곳에 왕들의 휴식처와 훌륭한 숙소들이 있다. 도로는 거주지역과 안전한 지역을 통과하도록 되어 있다." 헤로도토스의 계산에 따르면 단 111일의 여행 여정이면 페르시아의 왕이 사는 곳에서부터 서부의 소아시아까지 갈 수 있을 것이라고 했다. 후에 로마인들은 아마도 이런 체계를 그들의 우편체계를 완성하는데 본보기로 삼았을 것이다.

그리스의 도로들

페르시아의 도로망에 대한 헤로도토스의 호감은 충분히 이해할 만한 것으로 이 시기에 그리스인들은 어떤 비교할 만한 것도 내보일 것이 없었다. 그 이유는 한편으로 그리스의 지형 때문인데, 산이 많아서 통행로의 체계적인 개발이 어려웠던 것이다. 다른 한편으로는 그리스의 도시국가들 사이에 정치적 분열이 생겨 개별적인 도시를 초월한 계획적인 건설이 어려웠기 때문이다. 이런 문제는 로마의 지배 하에서 비로소 개선되었다. 기원전 3세기에 여행하는 지리학자 헤라클레이데스는 여전히 그리스의 도로들이 얼마나 가파르고 다니기 힘든지 불평하지 않을 수 없었다. 그는 단지 여관과 휴식처에서 위로를 얻었고 그 덕분에 그리스 여행이 최소한 미식가적인 측면에서는 성공적인 체험이었다고 했다.

로마의 황제시대였던 기원후 2세기에는 그리스의 작가 파우사니아스가 같은 길과 거리를 여행했는데 이때는 로마의 뛰어난 도로 건설 기술의 혜택을 받아 상황이 많이 개선되어 있었다. 이때 파우사니아스는 메가리스 지방에서 악명 높은 노상강도 스키로스의 이름이 붙여진 바위를 지나가게 되었다고 한다. 전설에 따르면 스키로스라는 강도의 주요 관심은 지나가는 사람들을 괴롭히는 것 그 이상이었다. 먼저 그는 사람들에게 자신의 발을 씻기게 한 다음 사람들을 번쩍 들어서 바다 속으로 내던졌다. 그곳에서 사람들은 거대한 자라의 먹이가 되었다고 한다.

그러나 파우사니아스는 더 이상 두려워할 필요가 없었다. 이미 오래전에 아테네의 영웅 테세우스가 포악한 스키로스를 없애버렸다고 알려져 있기 때문이다. 그래서 파우사니아스는 그런 전설을 믿기보다는 스키로스가 처음으로 해안도로를 보행자들이 다닐 수 있게 만든 사람이라고 주장했다. 그러나 이 도로들이 마차들도 충분히 지나갈 수 있을 만큼 넓게 확장된 공로는 하드리아누스 황제(기원후 117~138년)에게 돌아가야 한다고 설명했다.

로마의 뛰어난 도로망

여기서 나타나는 사실은 로마인들이 단지 도로를 많이 건설했을 뿐 아니라 훌륭하게 잘 만들려고 노력했다는 점이다. 실제로 로마인들이 건설한 도로망은 매우 뛰어나서 현대의 많은 길이 로마시대의

아피아 가도

노선 방향을 따르고 있을 정도이다. 그러니까 오늘날에도 많은 사람들은 전혀 의식하지 못한 채로 — 기술적으로 약간 개선된 — 옛 로마의 도로 위를 달리고 있는 셈이다. 이런 점에서 이미 로마의 도로 건설 기술이 대단히 높은 수준이라는 사실이 증명된다. 인류학적인 연구, 고대 문헌들의 기록, 그리고 로마의 트라야누스 기둥에 새겨진 표현들이 아피우스 클라우디우스 카에쿠스와 그의 후손들이 어떻게 도로 건설 작업을 했는지에 대해 충분한 정보를 주고 있다. 당시의 건설 공사는 언제나 군사작전과 유사했다. 군대의 기술자들이 기초 계획을 담당했고, 병사들이 이 계획대로 작업을 실행했다.

　또한 로마의 도로는 뚜렷한 구조를 가진 제작물이었다. 일반적으로 로마의 도로는 네 개의 층으로 되어 있었다. 제일 밑에는 주먹만 한 크기의 돌로 구성된 기본 토대가 약 30센티미터의 두께로 만들어졌다. 그 위에는 석회와 돌멩이로 성기게 쌓아올린 층이 모르타르로 연결되어 있었고 두 번째 층도 역시 두께가 약 30센티미터에 이르렀다. 그 위에는 자갈로 촘촘하게 쌓아올린 층이 다시 약 30센티미터의 두께로 만들어졌다. 끝으로 대부분 자갈을 사용하지만 때때로 각석이나 불규칙한 포장용 포석을 사용하는 차도 포장이 이루어졌다. 표면은 항상 약간 둥글게 만들어졌는데 빗물이 잘 흘러내려가도록 하기 위해서였다. 도로의 차도 부분은 흘러내리는 물을 받아 담는 고랑을 경계로 인도(사실 로마의 도로에서는 보행자들이 다닐 일이 별로 없었다)와 구분되어 있었다.

장거리 도로의 폭은 규격화되어 있지는 않았다. 아피우스 클라우디우스의 아피아 가도는 폭이 약 4미터 정도 되었고 그럼으로써 두 대의 마차가 나란히 지나갈 수 있는 최소한의 조건을 충족시켰다. 어떤 도로는 인도와 고랑을 포함해서 17미터에 이르기도 했다. 그러나 이런 경우는 분명히 교통상의 필요성보다는 원한다면 그렇게도 만들 수 있다는 자랑스러운 기록을 남기기 위해서인 것으로 보인다.

아름다움보다는 실용성

로마의 도로들은 항상 고집스러울 만큼 곧게 만들어진 것으로 알려져 있다. 그리스의 작가 플루타르코스도 기원전 123년에 로마의 호민관 가이우스 그라쿠스에 의해 창안된 도로 건설 프로그램에 대해 설명하면서 그런 점을 언급했다. "그는 단지 유용성에만 가치를 둔 것이 아니라 아름다움과 편안함도 중요시했다. 주변의 경관 속에서 도로들이 곧고 조화롭게 보이도록 건설했고, 일부는 두들겨서 만든 돌로 포장했으며, 또 일부는 단단하게 다진 모래로 덮었다. 급류나 협곡으로 침하된 부분은 평평하게 메웠고, 다리를 설치할 때는 다리의 양쪽을 반드시 똑같은 높이가 되도록 하여 완벽하게 균형 잡히고 아름다운 모습이 되도록 배려하였다."

플루타르코스는 자신이 도로 건설에서 나타난 로마인들의 미적 감각을 증명했다는 점을 영예롭게 여겼다. 그러나 로마인들은 알려져 있듯 실용적인 사람들이었고, 실제로 그들에게는 미적인 가치보다 실용성이 더 중요했다. 그들의 생각에 따르면 도로는 아름다움을 표현하기 위해 만드는 것이 아니라, 이동하는 사람들을 가능한 한 빨리 한 장소에서 다른 장소로 수송하기 위한 것이었다. 대부분의 경우 군인과 상인들은 매우 급하게 이동해야 하기 때문에 왕의 전령들과 함께 이들이 로마 도로의 주요 이용객들이었다.

이런 주요 이용객들에게는 나름대로 다음과 같은 몇 가지 요령이 있었다. 우선 가급적 우회하는 길은 가지 말아야 하므로 큰 자연 장애물이 없는 노선을 찾는 것이 중요했다. 물론 아무리 로마인들이라 해도 산에까지 직선으로 된 길을 만들려고 생각하지는 않았다. 그러나 이들이 산지에 만든 길은 직선은 아니지만 현대의 도로들보다도 커브가 훨씬 더 적었다. 예를 들면 오늘날 우리가 그라우뷘덴에 있는 1,827미터 높이의 말로야파스로부터 밑에까지 도달하려면 22개의 고갯길을 거쳐야 하지만, 로마인들은 세 번의 커브만으로 이곳에 길을 만들었다. 그리고 이렇게 높은 산악지대의 길에는 마차와 가축 행렬이 자주 쉬었다 갈 수 있도록 선로와 가로 방향의 도랑들을 만들어놓았다.

걸림돌이 된 거대 바위

로마가 도로 건설에서 이룩한 몇 가지 뛰어난 기술적 업적들은 신속한 작업의 진행이라는 원칙 덕분이었다. 그리고 분명히 그런 업적들의 최고작으로는 트라야누스 황제 치하에서 이루어진 아피아 가도의 완성 사업이 해당될 것이다. 사실 트라야누스 황제는 이외에도 도나우강 위에 성공적으로 다리를 건설함으로써 기술의 역사에 기록될 일을 하기도 했다. 그런데 트라야누스가 아피아 가도를 건설하던 중에 아름다운 해안가에 위치한 테라치나(고대의 명칭은 안쿠르)라는 곳에 바위가 커다랗게 돌출되어 있어서 편안하고 넓은 도로를 만드는 데 걸림돌이 되었다. 물론 이 로마의 황제에게는 그 어떤 것도 걸림돌이 될 수 없었기 때문에 바다를 따라 통행로를 만들기 위해 이 38미터나 되는 거대한 바위를 옮기기 시작했다.

이때 고생했던 작업자들은 첫째 트라야누스의 명예를 위해서, 둘째로는 이탈리아의 교통 상황을 개선하기 위해서 면적이 4만 제곱미터나 되는 거대한 바윗덩어리를 움직여야 했다. 그들이 감당했던 노고에 대해서는 오늘날에도 바위에 새겨진 표시들이 증거가 되고 있는데, 작업자들은 이 표시들로 그들의 작업이 진척되고 있음을 확인하였다. 거기에는 들어올려진 단면의 높이가 10피트 간격으로 적혀 있다. 제일 마지막 기록은 'CXXVI'라는 숫자로 이것은 126피트, 즉 38미터에 해당된다.

지형에 맞추는 도로

그러나 로마인들도 다른 방법이 없을 때는 지형에 맞추어 도로를 만들었다. 예를 들어서 산악지대에 길을 만들 때 아마도 기술적으로는 계곡의 바닥을 이용하는 편이 훨씬 더 간단했겠지만 그렇게 하지 않고 계곡의 가장자리를 따라 길을 만들었다. 그럼으로써 늪지대를 피하고 동시에 범람으로 길이 침수될 위험을 최소화시키려 했다. 그리하여 오늘날에도 여러 곳의 산악지역에서는 로마식과 현대식 도로들이 공존하며 멋진 대조를 이르고 있다. 현재 사용되는 노선들은 일관적으로 계곡의 가운데를 관통해서 뻗어 있는 반면에 로마의 선인들이 만든 노선들은 그것보다 조금 위에 얌전하게 산비탈의 굴곡을 따라 이어져 있다.

한 여행객의 숙박비 결산

폭넓은 노선, 견고한 표면층, 범람으로부터의 안전, 이런 특성을 갖춘 로마의 도로에서 여행을 하는 일은 진정한 즐거움이었을 것이다. 말을 타고 가는 경우든 마차를 타고 가는 경우든 말이다(이 말은 간단한 가축용 수레나 화려한 국가의 공용마차 모두에 해당되었다). 도처에 휴식을 취할 수 있는 여관들이 있었다. 그래서 조금은 수상하게 들리는 루시우스 칼리디우스 에로티쿠스라는 이름의 한 로마인은 중부 이탈리아의 아에세르니아에 있는 한 여관에서 묵었던 경험을 대단히 특별하게 여겼고 그곳을 떠나면서 겪은 일을 조각 위에 그림으로 표현했다고 한다. 이 그림의 일부인 비문에는 손님과 여주인 사이에 있었던 숙박비 계산에 관한 대화가 적혀 있었다.

"주인장, 자 계산을 합시다." 에로티쿠스가 말했다. 여주인이 "2분의 1리터 포도주와 빵의 값이 1아스, 그리고 고기가 2아세입니다."

에로티쿠스가 "알겠소." 여주인이 "소녀 한 명이 8아세입니다." 에로티쿠스가 "그것도 알겠소." 여주인이 "말의 먹이가 2아세입니다." 그러자 손님은 "이 동물이 날 애 먹일 것 같소"라고 말했다.

마일 표석

길을 가는 도중에도 계속적인 편의가 제공되었다. 예를 들면 전형적인 로마식 마일 표석이 그런 것인데, 이것은 도로지도를 갖고 있지 않은 사람들이 방향을 찾는 데 큰 도움이 되었다. 네모 모양의 받침대 위에 3미터 높이의 기둥으로 만들어져 있는 마일 표석들은 제국의 모든 대형도로에 1로마마일(1481.5미터)마다 세워져 있어서 여행객들에게 로마나 혹은 다른 대도시로부터 얼마만큼 떨어져 있는지를 알려주었다. 여유시간이 있는 사람은 이런 마일 표석에서 또다른 기록들도 알아볼 수 있었는데, 예를 들면 도로를 건설한 사람의 이름 등이 적혀 있었다.

로마의 왕들은 마일 표석을 개인적인 선전을 위한 매체로 이용하기도 했다. 또한 여기에는 도로의 수리작업에 대해서도 적혀 있었다. 한 좋은 사례는 이스니(라벤스부르크 근방) 근처에서 발견된 마일 표석으로 기원후 210년에 만들어진 것이었다. 여기에는 젭티미우스 세베루스가 자신의 두 아들인 카라칼라와 게타와 함께 그 지역에 있는 도로와 다리를 수선했다고 적혀 있었다(그러나 실제로 그런 작업에서 이들의 실질적인 참여는 극히 미미했을 것이다). 그리고 물론 본래의 중요한 정보도 빠지지 않고 기록되어 있었다. "캄보두눔, 오늘날의 켐프텐으로부터 16로마마일 떨어져 있음."

호라츠의 여행기

그렇다면 로마의 도로를 이용하는 여행은 진정으로 오직 즐거움만을 주었을까? 매우 유명한 고대의 한 여행기에는 이에 관해 조금은 비관적인 내용이 적혀 있었다. 이 여행기란 역시 저명한 고대의 시인 호라츠(기원전 65~8년)가 쓴 글이다. 그는 기원전 37년에 친구들과 아피아 가도를 지나는 여행을 하게 되었다. 출발점인 로마로부터 종착지인 브린디시까지 가는 여정이었다. 그런데 14일간의 이 여행은 그에게 부분적으로는 고문으로 느껴질 만큼 힘들었는데, 사실 공정하게 말하자면 그 원인이 결코 아피아 가도에만 있는 것은 아니었다. 그러므로 호라츠의 이 여행기가 로마의 장거리 도로의 연결망에 대한 혹평이라고 말할 수도 없다. 즉 호라츠가 여행 동안에 눈병이 난 것, 베네벤트에서는 한 여관주인이 요리를 하면서 거의 불을 낼 뻔했던 것, 혹은 그가 트레비쿰에 있는 숙소에서 어떤 아름다운 미지의 인물과의 만남을 기다렸지만 헛수고였던 것 등은 결코 아피아 가도의 탓이 아니라는 말이다.

그러나 열악한 도로 상황, 특히 두 번째 구간의 도로 상황에 대한 잦은 불평들은 약간의 의심이 들게 한다(예를 들면 "다음날 날씨는 더 나아졌지만 도로는 더 나빠졌다"). 그래서 호라츠가 자신의 보고서를 다음과 같은 문장으로 끝낸 것을 보면 여행이 끝남과 함께 그의 마음이 대단히 가벼워졌음을 분명히 알 수 있었다. "종착지인 브린디시가 이 긴 글과 긴 여정을 끝나게 해주었다."

아피우스 클라우디우스의 마지막 등장

로마의 도로 건설 분야에서 선구자였던 아피우스 클라우디우스 카에쿠스는 자신의 이름을 붙인 도로, 즉 아피아 가도를 카푸아까지만 건설하였다. 그러므로 그는 후에 호라츠의 기분을 특별히 불쾌하게 했던 바로 그 확장 노선에 대해서는 전혀 책임이 없었다. 아피아 가도의 완성은 빛나는 업적으로 로마의 역사에 기록되었으며 아피우스 클라우디우스에게는 앞으로의 성공을 위한 좋은 도약대가 되었다. 이어서 그는 집정관으로 승진했고 여러 가지 군사적 이익도 얻게 되었다.

한편 기원전 280년에는 그가 로마인들에게 잊히지 않는 존재가 되는 한 가지 계기가 있었다. 당시에 마케도니아의 왕 피로스가 이탈리아로 침입해 왔고 헤라클레이아 전투에서 로마인들을 상대로 큰 승리를 거두었다. 그러자 로마의 원로원 위원들은 피로스 왕을 몹시 두려워했고 쉽게 평화조약을 맺으려고 했다. 이때 그 동안 나이가 들고 장님이 된 아피우스 클라우디우스가 가마를 타고 로마 시내를 지나 가족들과 함께 원로원 회의장으로 갔다. 원로원에서 그는 적을 두려워하는 동료들을 크게 질책했다. 이때 그가 했던 열정에 찬 연설은 후대의 여러 세대까지도 널리 알려졌고 도로 건설자로서의 그의 업적이 오히려 가려질 정도로 유명세를 얻었다. 플루타르코스가 그의 연설을 그대로 옮겨적었다. "지금까지 내게는 단지 나의 눈을 잃은 것만이 큰 고통이었습니다. 그러나 지금 나는 시력과 함께 청력을 잃지 않아서 이 도시의 명성을 완전히 파괴시킬 여러분의 치욕스러운 결정과 의견을 들어야만 하는 것이 참으로 고통스럽습니다."

로마인들은 그의 연설을 듣고 깊은 인상을 받았고 침입자들을 대적하기 위해 전장으로 나갔다. 적들은 몇 번의 소위 '피로스의 승리'를 거두긴 했지만 결국 지쳐서 이탈리아로부터 물러나고 말았다. 그리고 로마인들은 세계를 정복하고 위대한 아피우스 클라우디우스 카에쿠스를 본보기로 삼아 곳곳에 유명한 로마의 도로를 건설하기 위한 준비를 할 수 있었다.

신호 기술
소스트라토스

기원전 3세기.
그리스의 기술자이며 건축가. 알렉산드리아 등대를 건설했다.
이 등대는 항해하는 배를 안내하는 소중한 임무를 1,500년이 넘게 잘 수행했다.

그리스 역사에서 매우 초기였던 시기에 원활하지 못한 의사소통 때문에 비극적인 사건이 일어났다. 이 사건과 관련된 주요 인물은 전설적인 영웅 테세우스와 그의 아버지 아이게우스, 바로 아테네의 왕이었다. 헤라클레스를 본받은 테세우스는 여러 가지 위대한 일들을 해냈다. 그의 가장 빛나는 업적은 크레타 섬에 살면서 해마다 아테네인들로부터 7명의 젊은이와 7명의 소녀를 제물을 받아온, 반은 인간이고 반은 소의 형상을 한 위험한 괴물 미노타우로스를 없앤 일이었다. 크레타의 왕 미노스의 딸인 아리아드네는 자신의 이름이 붙여진 실을 이용해 테세우스가 원하는 목적을 이룬 후에 미노타우로스의 미로에서 빠져나오는 것을 도와주었다. 고마움을 느낀 테세우스는 새로 얻은 명성과 더불어 아리아드네를 데리고 귀향길에 올랐다. 그런데 낙소스 섬에서 아리아드네는 다시 돌아가게 되었고 이때 그녀는 디오니소스로부터 위로를 받았다고 한다.

그렇지만 테세우스는 아테네를 향해서 항해를 계속했고 아테네에서는 아버지가 간절히 그를 기다리고 있었다. 원래 테세우스와 그의 아버지는 크레타 섬에서의 모험이 원하는 대로 해결되면 성공의 신호로 하얀색 돛을 달기로 정해놓았다. 그런데 테세우스는 아리아드네와의 일 때문에 이런 약속을 잊어버리고 검은색 돛을 단 채로 아티카 해안으로 들어갔다. 그를 기다리던 아버지 아이게우스는 검은색 돛을 보고는 자신의 아들이 죽었다고 단정하고 완전히 절망한 채 바다로 뛰어들고 말았다. 그는 이 마지막 행동을 통해 최소한 지중해의 이 구역에 '아에가에이스'라는 이름을 선사하고 삶을 마감했다.

바다에서의 방향 찾기

다행히도 이 극적인 이야기는 신화일 뿐이다. 아이게우스라는 왕은 아마도 테세우스라는 영웅만큼이나 존재했을 가능성이 적다. 그러나 신화는 언제나 사실적인 핵심을 보여준다. 그런 면에서 테세우스 이야기는 다른 많은 신화들과 함께 그리스인들이 아주 이른 시기부터 먼 거리에서도 가능한 의사소통 방법을 개발하기 위해 노력했다는 것을 보여주고 있다. 그리고 실제로 그리스인들은 현실에서도 일찍이 여러 가지 신호 방법을 터득하였다. 대부분 이런 경우에 신호용 불이 중요한 역할을 했다.

기원전 7세기 후반의 작품인 호메로스의 서사시도 이미 여기에 대한 수많은 증거들을 담고 있다. 예를 들어서 여기에는 포위당한 도시의 주민들이 이웃 도시에게 자신들의 위기 상황을 알리기 위해 사용했던 신호용 불에 대한 이야기가 나온다. 특히 불을 이용한 유등 표지는 밤에 항해를 하는 뱃사람들에게 반가운 방향을 제시해 주었다. 즉 항구를 알려주거나 위험한 암초나 해안가의 급류를 조심시키기 위한 것이었다. 그래서 호메로스는 산꼭대기에서 불을 붙여 신호를 보내는 것에 대해 쓰기를 "그 빛이 저 먼 바다에서 돛을 달고 항해하는 배들을 비춰주었다." 그리고 오디세우스가 바다에서 길을 잘못 들어 헤맸을 때에도 최소한 해안가의 신호용 불에 의지할 수 있었다. "그리고 10일째가 되었을 때 고향의 해안이 우리 앞에 나타났고 근처에서 신호용 불을 감시하는 사람들이 보였다." 그러나 이러한 초기 방법은 악의적으로 사용되기도 했다. 예를 들어서 해적들이 해안가에 표지등을 설치해서 이 신호를 믿고 따라오는 배들을 아주 천천히 완벽하게 약탈하기도 했다.

세계의 불가사의

그러나 우리는 이러한 신호용 불이 기술적으로 아주 발달된 수준이라고 생각할 수는 없을 것이다. 사람들은 대부분 이런 신호용 불을 단순한 기둥 주위에 피워놓았고, 주의력이 좋은 관리자가 이 불을 끊임없이 조절해야 했다. 이런 방식에 혁명적 변화가 일어난 때는 다시금 헬레니즘의 개혁시대였고, 여기서 선구자적 역할을 한 곳은 이집트의 프톨레마이오스 왕조의 중심지인 알렉산드리아였다. 바로 이곳에 기원전 299년과 279년 사이에 그 유명한 고대의 등대가 만들어졌던 것이다. 동시대인들은 이 등대에 깊은 인상을 받아서 세계 7대 불가사의 중 하나로 꼽았을 정도였다. 처음에 이 등대를 계획하고 만들 것을 지시한 사람은 프톨레마이오스 1세였고, 등대 건설을 실행하고 완성한 사람은 그의 계승자 프톨레마이오스 2세였다.

이들이 감행한 이 야심찬 사업은 단지 명성을 위한 것만은 아니었 다. 알렉산드리아의 항구는 고대 세계에서 상품들을 옮겨 싣는 가장 큰 장소 중 하나였다. 지중해의 선박들뿐만 아니라 인도와 아라비아 의 무역상들이 운하를 통해 홍해로부터 나일강까지 그리고 더 나아 가 알렉산드리아까지 들어왔다. 그러므로 이집트의 왕들은 이렇게 중요한 항구가 항해를 하는 선박들에게 가능한 한 최고의 안전을 제 공해야 한다는 것을 깨달았던 것이다. 그리하여 아직 세계에서 한 번 도 본 적이 없는 등대에 대한 아이디어를 떠올리게 되었다.

크니도스에서 온 기술자

그렇다면 과연 누가 이 야심찬 작품을 완성할 수 있을 것인가? 왕 들의 선택은 바로 기술자이며 건축가인 소스트라토스였다. 그는 소 아시아에 위치한 도시 크니도스 출신이었고 당시까지는 이곳이 무엇 보다도 유명한 수학자 에우독소스의 고향으로 알려져 있었다. 소스 트라토스는 이미 건축을 통해 고향인 크니도스(그는 여기에 아치 위에 위 치한 산책로를 만들었다)와 특별히 그리스의 문화 중심지인 델포이에서 도 이름이 알려져 있었다. 그리하여 크니도스 출신의 기술자 소스트 라토스는 20년 동안 알렉산드리아 등대를 건설하는 프로젝트에 참가 하게 되었다. 그가 만들어낸 것은 거의 영원성을 추구한 작품이었다. 이 등대는 항해를 하는 배들에게 도움을 주는 소중한 임무를 1326년 지진에 의해 파괴되기까지 1,500년이 넘게 잘 수행했다.

등대의 탄생

소스트라토스가 만든 기적의 작품을 오늘날 우리는 더 이상 볼 수 없지만 그것의 외형과 작동방식은 고대 문헌에 남아 있는 기록들을 통해 어느 정도 사실성 있게 재구성해 볼 수 있다. 이 등대는 알렉산드리아 앞바다에 위치한 파로스 섬에 세워졌는데, 파로스 섬은 이미 이 도시를 세운 알렉산드로스 대왕에 의해 댐을 통해 육지와 연결되어 있었다. 그리하여 이 섬의 이름이 고대시대에 '등대'를 뜻하는 말로 통용되었고 — 그리스에서나 후에 로마에서, 그리고 오늘날 이탈리아에서도 '등대'를 'faro'라고 부른다.

그러나 정작 소스트라토스는 훗날의 이런 모든 일을 예측하지 못했을 것이고, 그에게 중요한 것은 단지 자신에게 일을 맡긴 왕들을 만족시키는 것이었다. 그리고 이 목표 역시 확실하게 성공하였다. 소스트라토스는 그후 이집트 왕의 측근에 끼게 되었고, 심지어 왕으로부터 외교사절의 임무를 위임받기도 했다. 그러나 가장 중요한 특권은 그가 건축물에 자신의 이름을 새겨넣도록 왕의 허락을 받았다는 점이다. 원래 그전까지는 후원자였던 왕들이 건축물의 명성을 혼자서 독식하는 것이 관례였다.

이 등대는 높이가 약 110미터에 이르렀고 3층으로 구성되어 있었는데, 중간 층은 8각형이었고 꼭대기 층은 원형이었다. 이 등대의 꼭대기는 동상으로 장식되어 있었는데, 아마도 바다의 신인 포세이돈의 형상이었던 것으로 알려져 있다. 제일 위층에는 연소 장치가 설치되어 있었다. 여기에서 사람들은 난로를 이용해 수지를 함유한 목재들을 태웠다. 불의 신호는 불빛을 반사시키는 대형 오목거울을 통해 더욱 효과를 높일 수 있었다. 이런 방법 덕분에 알렉산드리아의 파로스 섬은 약 50킬로미터 이상 떨어진 거리에서도 사람들의 눈에 띄었고, 뱃사람들이 먼 거리에서도 안전한 항구가 있는지 미리 알 수 있었다.

그런데 천재적인 소스트라토스도 예측하지 못한 문제가 한 가지 있었다. 로마의 작가 플리니우스가 말하고 있는 것처럼 등대의 불이 어떤 경우에는 오히려 혼란을 일으키게 했는데, 왜냐하면 그 불빛을 별이 반짝이는 것으로 여긴 사람들이 있었기 때문이다. "불꽃은 멀리서 보면 별과 비슷한 모습이었다."

로마인의 등대

그러나 이것은 아주 사소한 오점에 지나지 않았다. 소스트라토스의 이 대담한 건축물은 곧 좋은 모델이 되었고 이후 많은 모방자들이 나오게 되었다. 특히 로마의 왕들은 제국의 여러 항구에 능률적인 등대를 갖추도록 조치하였다. 아우구스투스(기원전 21~기원후 14년)는 라벤나이 군사용 항구에 등대를 세웠지만 그리 널리 알려지지는 않았다. 시설에 대한 조금 더 상서한 내용이 알려진 것은 칼리굴라 황제가 프랑스 북부, 오늘날의 불로뉴쉬르메르에 만들게 한 등대였다. 수에토니우스의 전기에 따르면 이 등대는 매우 높았고 파로스 섬에 있는 것처럼 밤에도 선박들을 안내하기 위해 불이 밝혀져 있었다고 했다. 칼리굴라의 등대는 심지어 소스트라토스의 것보다 더 오래 보존되었다. 1644년에 비로소 이 등대는 바위의 침식작용으로 인해 무너지고 말았다. 목격자들의 보고에 따르면 12층으로 된 다각형의 피라미드 형태를 하고 있었고 높이는 60미터에 이르렀다(어떤 사람들은 겸손하게 35미터 정도라고 말하기도 한다).

그의 후계자인 클라우디우스(기원전 41~54년)는 오스티아에 대규모의 무역 항구를 건설했는데, 이때 당연히 위엄 있는 등대를 짓는 일도 잊지 않았다. 당시에 투자된 비용이 얼마나 막대했는지에 대해서는 수에토니우스가 증언하고 있다. "그는 바닥이 매우 깊은 항구의

로마 신호 기술의 기념물인 라 코루나 등대

입구에 방호벽을 미리 세우게 했다. 그리고 방호벽을 만들기 위해 보다 안전한 토대가 생기도록 사전에 배를 한 척 가라앉혔다. 이 배는 사실 이집트로부터 오벨리스크(바로 이것이 오늘날 로마의 페터스 광장에 있는 오벨리스크이다)를 운반해 온 배였다. 그는 이 배 위에 말뚝을 박게 하고 알렉산드리아의 파로스 섬에 있는 등대를 모델로 하여 대단히 높은 탑을 세웠다. 그럼으로써 근처의 배들은 밤에도 그 불빛 덕분에

항로를 잘 찾을 수 있었다."

그러나 실제로 오랜 기간 사용된 로마의 등대는 스페인의 라 코루나에 있는 등대가 유일하다. 이 등대는 로마 신호 기술의 기념물로서 높이가 40미터에 이르고, 마찬가지로 스페인 출신의 왕인 트라야누스 황제의 지배 기간에 만들어졌으며 오늘날까지도 사용되고 있다 (물론 고대의 시설에 비해 조금은 더 현대화된 신호 시설을 갖추고 있다).

소식의 전달

물론 고대의 신호 기술이 선원들을 위한 배려에만 제한되어 있었던 것은 아니다. 완벽하게 소식을 전달하는 것은 특히 군사적인 측면에서 매우 중요했다. 전쟁 동안에는 불을 이용한 신호가 가장 효과가 확실한 의사소통의 수단이었다. 그래서 페르시아의 장군 마르도니오스는 살라미스 전투(기원전 480년)가 끝난 뒤에 소아시아의 사르데스에 머물고 있는 크세르크세스 왕에게 아테네 점령에 대한 소식을 불을 이용한 신호로 전달했다. 또한 그리스인들도 페르시아 전쟁 동안에 이런 수단을 이용했다.

로마의 황제시대에도 로마 왕국과 다른 나라와의 경계선에 있는 감시탑의 병사들이 이와 유사한 업무를 담당했다. 라인강과 도나우강 사이에 있는 오버게르만과 레치어의 국경지대 한 군데만 해도 500킬로미터의 거리에 900개 이상의 감시탑이 설치되어 있었다. 감시원의 임무는 상대편 군대의 움직임을 기록하고 그 내용을 즉시 후방에 있는 성채로 전달하는 일이었다. 이런 이유에서 감시탑들끼리 혹은 감시탑과 성채 사이의 의사소통이 필수적이었다. 예를 들어서

야간 공격이 발생했을 경우에는 밖에 햇불을 피워서 비상사태를 알렸다. 그러나 로마의 숲지대에서 발생하는 악천후 때문에 이런 시각적인 신호 방식이 항상 가능했던 것은 아니었다. 그래서 사람들은 소리를 이용한 신호도 사용했는데, 국경지대에서 발견된 몇 가지의 취주 악기들이 이런 점을 증명하고 있다(단 우리가 이런 악기들을 왕국의 국경지대에서 행해졌던 로마의 음악연주회와 관련된 증거라고 가정하지 않는다면 말이다).

한편 로마에 있는 트라야누스의 기둥에 새겨진 양각조각에는 트라야누스 황제가 참가한 다케르 전쟁의 장면들이 묘사되어 있고 여기에 소식 전달을 위한 비교적 간단한 수단도 소개되어 있었다. 즉 등대 옆에 볏짐과 나뭇더미가 놓여 있는 것을 볼 수 있는데, 아마도 이것을 이용해 더 먼 거리까지 연기 혹은 불을 이용한 신호를 보낼 수 있었을 것이다. 로마의 왕이 이런 방식으로 상황을 보고받았다는 것은 티베리우스에 대한 기록에서도 증명되고 있다. 그는 카프리 섬에 있는 자신의 피난처에서 건너편에 있는 육지로부터 정보를 전달받았다. 수에토니우스는 여기에 대해 이렇게 썼다.

"그는 언제나 섬의 가장 높은 지점에서 멀리서 그에게 전해져 올 신호를 바라보고 있었다. 이것은 그가 지시한 대로 무슨 일이 일어났는지 각각의 상황을 전달받고 여러 소식들이 너무 오래 정체되지 않도록 하기 위한 방법이었다."

신호 기술의 허점

이런 형태의 의사소통은 물론 적지 않은 허점을 지니고 있다. 불과 연기를 이용한 신호는 단지 특정한 정보, 그리고 신호를 받고 보내는 사람들 사이에 미리 합의된 정보만을 전달할 수 있다. 그 외의 복잡한 사항은 이런 방식으로 결코 전달할 수 없었다. 테세우스가 자신의 잘못된 신호 때문에 아버지가 바다 속으로 뛰어드는 것을 보았을 때 분명히 그는 상황을 올바르게 알릴 수 있는 기회를 갖고 싶었을 것이다. 또한 국경에 있는 보초들도 단지 위험이 닥쳐오고 있다는 것만을 알릴 수 있었을 뿐 그것이 어떤 종류의 위험인지를 알리는 것은 발광 신호의 능력을 벗어나는 일이었다. 그리고 티베리우스가 카프리 섬의 산에서 전달받았던 신호의 내용도 분명히 어떤 어려운 결정을 내리는 데에는 별 도움이 되지 않았을 것이다.

신호의 세분화

기존의 신호 기술이 가진 이런 뚜렷한 약점의 개선이 고대의 몇몇 현명한 학자들에게 진정한 도전으로 여겨졌다. 그들은 보다 더 광범위하거나 혹은 사전에 합의되지 않은 소식들을 먼 거리로 전달하는 것이 반드시 가능할 것이라고 생각했다. 이를 위해 몇 가지 눈에 띄는 아이디어들이 개발되었다. 여기서 선두의 자리에 있었던 사람은 기원전 2세기에 살았던 그리스인 폴리비오스였다. 그는 유명한 역사 책의 저자로서 이름이 알려지게 되었는데, 이 책의 주제는 지중해 세계의 지배세력인 로마의 부흥에 대한 것이었다.

사실 폴리비오스는 타고난 정치가이자 군인이었다. 그는 역사의 재인식이 지배자와 장군이 임무를 수행하는 데 도움이 될 것이라는 확신을 갖게 되었다. 그래서 역사서를 쓰게 되었고 이 역사서에 언제나 실용적인 충고를 끼워넣는 일을 소명으로 여기게 되었다. 특히 그가 역사를 거슬러 내려가는 과정에서 골머리를 앓았던 것은 사람들이 전쟁에서 사용한 열악한 신호체계였다. 기존의 신호용 언어는 너무 단순해서 신호의 원래 목적을 이루지 못한 경우가 자주 있었다고 폴리비오스는 불평하였다. "예를 들어서 시민들이 적에게로 넘어가서 고향도시를 배반하려고 할 때, 도시에 살인과 폭력이 난무할 때, 그리고 자주 일어나지만 결코 예측할 수 없는 그 외의 유사한 일들이 발생했을 때, 이런 모든 경우를 알리고자 할 때 기존의 신호체계는 별로 소용이 없었다."

이런 측면에서 폴리비오스는 자신의 동료 아이네이아스의 발명가 정신을 높이 평가했다. 탁티코스라는 특이한 별칭을 가진 아이네이아스는 자신의 작업실에서 조금은 복잡하지만 대단히 인상적인 의사소통 수단을 개발해 냈다. 아이네이아스의 모델은 다음과 같은 방식으로 작동되었다. 우선 소식을 전달할 사람과 받을 사람을 위해 점토로 두 개의 똑같은 용기를 마련한다. 두 개의 용기는 폭이나 높이가 완전히 동일해야 한다. 그 외에 두 개의 코르크 마개가 필요한데 용기의 주둥이보다는 조금 더 작은 것이 좋다. 그리고 코르크 마개의 중간에 막대기를 세워서 고정시키고 막대기에는 일정하게 손가락 세 개 정도의 폭으로 칸을 나누고 각각의 부분이 확실하게 구분되도록 경계선을 만든다.

이렇게 해서 생긴 여러 개의 칸에는 전쟁에서 일어날 수 있는 모든 일들, 예를 들면 첫번째 칸에는 '우리 영역으로 기마대 침입', '두 번째 칸에는 '중장비를 갖춘 보병', 세 번째 칸에는 '경장비의 무장', 네

번째 칸에는 '보병과 기병대', 그 다음 칸에는 '선박', 그 다음에는 '곡물' 등을 적고, 막대기의 모든 칸들이 채워질 때까지 가능성이나 상황으로 볼 때 가장 많이 일어날 수 있는 전쟁 상황들을 써넣는다. 그런 다음에 이제 두 개의 용기에 구멍을 뚫는데, 똑같은 크기의 구멍을 뚫어서 흘러나가는 물의 양을 똑같게 만들어야 한다. 이 용기에 물을 채우고 막대기가 달린 코르크 마개를 물 위에 띄워놓는다. 이때 물이 흘러나가는 양만큼 코르크가 아래로 내려가고, 막대기는 점점 더 용기 벽에 가려서 보이지 않는 부분이 늘어난다는 사실에 주의를 기울여야 한다.

아이네이아스 탁티코스의 생각에 따르면 이런 준비가 다 끝나면 송신자와 수신자는 이제 본격적으로 의사소통을 할 수 있다. 즉 막대기의 표에 적혀 있는 사건들 중 한 가지가 발생하면 신호 파트너 중 한 사람이 불로 신호를 보내고, 다른 파트너가 마찬가지로 불로 대답하기를 기다린다. 양쪽의 신호용 불이 동시에 점화된 것이 보이면 두 사람은 즉시 용기에 들어 있는 물이 구멍을 통해 흘러나가게 한다. 그렇게 코르크가 아래로 내려가다가 지금 일어나고 있는 상황이 적힌 막대의 칸이 보이면 송신자는 다시 횃불을 통해 신호를 한다. 그러면 수신자는 바로 자신의 용기에 코르크가 머물러 있는 위치와 막대의 표시를 확인하기만 하면 된다.

폴리비오스는 아이네이아스 탁티코스의 이런 혁신적인 아이디어에 대한 보고를 이렇게 마무리했다. "이 방법은 양쪽에서 모든 것이 동일한 속도로 이루어지는 한 소식이 전달될 수 있다."

그러나 폴리비오스의 의견에 따르면 이 모델은 두 가지 약점이 있었다. 첫째로 언제나 예측하지 못한 일이 발생하게 마련이어서 결코 전쟁의 모든 상세한 상황들을 표시할 수 없다는 점이다. 두번째로 아이네이아스가 창안한 기구를 통해서는 정확한 소식을 전달할 수가 없다. 그래서 사람들은 얼마나 많은 숫자의 기마대가 침입했는지, 혹은 곡물과 관련해서 구체적으로 어떤 일이 있어났는지 등은 알 수 없었다.

폴리비오스의 모델

그후 폴리비오스는 매우 겸손하게 일종의 현대적인 통신기술이라고 할 수 있는 자신의 모델을 소개했다. 여기서 그는 솔직하게 이 모델을 만들 때 동료들의 연구로부터 많은 영감을 얻었음을 인정하였다. 그가 고안해 낸 방법은 알파벳 암호를 이용한 역사상 최초의 햇불 전보라고 할 수 있다. 이를 위해 송신자와 수신자는 각자 다섯 개의 널빤지를 준비해야 한다. 각각의 널빤지에는 알파벳 순서대로 다섯 개의 알파벳이 쓰여 있다.

첫번째 판에는 그리스의 알파벳 알파, 베타, 감마, 델타, 엡실론이 쓰여 있고, 두 번째 판에는 제타, 에타, 테타, 이오타, 카파가 적혀 있다. 송신자가 어떤 소식을 수신자에게 보내려고 할 때 먼저 햇불 신호를 통해 전달하려는 단어의 첫번째 알파벳이 어떤 판 위에 있는지를 알려주었다. 하나의 햇불은 첫번째 널빤지를 의미하고, 두 개의 햇불은 두 번째 판을 표시했다. 두 번째 단계에서는 다시 햇불을 이용해서 앞 단계에서 정해진 널빤지의 알파벳 중에서 하나를 표시한다. 이렇게 두 가지 햇불 신호가 1과 3을 나타내면 알파벳 감마를 의미하게 되었다. 이런 방식으로 알파벳을 하나씩 하나씩 만들어 원하는 소식을 전했다.

이런 방법은 사실 신속한 과정은 아니어서 폴리비오스는 소식을 되도록 짧게 보낼 것을 권했다. 예를 들어서 "100명에 이르는 많은 병사들이 우리를 떠나 적에게로 넘어갔다"라는 내용을 전달할 때는 "우리 중 100명이 크레타 편으로 탈주"로 줄여야 했다. 그것이 시간과 횃불을 줄일 수 있는 방법이라고 했다. '크레타 편'에서 첫 글자 K는 2번 판에 있었고(그러니까 송신자는 처음에 두 개의 횃불을 들어올리고), 2번 판에서는 다섯 번째 알파벳에 해당된다(그러므로 송신자는 횃불 다섯 개를 들어올려야 한다). 수신자가 전체적인 전달 내용을 알아들을 때까지 그런 과정이 계속되었다.

폴리비오스는 대단히 자랑스럽게 말하기를 "이런 방식으로 사람들은 일어난 모든 일을 매우 확실하게 전달할 수 있다"고 했다. 그러나 의문스러운 것은 이런 복잡한 과정이 매번 실제로 사용되어서 성공했는가의 문제였다. 당시의 문헌에도 이런 신호 방법에 대한 자료들은 존재하지 않는다. 어쨌든 이 방법 역시 대단히 많은 시간을 필요로 했고, 국경 감시탑의 병사들이 이런 방식으로 "약 50명의 병사들이 함께 진격해 오고 있다"는 내용을 전달했을 때 어쩌면 이 소식의 끝부분을 전달할 때쯤에는 적의 부대가 이미 한참 전에 국경의 장애물을 넘어섰을 수도 있다. 그러므로 사람들은 아마도 계속적으로 불과 연기를 이용한 신호 방법을 고수했을 것이다.

폴리비오스 스스로도 자신의 방식이 너무 많은 시간과 수고가 필요하다는 것을 예측했다. 그래서 그가 신호 기술에 관한 자신의 생각을 소개할 때 다음과 같은 글로 끝맺으면서 선의의 경고를 했지만 아무도 귀를 기울이지 않은 채 잊혀지고 말았다. "우리는 초기에 등장하는 문제들 때문에 유용한 일을 포기해서는 안되고, 모든 멋진 능력이 자신의 것이 되도록 더 열심히 연습해야 한다. 특히나 행복과 번영이 달려 있는 일의 경우에는 더욱 그렇다."

물리학
아르키메데스

기원전 287 - 212년경.
그리스의 학자. 몇 가지 중대한 물리학적, 수학적 발견을 했는데
'유레카'로 유명한 일명 '아르키메데스의 원리'가 그 중 하나이다.

아르키메데스는 자신의 직업을 묻는 질문에 어떻게 대답했을까? 혹시 '기계공'이라고 하지는 않았을까? 그는 끊임없이, 특히 군사적인 목적을 위해 이런저런 기계를 만들었고, 그리스어 'mechanè(기계)'라는 말에서 '역학'이라는 개념이 나왔으므로 이런 대답도 전혀 틀린 것은 아닐 것이다. 혹은 '수학자'라고 대답했을까? 왜냐하면 오늘날 수학이 근본적인 인식과 통찰의 대상이 된 것은 바로 그의 덕분이기 때문이다. 그리스인이었던 그에게는 수학이 숫자와 도형을 다루는 것 이상의 의미가 있었다. 그는 수학을 뜻하는 그리스어 'màthema'를 '지식'이라는 일반적인 의미로(글자 그대로 번역하자면 '배운 것'이라는 뜻) 이해했다.

아르키메데스가 엄청나게 많은 것을 배웠고 따라서 대단히 많은

것을 알고 있었던 것만은 분명한 사실이다. 그런데 '수학자'라는 명칭이 가진 원래의 의미만으로는 그의 다양한 활동이 충분히 반영되지 않은 것으로 보인다. 그렇다면 그의 직업을 '기술자'라고 하는 것은 어떨까? 근대적인 시각에서 보면 아르키메데스는 의심할 여지없이 한 명의 기술자였다. 그럼에도 불구하고 그는 이 명칭에 동의하지 않을 것이다. 기술이란 말은 원래 그리스인들에게 어떤 구체적인 행동과 상관없이 처음에는 단지 능력과 능숙함을 뜻했기 때문이다. 그러므로 결국에는 '물리학자'라는 직업만이 남게 된다. 그리스인들은 물리학 연구에 종사하는 사람, 즉 자연 그 자체에 대해, 넓은 의미에서는 이 세상에서의 일과 세계의 질서와 특성에 관심을 갖는 사람을 '물리학자'라고 표현했다. 그런 일이라면 아르키메데스도 충분히 관련이 있기 때문에 우리는 이 위대한 학자의 명함에 '아르키메데스, 물리학자'라고 표기하기로 한다.

고향 시라쿠사

일반적으로 명함에는 주소가 함께 표시되어 있어야 할 것이다. 이 점과 관련해서 아르키메데스는 대단히 품위 있는 주소를 댈 수 있었다. 시칠리아 섬의 시라쿠사였다. 아르키메데스가 태어났을 때 이 도시는 이미 450살을 충분히 넘은 곳이었다. 이곳은 기원전 734년에 그리스의 식민지로서 부유한 무역도시인 코린트에 의해 건설되었다. 시라쿠사는 대부분 독재자들에 의해 지배되었고(몇몇의 민주적인 왕을 제외하고는), 그들 중에는 디오니시오스 1세와 같이 유명한 인물도 있었다. 디오니시오스 1세는 경쟁 세력인 카르타고로부터 시칠리아 섬을 지켰으며 시라쿠사인들로 하여금 남부 이탈리아까지 지배하게 했다. 디오니시오스와 그의 계승자들의 지배하에서 시라쿠사는 서부 지중해 지역에서 단지 정치적으로뿐만이 아니라 경제적이고 문화적으로도 중요한 중심지였다.

친구들

아르키메데스가 시라쿠사에 살면서 사회적으로 영향을 미쳤을 때 이 도시는 히에론 2세의 지배를 받는 시기였다. 우리가 우호적으로 표현한다면 이 왕은 특이하게도 정치적으로 대단히 인상적인 융통성을 보였다. 먼저 그는 기원전 264년에 로마와 카르타고 사이의 대접전이었던 제1차 포에니 전쟁을 획책했다. 그런 다음 처음에는 카르타고를 지지했으나 잘못된 예견이었음을 깨닫고는 대승을 거둔 로마의 충직한 동맹자로 입장을 바꾸었다. 그러자 로마인들은 특별히 마음에 맺힌 서운함도 없었기 때문에 히에론이 지배권을 계속 유지하도록 허용했다.

아르키메데스와 히에론 왕은 친척관계였다. 그리고 꼭 그 때문은 아니지만 두 사람의 절친한 관계는 아르키메데스가 학자로서 성공하는 데 결코 해가 되지 않았다. 다시 말해서 아르키메데스는 비교적 좋은 가문의 출신이었고(그의 아버지는 궁정의 천문학자로 일하고 있었다), 그 덕분에 경제적인 걱정 없이 완전히 연구에 몰두할 수 있었다. 그는 인생의 대부분을 고향 시라쿠사의 편안하고도 고무적인 분위기에서 보냈다. 단 한 번 그는 좀 오랜 기간 동안 외국에 머물렀던 적이 있었다. 바로 모든 학자들의 집결지였던 알렉산드리아였다.

여기서 아르키메데스는 특히 천문학자이며 수학자인 코논을 알게 되었다. 코논은 당시에 대단히 유명한 학자였지만 오늘날에는 상황이 조금 다르다. 만약 그가 고대의 유명한 문학적 모티브인 별자리 이름 '베르니케의 머리털자리'와 그나마 연관되지 않았다면 오늘날 그에 대해서 아는 사람은 거의 없었을 것이다. 여기서 말하는 머리털은 이집트의 왕 프톨레마이오스 3세의 부인의 것이었다. 왕이 기원전 246년에 시리아로 전쟁을 하러 갔을 때 마음씨 착한 베르니케는 남편인 왕이 무사하게 집으로 돌아올 것을 기원하는 마음으로 자신의 머리카락을 신전에 바쳤다. 프톨레마이오스는 무사히 돌아왔다. 그런데 금방 신전에 바쳤던 그녀의 머리카락이 사라지고 말았다. 아르키메데스의 친구인 코논은 이 당황스러운 상황을 코믹한 방식으로 해결했다. 그는 잃어버린 머리카락을 하늘의 별자리에서 찾았다고 둘러댔던 것이다. 즉 사자자리, 처녀자리, 그리고 그리스인들이 목동자리라고 부르는 별들 사이에서 말이다. 고대의 시인들은 금방 이 아름다운 이야기에 열광했고, 로마의 시인 카툴(기원전 1세기)에 의해 노래 형식으로 만들어졌다.

아르키메데스의 원리

아르키메데스는 머리털 사건이 있던 시기에 더 이상 알렉산드리아에 있지 않았다. 그러나 이집트의 중심지인 이곳에서의 경험은 그가 고향에서 당대의 뛰어난 수학자와 물리학자로 올라서는 데 큰 도움이 되었다. 그가 이룬 개혁적인 업적은 대단히 많을 뿐 아니라 질적으로도 뛰어난 수준이었다. 누가 자신의 이름이 공식적인 원리에 붙여질 것이라고 생각하겠는가? 아르키메데스는 이런 영예를 얻은 사람으로 오늘날 여전히 유용하게 사용되는 떠 있는 물체의 부력(전문가들의 용어로는 유체역학)과 관련해서 일명 '아르키메데스의 원리'를 발견했다. 그는 자신의 논문에서 이 원리에 대해 다음과 같이 썼다. "하나의 물체가 특정한 무게를 가진 액체 속에서 가라앉을 때 그 물체로 인해 밀려난 액체의 양이 물체 전체의 무게와 같아질 만큼 가라앉는다." 아르키메데스가 이 원칙을 알아낸 이후로는 무거운 배가 어떻게 물 위에 떠 있는지는 더 이상 수수께끼가 아니었다.

유레카

그렇다면 아르키메데스는 어떻게 이 원리를 생각해 내게 되었을까? 고대의 작가들은 그 대답으로 자주 인용되는 일화를 들려주었다. 일화에 따르면 아르키메데스는 욕조에 있는 동안에 깨달음을 얻었다고 한다. 일반적인 사람들과는 달리 아르키메데스와 같은 연구자 타입은 목욕하는 시간조차도 연구를 위해 활용했다. 그래서 아르키메데스는 자신의 몸이 욕조 안으로 더 깊이 가라앉을수록 더 많은 물이 흘러넘친다는 사실을 깨달았던 것이다. 확인되지 않은 소문에 따르면 그는 이 원리를 깨달은 순간 기쁨에 넘쳐 욕조에서 뛰어나와 완전히 벗은 채로 도시를 뛰어다녔다고 한다. 이때 그리스 사람답게 그리스어로 '유레카'(나는 알아냈다)를 반복해서 외쳤다고 한다.

이 유명한 일화는 과연 사실일까? 그리스 작가 플루타르코스는 아르키메데스가 항상 생각에 빠져 있어서 자주 식사와 목욕처럼 일상의 평범한 일을 잊어버리곤 했다고 설명했다. 그렇다면 어떻게 아르키메데스가 욕조에 들어가게 되었을까? 플루타르코스가 그럴싸한 해답을 주었다. 친구들이 아르키메데스를 강제로 목욕을 하도록 데려갔다는 것이다. 그러면 이 전형적인 학자는 그 시간을 연료통 위에 기하학적인 모양을 그리거나 손가락으로 선을 그으면서 보냈다고 플루타르코스는 전하고 있다.

왕의 황금 왕관

아마도 옷을 입지 않은 채 뛰쳐나온 아르키메데스는 곧바로 자신의 친구인 히에론 왕에게 달려갔을 것이다. 왜냐하면 히에론 왕에게 생겼던 지극히 현실적인 문제를 아르키메데스가 자신이 발견한 원리를 이용해 해결했기 때문이다. 왕은 얼마 전에 금세공사에게 새로운 왕관을 만들도록 지시했는데, 이 세공사가 속임수를 쓰거나 왕관에 은을 섞었을지도 모른다는 의심이 들었다. 이때 아르키메데스가 왕의 의심을 실험을 통해 증명한 것이다. 이를 위해서 아르키메데스에게 필요한 것은 단지 커다란 물통뿐이었다. 그는 새 왕관을 물속에 담그고 이때 넘친 물의 양을 확인하였다. 그리고 왕관과 같은 무게로 은과 금이 섞여 있는 덩어리를 물에 넣고 넘친 물의 양을 처음의 것과 비교하였다. 그러자 양쪽 물의 양이 동일한 것으로 드러났다. 결국 왕관은 은과 금이 섞인 것이 분명했고 금세공사는 사기꾼으로 드러나 왕궁에서 일자리를 잃었다고 한다.

점 하나만큼의 공간만 있다면

아르키메데스라는 이름은 물리학 원리뿐 아니라 나사 내지는 펌프와도 깊이 연관되어 있다. 여기서 말하는 것은 바로 물을 끌어올리기 위한 기구로 아르키메데스가 자신의 발명품 중 특히 마음에 들어했던 것이기도 하다. 이 기구는 나선형의 체계를 이용하여 물을 2미터 높이까지 끌어올릴 수 있도록 작동되었다. 아르키메데스의 나선식 펌프는 많은 곳에 유용하게 쓰였는데, 예를 들면 농사나 식수공급과 관련된 관개시설에 이용되었다.

아르키메데스의 나선식 펌프는 그의 친구 히에론 왕의 호화로운 배에도 설치되었는데, 필요한 경우나 위급한 경우에 물을 배의 내부에서 끌어올리기 위한 것이었다. 히에론의 배는 그 이전까지 고대의 선박 제조사가 만들었던 모든 배를 무색하게 만들 정도로 훌륭했다. 우선 그 규모가 대단해서 가능한 수송량이 히에론의 외국 동맹국들에게 수요가 많은 시칠리아의 곡물들을 공급할 수 있을 정도였다. 거기다가 화려하게 치장된 실내공간과 심지어 호위병들을 위한 공간도 마련되어 있었다. 이렇듯 모든 것을 염두에 두고 만들어졌지만 단 한

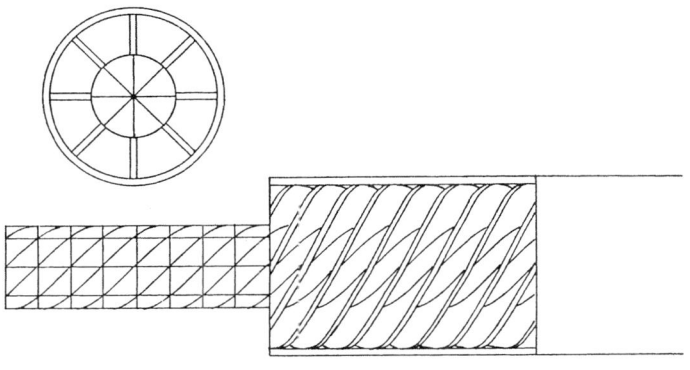

아르키메데스의 나선식 펌프

가지 문제는 떠다니는 궁전이라고 할 수 있는 이 큰 배를 수용하기에는 지중해에 있는 거의 모든 항구들이 너무 작다는 점이었다. 오직 알렉산드리아 항구만이 이 배가 드나들기에 충분히 넓었다. 그래서 히에론은 결국 유일하게 좋은 일을 하게 되었는데 바로 자신의 호화로운 선박을 이집트 왕에게 선물한 것이다.

그런데 선물을 하기 전에 한 가지 중요한 문제가 해결되어야 했다. 이 무겁고 거대한 배를 어떻게 물이 있는 곳까지 옮기는가 하는 것이었다. 아마도 시라쿠사 주민들의 힘을 모두 합한다고 해도 역부족으로 보였다. 그러나 히에론 왕에게는 아르키메데스가 있었다. 그는 균형관계와 지레의 작용에 대해 이미 충분히 연구한 적이 있었다. 그는 깊이 생각한 뒤에 도르래 장치를 선보였다. 그리고 이 도르래만을 이용하여 배의 진수식을 성공적으로 해냈다. 플루타르코스가 설명하고 있듯, 아르키메데스가 전혀 서두르지 않고 그저 부드럽게 도르래 끝을 손으로 당기자 배가 조용히, 아무런 흔들림도 없이 그가 있는 쪽으로 당겨졌다. 그리고 이때 아르키메데스는 히에론 왕을 향해 돌아서서 의미심장한 말을 했다. "내가 서 있을 수 있는 점 하나만큼의 공간만 있다면 난 지구 전체를 움직일 수 있습니다." 물론 이 말은 완전히 허풍은 아니되 조금은 과장된 말이지만, 지렛대를 이용한 아르키메데스의 방법이 성공한 것만은 틀림없다.

이론과 현실

왕관 실험, 나선식 펌프의 발명, 그리고 지렛대를 이용한 도르래 장치로 배를 물에 띄웠던 일 등은 아르키메데스가 실용지향적인 자연과학과 기술의 선구자가 아닌가 하는 추측을 갖게 한다. 그러나 우리가 플루타르코스의 기록을 그대로 믿는다면 인류의 행복과 이익을 위해 자신의 발명과 발견이 이용되는 것은 전혀 아르키메데스의 의도가 아니었을 것이다. 왜냐하면 플루타르코스에 따르면 아르키메데스는 역학과 그 외의 모든 실용적인 학문을 '비천하고 수준 낮은' 것으로 보았고 자신의 패기를 오로지 미적이고 고상한 것에 쏟아부었다고 했다.

그러나 이런 기록은 어쩌면 세련된 감각의 작가인 플루타르코스가 아르키메데스를 너무 이상화된 이미지로 만들어낸 것인지도 모른다. 사실 플루타르코스의 글은 그리스의 귀족적, 시민적 사고의 오래된 편견을 재현하고 있는 것처럼 보인다. 그런 사고에 따르면 실용적인 활동을 하고 그로 인해 돈을 버는 사람은 사회적인 낙오자로 인식되었다. 그리고 대토지를 소유하고 우아하고 품위 있게 사는 것이 높은 신분에 맞는 것으로 여겨졌다. 대가를 받거나 받을 수 있는 일을 하는 사람은 단순히 '속물'로 치부되었다.

수학자 아르키메데스

그렇지만 아르키메데스를 '속물'로 표현하는 것은 분명히 무리가 있다(플루타르코스도 열정적으로 주장하고 있는 것처럼 말이다). 아마도 아르키메데스에게는 자신의 물리학적, 역학적, 그리고 수학적 연구들을 실용적으로, 경우에 따라서는 경제적인 가치를 위해 활용하는 문제가 그저 두 번째 순위 정도로만 중요했다는 것이 맞는 이야기일 것이다. 그는 무엇보다도 뛰어난 이론가였다. 물리학, 역학, 공학 분야에서 이룬 그의 실용적인 업적들이란 단지 그가 수학에서 했던 이론적인 연구를 조금 다르게 유도하고 구체적으로 보여준 것일 뿐이었다. 어쩌면 그는 후대에 자신이 공학과 역학의 연구자로 기억되는 것에 깜짝 놀랄지도 모른다. 어쨌든 그는 이런 연구 실적에 대한 보상으로 수학의 역사를 다룬 모든 저서에서 확고한 자리를 차지하게 되었다. 특히 그는 무엇보다도 미적분학의 아버지로 인정받고 있다.

또한 그는 수학에 대한 열정을 갖고 연구를 계속 한 결과 원주와 지름 사이의 관계를 알아냈고, 이것을 그리스 알파벳으로 'pi(파이)'라고 표시했다. 전문가들은 이때 아르키메데스가 원을 96각형의 도형으로 생각했고 원주율 pi의 수치를 3.141과 3.142 사이로 고정시켰다는 사실을 알게 되었다.

시라쿠사에 드리워진 먹구름

그런데 아르키메데스가 전혀 예상치도 못하게 명백한 실용주의자가 되어야 했을 때는 이미 그의 나이가 70세를 넘어섰을 때였다. 바로 당시의 전반적인 정치 상황 때문이었다.

기원전 218년에 로마와 카르타고 사이에 또 한 번의 대대적인 싸움인 제2차 포에니 전쟁이 일어났다. 카르타고의 한니발 장군이 기발한 방법으로 알프스를 넘어온 것이다. 전쟁은 곧 시칠리아 섬까지 이르렀다. 지금껏 아르키메데스가 학술적인 최고의 업적을 이루는 데 도움이 되었던 조용하고 평온한 분위기는 완전히 지나갔다. 기원전 215년에 아르키메데스의 친구이자 후원자였던 히에론 왕이 92세의 나이로 세상을 떠났다. 그의 손자이면서 왕위 계승자인 히에로니무스는 로마와의 오랜 동맹을 배신하고 카르타고 장군과 계약을 맺었다. 그러나 이런 파트너 교체는 왕에게도 별로 도움이 되지 않았고 시라쿠사에게도 치명적인 결과를 가져왔다. 히에로니무스는 13개월 후 바로 살해되고 말았다. 그리고 로마인들은 배신한 파트너가 어떤 위험을 감당해야 하는지 보여주기 위해 시라쿠사를 본보기로 삼을 것을 결정하였다.

포위된 시라쿠사

기원전 213년 초기에 로마의 군대들이 전직 집정관이었던 클라우디우스 마르셀루스의 지휘하에 시라쿠사 앞에 나타났다. 그들은 즉시 육지와 바다 쪽에서 이중으로 포위했다. 로마인들은 자신들의 완벽한 무기를 신뢰하면서 이번 작전을 며칠 안에 완수할 수 있을 것이라고 믿었다. 그들은 포위공격용 중장비들과 함께 시라쿠사의 성벽을 향해 접근해 갔다. 그런데 이때 그들은 불쾌한 충격을 받아야 했다. 그들의 적은 지금껏 한 번도 본 적이 없는 방어용 무기를 가지고 있었던 것이다. 시라쿠사의 방어 무기는 고대 군사 기술의 최고 수준이라 할 수 있는 첨단 장비였다.

이런 상황을 가능하게 한 사람은 다름아닌 아르키메데스였다. 시라쿠사에서의 사건에 대해 자세한 보고를 썼던 로마의 역사가 리비우스의 말에 따르면 "과거에 하늘과 별을 관찰했던 사람, 그러나 무기와 기구의 발명가로서 더욱 뛰어났던 사람이 이런 장비들을 이용해 적의 모든 시도를 저지할 수 있었다"고 한다.

아르키메데스는 당황한 로마인들을 일련의 최신식 무기들로 대적

했고, 이 도시를 늘 하던 방식대로 신속하게 정복하려 했던 그들의 의도를 완전히 환상으로 만들어버렸다. 사실 아직 평화롭던 시기에 창의적인 아르키메데스에게 이론의 상아탑으로부터 벗어나 고향도시를 지키는 데 기술과 역학 지식을 활용할 것을 권유했던 사람은 바로 넓은 시각을 가졌던 히에론 왕이었다. 그리하여 아르키메데스는 2차 포에니 전쟁이 발발하기 전 몇 년 동안 새로운 무기들을 만드는 데 많은 시간을 보냈던 것이다.

지옥 같은 무기들

로마의 공격 책임자 마르셀루스와 그의 불쌍한 병사들은 이런 연구의 결과를 고통스럽게 체험했다. 그들은 다양한 사정거리를 지닌 투석기로부터 거대한 돌멩이들이 무시무시한 쌩쌩 소리를 내며 믿을 수 없는 속도로 날아오는 모습을 보아야 했다. 그들은 또한 도시 성벽 뒤에 있는 거대한 기중기가 몸을 일으켜서 배 위에 있는 자신들의 짐을 내던지는 모습을 지켜보았고, 더욱 심했던 것은 쇠로 만들어진 집게와 갈고리가 배 안의 병사들과 함께 배들을 간단히 공중으로 들어올려 수직으로 바다 속으로 던져버린 일이었다. 마르셀루스와 그의 병사들은 두려움에 사로잡혔고 다시 전열을 가다듬어 진군했지만 비 오듯 퍼붓는 돌 때문에 속수무책이었다.

상황은 완전히 로마군에게 불리했고 플루타르코스의 말을 빌리자면 로마인들은 마치 신들과 싸우는 것처럼 느꼈다(고향을 지키려는 개인적인 의지로 75세의 한 기술자가 만들어낸 기구들과 싸운다고는 전혀 생각지 못했다). 로마 군대의 정신력과 의욕은 바닥까지 떨어지고 말았다. 그들은 단지 성벽 너머로 밧줄이나 기둥 하나만 보여도 아르키메데스의 또다른 지옥의 무기가 등장하는 것으로 여기고 정신없이 도망갔다. 로마인들은 시라쿠사로부터 한 사람만을 빼앗아올 수 있기를 간절히 바랐다. 그러나 바로 그 사람 아르키메데스라는 존재가 있는 한 이 도시의 정복은 생각할 수 없는 일이었다.

시라쿠사의 함정

마르셀루스는 이제 전략을 바꾸어 시간을 볼모로 싸움을 벌이기 시작했다. 지극히 당연한 계산이지만 아무리 시라쿠사인들이라 해도 결코 영원히 포위당한 채 버틸 수는 없는 일이었다. 그리고 탈출도 불가능했다. 그리하여 로마인들은 시간을 두고 기다리면서 적들이 허기에 지치거나 방심의 순간이 생기기를 노렸다. 그러나 이런 기회가 오기까지는 수개월이 지날 수도 있었다. 실제로 시라쿠사의 포위 상태는 아르키메데스의 발명품 덕분에 거의 2년간 지속되었다.

그러다가 포위당해 있던 시라쿠사인들이 아르테미스 여신의 축제를 열게 되었는데, 플루타르코스의 설명에 따르면 이때 포도주와 경망함이 난무했다고 한다. 로마인들은 이 기회를 이용해 몰래 도시 안으로 잠입했다. 그 다음은 아주 쉬운 게임이었다. 그들은 전혀 힘들이지 않고 시라쿠사를 손에 넣었다. 후에 스키피오가 카르타고 정복에서 그랬던 것처럼 로마군 지휘자 마르셀루스도 자부심에 넘쳤던 시라쿠사의 불행한 운명에 대해 마음 아파하고 몇 방울의 눈물을 흘렸다고 한다. 그러나 그는 바로 그 다음에 이 도시를 마음껏 약탈하도록 개방하였다. 그때 이후로 시라쿠사에서 가져온 그리스의 약탈품이 많은 부유한 로마인의 거실과 공원에 자리잡게 되었다.

"나의 원을 밟지 말라"

그렇다면 아르키메데스에게는 어떤 일이 일어났을까? 고향도시가
정복될 때 그는 목숨을 잃었다. 어떻게 이런 일이 일어났는지에 대해
서는 고대 작가들 사이에서도 의견이 분분하다. 플루타르코스는 세
가지 각기 다른 의견들에 대해 언급하고 있다. 첫번째(그리고 가장 잘 알
려진) 의견은 아르키메데스가 로마인들이 침입했던 순간에도 자신의
조용한 정원에 머물고 있었고 당시에 벌어진 비극에 대해서는 알지
못한 채 기하학 모형을 모래 위에 그리면서 연구에 몰두하고 있었다
고 주장한다. 한 로마군이 그를 발견하고 그에게 같이 갈 것을 요구
했다. 그러나 아르키메데스가 자신의 계산문제를 계속 풀려고 하자
군인이 화를 내며 칼로 그를 죽였다는 것이다. 물론 바로 그 전에 세
계 역사에 영원한 인용문으로 남아 있는 그 유명한 말을 로마군에게
할 기회는 있었다. "나의 원을 밟지 말라."

아르키메데스의 죽음에 대한 두 번째 입장은 첫번째와 매우 유사
하다. 이에 따르면 로마 병사가 위대한 학자를 죽일 의도로 바로 아
르키메데스를 찾아왔다는 것이다. 아르키메데스가 자신의 수학 문제
를 마저 풀게 해달라고 부탁했지만 바로 죽임을 당했다고 한다.

세 번째 주장은 전혀 다른 내용이다. 아르키메데스가 온갖 종류의
천문학 기구들, 태양시계, 지구의(태양의 크기를 재기 위해) 등을 잔뜩
짊어지고 시라쿠사의 길을 지나가다가 목숨을 잃었다고 한다. 그는
원래 이 기구들을 마르셀루스에게 가져가려고 했다. 그런데 늘 그랬

듯이 약탈에 굶주려 있던 로마 병사들은 상자에 들어 있는 것이 금이라고 여겨 그를 불러 세웠고 칼로 이 위대한 학자의 삶을 끝냈다고 한다.

수학적인 묘비

실제로 공감이 가는 이야기로서 여러 곳에서 보고되는 바에 따르면 마르셀루스는 아르키메데스의 죽음을 매우 안타깝게 생각했다고 한다(그것이 동정이나 존경심 때문이든 혹은 보다 더 실용적으로 당대 최고의 두뇌를 로마를 위해 활용하지 못하게 된 안타까움 때문이든). 어쨌든 그는 지극히 개인적으로 아르키메데스의 묘지를 품위 있게 만들기 위해 신경을 썼다. 그의 묘지는 후대에 세인들의 순례지가 되었다. 사람들은 이곳에 순례를 와서 한 위대한 물리학자, 수학자, 기술자, 역학자, 동시에 자신의 고향을 끝까지 지킨 사람에게 경의를 표했다. 아르키메데스는 이승과의 작별 후에도 학술적인 열정으로부터 결코 벗어나지 못했다. 그는 이미 죽기 오래전부터 자신의 친구들에게 훗날 자신의 묘비에 새길 내용을 알려주었다고 한다. 그래서 그의 묘비에는 구에 외접하는 원기둥의 그림과 그 위에 둘 사이의 관계를 나타내는 식이 적혀 있다.

지리학
에라토스테네스

기원전 284 - 202년경.
그리스의 학자. 지구 넓이를 계산하고 지도를 개발했다.
어느 분야에서나 2인자였지만 지리학에서만큼은 1인자로 불릴 만하다.

어떤 사람이 많은 분야에 대해 알고 있다는 것은 사실 큰 장점이라
고 할 수 있다. 그런데 이런 사람은 흔히 어떤 분야에서도 진정한 전
문가는 아니라는 의심을 받게 된다. 그리스의 학자 에라토스테네스
가 바로 그런 경우에 해당되었다. 그는 아마도 다방면에 걸친 지식을
가진 고대의 마지막 학자일 것이다. 그는 자신의 명함에 당당하게 인
문학자, 문법학자, 시인, 수학자, 천문학자, 달력 연구가, 그리고 지리
학자 등의 직업을 쓸 수 있는 사람이었다.

어디서나 2인자

그러나 그는 후대에 알려진 것처럼 그 어디서도 최고는 아니었다.
사람들은 언제나 그에게 2인자의 지위만을 허락했다. 그래서 흔히

그를 그리스의 두 번째 알파벳을 붙여서 베타(넘버 2)라고 부르기도 했다. 그러나 이런 이야기를 너무 진지하게 받아들일 필요는 없다. 어느 시대든 시기하는 동료는 꼭 있게 마련이다. 아마도 그런 비판은 오히려 감마(세번째) 혹은 델타(네번째)의 범주로 분류될 학자들로부터 나왔을 것이다. 객관적이고 냉철하게 볼 때 에라토스테네스는 최소한 지리학 분야에서는 획기적인 업적을 이루어냈다. 그리고 고대 지리학의 개척자로서는 의심의 여지없이 '알파'라는 별명을 얻기에 충분할 것이다.

고향 키레네

한편 에라토스테네스의 성격을 알 수 있는 자료는 별로 없다. 그의 정확한 출생일조차도 알려져 있지 않다. 그러나 그가 북아프리카의 도시 키레네 출신이라는 점은 분명하다. 이곳은 분명히 그의 성장에 불리한 장소는 아니었다. 과거에 테라 출신의 식민주의자들이 세운 키레네는 정치적, 문화적으로 중요한 중심지로 발달했다. 에라토스테네스 이전의 몇 세대 동안에는 유명한 철학자 아리스티포스가 이곳에서 활발히 활동했다. 소크라테스의 제자인 그는 금욕적인 스승과는 달리 현세의 즐거움을 거부하지 않았던 사람이다. 그래서 썩 철학적인 행동으로 보이지 않았던 기생과의 관계를 다음과 같은 말로 합리화시키기도 했다. "나는 그녀를 소유하지만, 그녀는 나를 소유하지 않는다." 사람들에게 더 충격을 주었던 것은 아리스티포스가 자신의 강의를 대가로 돈을 받았다는 점이다. 그러나 학자들에 대해 잘 알지 못하는 일반 사람들에게는 키레네라는 도시가 실피움이라는 식물 때문에 알려져 있기도 하다. 실피움은 키레네의 주요 수출 품목으로 이 식물의 즙이 일종의 마약으로 사용되었으며 이 도시를 부자로 만들어주었다.

알렉산드리아 도서관장

그러나 에라토스테네스처럼 활동적인 사람에게 키레네는 지속적인 체류지로 적당하지 않았다. 먼저 그는 당시에 학문과 문화의 중심지였던 아테네로 갔다. 여기서 그는 후에 시기하는 사람들의 비판을 받았던 바로 그런 광범위한 교육을 받았다. 그리고 모든 사람이 그를 2인자로 여긴 것은 아니다. 이집트의 왕 프톨레마이오스 3세는 기원전 245년경에 그를 알렉산드리아로 초청해서 세계적으로 유명한 도서관의 책임자로 임명했고 이것은 그에게 절대적인 행운이었다. 이 시기에 학자와 연구가로서 그보다 더 큰 영예는 없었다.

에라토스테네스는 왕으로부터 절대적인 후원과 성대한 대접을 받으며 보물과 같은 도서관의 소중한 자료들을 마음껏 볼 수 있었다. 이 시기에 보유했던 파피루스 문서의 양은 물론 기원전 1세기에 확인된 70만 개까지는 이르지 못했지만 이미 충분히 많아서 부지런하고 지식욕이 넘치는 이 도서관장조차도 모든 내용을 수용할 수 없을 정도였다. 연구를 향한 에라토스테네스의 열정이 중단된 것은 도서관장의 직책과 동시에 후에 왕위계승자가 되는 프톨레마이오스 4세의 교육과 수업을 책임지면서부터였다. 그러나 이 임무는 힘들이지 않고 수행할 수 있는 일이었다. 당시에 가장 부러움을 샀던 학술적 지위와, 그리고 그것이 제공하는 여러 기회들과 더불어 말이다.

지리학의 인기

에라토스테네스가 알렉산드리아에서 즉시 지리학에 집중적으로 몰두하기 시작한 것은 놀라운 일이 아니었다. 당시에 지리학은 학문과 정치적인 면에서 인기를 누리고 있었다. 알렉산드로스 대왕이 오리엔트 지역에서 대대적인 정복사업을 성공시킨 것이 그리스인들에게는 전혀 예기치 못한 새로운 세상을 열어준 셈이 되었다. 그의 후손들은 무엇보다도 경제적인 이유에서 더 많은 세계에 대해 알고 싶어했다. 이때 프톨레마이오스 왕조가 중요한 역할을 했으며, 또한 에라토스테네스의 직속상관이었던 프톨레마이오스 3세도 여기에 일조했다. 그들의 관심은 특히 아프리카, 그리고 경제적으로 매력적인 아라비아로 향했다. 그러나 에라토스테네스가 지리학을 중점적으로 연구하게 된 보다 큰 이유는 이런 실질적인 이익보다는 도서관에서 얻은 학문적 자극 때문이었다.

지리학의 시작

에라토스테네스가 지리학 역사에 불후의 이름을 남기기 시작했을 때 이미 이 학문은 꽤 오랜 전통을 가지고 있었다. 알렉산드리아 도서관에 있는 '지리학' 분야의 서가는 풍성한 책들로 채워져 있었을 것이다. 에라토스테네스가 연대별로 자료조사 작업을 시작했을 때 아마도 그의 손에 가장 먼저 들어온 것은 이오니아 자연철학자인 아낙시만드로스(기원전 6세기)에 관한 글이었을 것이다. 어쨌든 에라토스테네스는 그를 일찍부터 알고 있었던 것으로 보이는데, 왜냐하면 전해지는 믿을 만한 기록에 따르면 에라토스테네스는 그를 '최초의 지리학자'로 여겨졌기 때문이다.

밀레토스 출신의 아낙시만드로스는, 지구가 어떤 물리적인 형상으로 되어 있는지 그리고 어떻게 그 위에 육지와 해안과 강들이 분배되어 있는지를 알아내려는 경쟁적 논쟁에서 소위 출발 신호를 울린 사람이었다. 초기 그리스에서는 지구를 대양인 오케아노스에 떠 있는 하나의 원반으로 보는 견해(메소포타미아로부터 유입된)가 지배적이었다. 아낙시만드로스는 최초로 이런 생각을 지도학적으로 다루어보려는 시도를 한 사람이었다(그리고 어느 정도는 정당하게 지도학의 개척자로 인정되고 있다). 이때 그는 상인들과 탐험여행객들의 보고들을 참고로 했을 것이다.

아낙시만드로스가 자신의 지도를 관심 있는 대중에게 선보인 때와 거의 같은 시기에 사모스 섬 출신의 선원인 콜라이오스가 마침 '헤라클레스의 기둥'이라 불리는 지브롤터 해협을 지나 대서양으로의 특이한 여행을 감행했다. 이것을 계기로 아낙시만드로스는 자신의 지도에 서쪽 세계를 포함시키게 되었다. 이 세계지도의 원형이 어떤 모습이었는지는 단지 후대의 묘사를 통해서만 추측할 수 있다. 확실한 것은 이 지도가 지구를 네 개의 구역으로 나누고 있다는 점이다. 아낙시만드로스는 이런 분할이 십자 모양으로, 즉 동서 방향과 남북 방향으로 나뉘는 두 개의 수로를 통해 이루어져 있다고 생각했다.

헤카타이오스의 세계지도

조금 뒤에 이 세계지도의 개선된 모델을 내놓은 사람은 아낙시만드로스와 같은 밀레토스 출신의 헤카타이오스였다. 그는 지리학 연구와 더불어 그리스인들이 늘 높이 평가하고 신뢰하는 신화의 세계를 철저히 파괴하는 데 집착한 사람이다. "그리스의 신화 이야기들은 그 양도 대단히 많고 내용도 우습다"고 그는 당혹해 하는 동시대인들에게 확신에 차서 말했다. 그렇기 때문에 아름다운 단순미를 가진 고풍스러운 문체에도 불구하고 그의 글이 그리스인들에게 특별히 사랑을 받지 못한 것은 당연한 일이었다. 그가 고안한 지도는 지구를 두 부분으로 구분하였다. 바로 유럽과 아시아(아마도 그는 북아프리카도 여기에 포함시켰던 것으로 보임)였다. 또한 그의 지도에도 지구의 남쪽 반과 북쪽 반을 각기 두 개의 사분면으로 나누는 수로들이 나타나 있다. 북쪽에서는 이 수로가 도나우강이고, 남쪽에서는 나일강이었다.

한편 헤카타이오스의 세계지도는 그 모습에서 나타나듯이 단지 학술적인 사용을 위해서만 만들어진 것이 아니었다. 왜냐하면 그의 지도는 기원전 499년에 밀레토스의 독재자 아리스타고라스의 여행 짐에 들어 있었던 것으로 보이기 때문이다. 당시에 아리스타고라스는 페르시아 왕국을 상대로 하는 원정에서 그리스의 우수한 군사력을 얻기 위해 스파르타로 떠났다. 이 시기에 스파르타인들이 생각하는 지리학적 수평선은 아리스타고라스가 알고 있던 것처럼 그렇게 펠로폰네소스 너머로 멀리 나아가 있지 않았다. 그래서 아리스타고라스는 그들을 설득하기 위해 지도를 이용하는 것이 유익할 것으로 여겼다. 그는 스파르타인들에게 동양에는 정복할 수 있는 거대한 땅이 있다고 설명했고 청동판을 이용해 그의 설명을 그림으로 보여주었다. 역사가 헤로도토스에 의하면 그 청동판에는 지구의 모든 윤곽선들과 대양 전체 그리고 모든 강들이 새겨져 있었다고 한다.

스파르타인들은 지구가 그렇게 크다는 사실에 대단히 깊은 인상을 받았다. 그러나 이들은 곧 페르시아 왕이 머물고 있다는 수사(Susa)가 도대체 이오니아해로부터 얼마나 멀리 있는지를 물었다. 아리스타고라스가 거기까지 가는 데 적어도 3개월이 걸릴 것이라고 대답하자, 그들은 친절하게 악수를 건네면서 자신들은 3개월이나 걸리는 곳까지 멀리 떠나지는 않을 것이라는 설명과 함께 작별을 고했다. 여기서 거리에 대한 스파르타인들의 질문이 바로 고대의 지도 제작이 가진 약점을 보여주는데, 에라토스테네스와 같은 대가도 결코 이런 단점을 해결하지 못했다. 즉 이들의 지도는 결코 일정한 축척에 따라 그려진 것이 아니고 그 비율이 항상 왜곡되어 있었다.

로마의 도로지도

이런 약점은 고대의 가장 유명한 지도인 포이팅거 지도에도 해당되었는데, 이 지도에는 아우크스부르크의 인문주의자 콘라트 포이팅거(1465~1547년)의 이름이 붙었다. 콘라트 포이팅거는 이 지도를 소유하고 있던 사람으로 오늘날 우리는 빈의 국립도서관에서 이 지도의 놀라운 모습을 볼 수 있다. 원래 이 지도는 로마의 황제시대에 제작된 것으로 무엇보다도 영국부터 스리랑카까지 로마제국 전체를 포함하는 도로지도로 사용되었다. 여기에도 실제의 거리와 지도상의 비율은 완전히 왜곡되어 있다. 그리고 이탈리아인들은 로마의 자부심에 걸맞게 현실적인 지리학적 상황과는 동떨어진, 지배자의 입장에서 지도를 만들었다.

구 모양의 지구

한편 기원전 5세기에 남부 이탈리아 엘레아 출신의 철학자 파르메니데스가 지구는 원반 모양이 아니라 구 모양이라는 주장을 하자 고대의 지리학자들은 대단히 새로운 도전에 직면하게 되었다. 물론 이런 인식은 결코 학술적인 연구의 결과는 아니었고 순전히 철학적 억측이었다(그럼으로써 이런 억측이 경우에 따라 유용하다는 것이 증명된 셈이었다). 사실 많은 동시대인들은 왜 더 일찍 그런 생각을 하지 못했는지 이상하다고 여겼을 것이다. 왜냐하면 우리가 바다 위에서 다가오는 배를 볼 때 제일 먼저 돛대가 보이는 현상을, 지구를 원반으로 보는 입장에서 어떻게 설명할 수 있단 말인가? 혹은 무거운 모든 물체가 지구의 중심 방향으로 떨어지는 현상은? 사람이 지리학적으로 어떤 위치에 서 있느냐에 따라서 수평선과 천체와의 관계가 변하는 것은? 지구의 각기 다른 장소에서 각기 다른 시간에 일식과 월식이 일어나는 것은? 혹은 월식 때 지구의 그림자가 달 원반 위에 원형으로 나타나는 것은? 이 모든 것들을 어떻게 설명할 수 있단 말인가?

흔히 학문의 역사에서 그렇듯이 새로운 인식은 바로 대단히 많은 새로운 의문을 불러일으킨다. 무엇보다도 연구자들의 관심은 두 가지 방향으로 향했다. 사람들은 첫째로 이러한 구 모양의 지구에 대해 가능한 한 상세한 모습을 알고 싶어했는데, 대륙들의 연결 상태 그리고 지구가 하나의 넓은 대양에 의해 둘러싸여 있는지(사람들이 전통적으로 생각해 왔던 것처럼), 혹은 그 반대로 하나의 거대한 육지가 대양을 포함하고 있는지 등 지구와 대양과의 관계를 궁금하게 여겼다. 그리고 두번째로 사람들은 도대체 지구가 얼마나 큰지 알고 싶어했다.

지구의 크기 측정

알렉산드리아 도서관 관장인 에라토스테네스가 이 격렬한 논쟁에 개입하게 된 것은 기원전 3세기 중엽 직후였다. 이제야 일명 '넘버 2'라고 불리던 그가 자신의 진정한 자질을 증명할 기회가 왔다. 오늘날까지도 지구의 크기를 정확하게 측정하려는 그의 시도는 대단한 업적으로 간주되고 있다. 이때 그는 스카페라고 하는 접시 모양의 해시계를 이용했는데, 이것을 통해서 태양광선의 입사각을 잴 수 있었다. 에라토스테네스는 알렉산드리아와 이집트에 있는 도시 시에네(오늘날의 아스완)에 각각 스카페 해시계를 설치했다. 그가 특별히 시에네를 선택한 이유는 이 도시가 그의 조사에 따르면 대략 지리학적으로 알렉산드리아와 동일한 경도상에 위치해 있었기 때문이다. 시에네에서 하짓날 정오에 태양광선이 수직으로 해시계의 바늘(그노몬)에 도달했다. 한편 알렉산드리아에 있는 그노몬에는 태양광선이 비스듬하게, 곧 7.2도의 차이를 나타냈다. 이 각도는 원의 중심각인 360도의 50분의 1에 해당되는 각도였다.

에라토스테네스는 수학자이기도 했기 때문에 다음과 같은 계산을 해낼 수 있었다. 곧 알렉산드리아와 시에네 사이의 거리는 그 당시 단위로 5,000스타디온(stadion, 고대의 길이 단위로 1스타디온에 해당하는 거리가 지역마다 차이가 있었다 - 옮긴이)이었다. 그러므로 그는 5,000에 50을 곱해주었고 여기서 다음과 같은 결과를 얻게 되었다. 지구의 둘레는 25만 스타디온이다. 그런데 이런 에라토스테네스의 계산 결과가 어느 정도 정확한지를 알아내는 것이 어려웠다. 왜냐하면 고대에 사용된 스타디온이라는 단위 중에서 에라토스테네스가 어떤 것을 사용했는지 알려져 있지 않기 때문이다. 오늘날 우리가 정확하게 알고 있는 사실은 지구 둘레가 4만 77킬로미터라는 점이다. 만약 에라토스테네스가 1스타디온이 약 185미터라는 기준에 따라 계산을 한 것이라면 너무 많은 수치인 4만 6,250킬로미터라는 결과가 나온다.

그러나 흔히 그렇듯이 그가 자신을 후원해 준 프톨레마이오스 왕을 기쁘게 하기 위해 이집트 식의 스타디온 기준을 적용했을 수도 있는데, 여기에 따르면 1스타디온은 약 157.5미터에 해당되었다. 이 경우에는 에라토스테네스가 3만 9,375킬로미터라는 지구의 둘레값을 얻게 되고 실제의 지구 둘레에 대단히 근접해진다. 그런데 에라토스테네스가 자신의 결과를 얼마 후에 조금 더 상향조정함으로써 상황이 조금 더 복잡해지기는 했다. 그는 아마도 위도를 생각해서 계산 결과를 25만 2,000스타디온으로 수정한 듯하다. 그러나 여전히 분명한 사실은 그 이전이든 이후에든 어떤 고대 학자도 에라토스테네스보다 더 정확하게 지구 크기를 측정한 사람은 없었다는 점이다.

에라토스테네스의 지도

이런 실질적인 연구와 더불어 에라토스테네스는 지리학에 관한 3권의 저서를 직접 써서 출간함으로써 이미 충분히 인상적인 당시의 서적 보유량을 더욱 증대시켰다. 유감스럽게도 이 책에 대해서는 아무것도 남아 있지 않고, 단지 그리스의 지리학자인 스트라본(기원전 1세기)의 몇몇 기록에서 그 내용을 조금 찾을 수 있을 뿐이다. 아마도 에라토스테네스의 가장 중요한 시도는 최신의 연구 결과에 근거한 지도를 만들고자 했다는 점일 것이다. 만약 밀레토스의 아리스타고

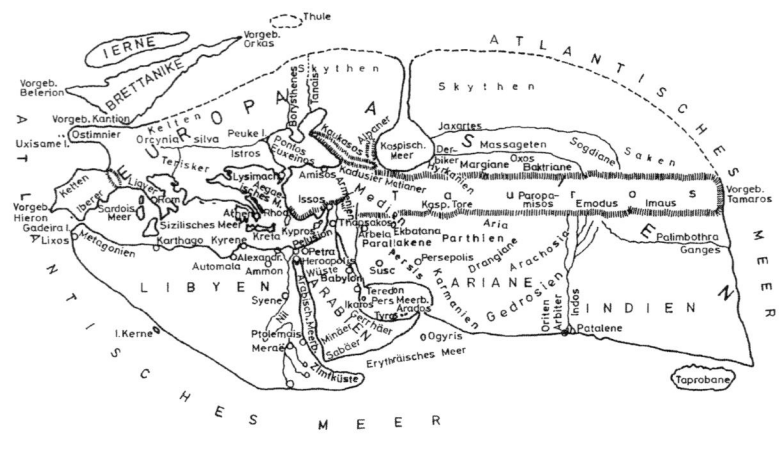

에라토스테네스의 지도

라스가 헤카타이오스의 지도 대신에 에라토스테네스의 지도를 스파르타인들에게 보여주었더라면 이들은 아마도 아예 처음부터 동양으로 무모한 원정을 감행할 기분은 전혀 들지 않았을 것이다. 왜냐하면 에라토스테네스의 지도는 인도까지 동쪽으로 대단히 많이 확대되어 있었고 알렉산드로스 대왕의 원정을 통해 얻은 지리학적 지식들까지 고려되었기 때문이다. 이 지도는 서쪽으로는 잉글랜드 섬까지 나타나 있는데, 이곳의 탐험과 관련해서는 기원전 4세기 말경에 마르세유 출신의 탐험가 피테아스가 중요한 기여를 했다. 피테아스는 북해에 있다는 전설적인 섬 툴레 근처에도 도달했겠지만, 그곳의 정확한 위치에 대해서는 오늘날까지도 의견이 분분하다.

대륙과 대양 사이의 관계에 대한 논쟁에서는 에라토스테네스도 전통적인 입장을 취했다. 즉 세계의 대양인 오케아노스가 육지를 둘러싸고 있다고 생각했다. 그리고 그는 자신의 지도에 평행한 위도선과 경도선으로 이루어진 좌표망을 그려넣었다. 그런데 경도와 관련해서 그는 많은 착각을 했고 이 점을 속좁은 비판가들은 끊임없이 헐뜯었다. 또한 이 좌표망에 모든 장소의 위치를 표시해 보려는 그의 시도 역시 성공하지 못했다. 하지만 언제나 그는 제2의 고향인 알렉산드리아의 위치를 지극히 정확하게 북위 31도 8.5부로 고정시켜 놓았다.

제2의 에라토스테네스

에라토스테네스의 시대보다 몇 세기 뒤인 로마의 하드리아누스 황제 시대에 이런 작업을 조금 더 개선한 사람이 있었다. 그 사람은 바로 에라토스테네스의 후계자로서 마찬가지로 알렉산드리아에서 연구를 했고 우연하게도 에라토스테네스를 후원했던 왕조와 같은 이름을 가진 클라우디우스 프톨레마이오스였다. 그는 무엇보다도 유명한 천문학자였지만 지리학 분야에서도 뛰어난 업적을 남겼다. 그가 만든 도시의 지도들은 정확한 위도와 경도가 표시되어 있었다. 그 외에도 그는 지도 작성을 위한 안내문을 쓰기도 했다. 또한 지구의 둘레를 새로 측정하였는데, 그 결과는 오히려 에라토스테네스의 계산보다 훨씬 더 부정확했다.

미국의 발견을 예측하다

물론 에라토스테네스의 지도에는 미국이 없다. 그리고 우리는 그런 일을 꼭 기대하지도 않는다. 그런데 이런 사실이 강조되어야 하는 이유는 현대의 에라토스테네스 지지자들이 그를 고대의 콜럼버스 혹은 바스코 다 가마로 미화시키려 하기 때문이다. 그러나 에라토스테네스에게는 그들의 유명한 발견을 최소한 이론적으로는 먼저 예측했다는 자랑스러운 공로가 인정된다. 에라토스테네스가 주장한 바에 따르면 모든 대양은 서로 연결되어 있다. 사람이 살고 있는 세계는 유럽, 아시아, 아프리카의 세 부분으로 이루어진 하나의 섬이라고 했다. 인도양과 대서양에서는 동일한 조수간만이 일어나고, 스페인으로부터 서쪽으로 인도를 향해 항해하는 것도 가능하다고 했다. 그러나 고대에는 누구도 그런 여행을 감행하지 못했을 것이며 에라토스테네스도 그런 항해는 상당히 오랜 기간이 걸릴 것이라고 지적하고 분명하게 경고했다.

도서관에서의 죽음?

고대의 지리학 분야에서만큼은 당당하게 제1인자였던 에라토스테네스는 고령의 나이에 세상을 떠났는데, 아마도 80세는 넘긴 것으로 보인다. 전해지는 말에 따르면 그가 실명에 대한 두려움 때문에 스스로 음식을 끊어서 목숨을 잃었다고 한다. 그러나 이런 이야기 역시 전설에 불과할 뿐이다. 오히려 그가 알렉산드리아 도서관의 책과 지도가 쌓여 있는 곳에서 죽음을 맞이했다는 편이 쉼없이 일했던 이 연구자에게 더 어울리는 이야기일 것이다.

농학
카토

기원전 234-149년.
로마의 정치가이며 재산가. 토지 경작을 위한 안내서를 남겼으며
농업경제의 선구자로 불린다.

기원전 146년에 로마인들은 마침내 카르타고를 정복하그 완전히 파괴시켰다. 책임을 맡았던 장군 스키피오는 폐허의 연기 속에서 오래된 경쟁 도시의 불우한 종말에 약간의 눈물을 흘렸다. 그런 다음 그는 로마로 돌아와서 승리의 축하연을 열었고 보상으로 아프리카누스(아프리카인)라는 승자다운 별칭을 수여받았다.

카르타고에 대한 생각

그러나 정작 카르타고 정복을 위해 가장 열심히 노력한 사람은 이런 승리를 함께 경험하지 못했다. 마르쿠스 포르키우스 카토는 그보다 3년 전에 84세의 나이로 이미 세상을 떠났기 때문이다. 그러나 중요한 모든 라틴어 서적에는 카토가 로마 원로원에서 연설을 끝낼 때

마다 말하곤 했던 전통적인 구절이 들어 있다. "Ceterum censeo Carthaginem esse delendam(그리고 나는 카르타고가 멸망되어야 한다고 생각합니다)." 이 구절은 사실 내용보다는 오로지 문법적으로 어려운 라틴어를 배우는 학생들에게 '부정사가 붙은 4격'에 대한 라틴어의 특수한 문법을 잘 설명해 주는 좋은 예문으로 알려져 있다. 뛰어난 연설가이기도 했던 카토는 당연히 문법에 대해서도 잘 알고 있었고 이런 문장을 이용해서 카르타고에 대한 자신의 생각을 매우 정확하게 표현했던 것이다.

카르타고의 멸망

그러나 로마인들이 카르타고를 파괴시켰던 것은 카토의 집요함이나 뛰어난 라틴어 실력 때문은 아니었다. 기원전 2세기 중반에 로마는 지중해 세계에서 지배적인 세력이었다. 로마인들은 1차와 2차 포에니 전쟁에서 카르타고를 이겼고 동부에 있는 대부분의 왕국을 손에 넣었다. 그런데 카르타고에서 다시 생명의 기운이 일어나기 시작하고 심지어 소박한 경제적 번영을 이루기 시작하자 로마의 원로원은 긴장할 수밖에 없었다. 그래서 로마의 정치가들은 마지막 행동을 취하기로 결정했는데, 이것이 바로 3차 포에니 전쟁(기원전 149~146년)이었다. 이 전쟁에서 과거에 그토록 명성이 자자했던 카르타고가 드디어 멸망하게 되었다. 그후 정확하게 100년 뒤에 독재자 율리우스 카이사르가 이 도시를 부활시켰는데, 말하자면 최종 결말로서 다름 아닌 이 도시의 오래된 적, 즉 로마제국의 이탈리아 시민들을 카르타고로 이주시켜 살게 했다.

살루스티우스의 위기 진단

그런데 로마의 역사가 살루스티우스는 기원전 1세기에 과거를 회상하면서 기원전 146년을 로마의 역사에서 하나의 전환점으로 보았다. 즉 그의 주장에 따르면 카타르고가 아직 건재한 상대였던 동안에는 로마인들이 방심하지 않았고 규율에 맞게 행동했다. 그런데 오래된 경쟁자가 사라진 후에는 두려워해야 할 사람이 더 이상 아무도 없어졌기 때문에 모든 도덕적 방어벽이 무너지고 말았다. 풍요로움, 유복함, 그리고 사치가 만연했고, 사람들에게 중요한 것은 오로지 더 부자가 되는 것과 멋진 삶을 누리는 것뿐이었다. 로물루스의 자랑스러운 후예들이 유약하고 타락한 모습으로 변해갔다. 이러한 윤리적 퇴폐를 근거로 로마인들은 내적 불만, 정당간의 다툼과 내전 속에서 질식되어 갔는데, 그것이 바로 살루스티우스가 지적한 위기적 상황이었다.

옛 시절의 유물

그러나 살루스티우스의 이런 과격한 비난이 마르쿠스 포르키우스 카토에게는 해당되지 않았다. 우선 카토는 카르타고가 멸망하기 전에 이미 세상을 떠났다. 그리고 살루스티우스가 그렇게 강하게 우려했던 시대가 되기 전에 이미 카토는 고풍스러운 괴짜, 도덕적 양심의 화신으로 오래된 과거의 유물이 되어 있었다. 특히 그의 시위적인 금욕적 생활방식은 자신들의 부유함을 드러내 자랑하고 그리스의 문화와 철학을 연구하기를 좋아했던 다른 귀족들과는 뚜렷한 대조를 이루었다.

엄격한 엘리트 정치가

카토가 평생 동안 로마 문화의 완전한 보존을 위해 많은 노력을 하게 된 원천은 바로 그의 출신에 있었다. 그는 로마 근처의 소도시인 투스쿨룸 출신이다. 그의 아버지는 여기에 토지를 소유하고 있었다. 카토는 가족들 중에서 정계에 입문한, 최초이자 대단한 성공을 거둔 인물이었다. 별로 힘들이지 않고 그는 출세의 사다리를 타고 위로 올라갔고 기원전 195년에는 로마 정치인들의 꿈의 목표인 집정관이 되었다. 그리고 기원전 184년에는 켄소르가 되었는데, 이 직책은 엄격한 카토에게 딱 들어맞는 자리로 특히 풍기를 단속하는 감찰의 책임과 임무가 있었다.

카토는 이 기회를 이용해 삶의 모습이 자신과 맞지 않는 것처럼 보이는 7명의 원로원 위원을 해고시켰다. 그 외에도 장신구, 여성복, 비싼 차량에는 높은 세금을 부과해 이미 높은 수위에 이른 만연된 사치와도 투쟁을 벌였다. 그런 이유로 그에게는 친구가 없었다. 역사가 리비우스가 말했듯, 자신의 직책을 엄격하게 수행한 것이 카토를 평생 동안 지치게 했다. 또한 그는 평생 동안 '새로운 남자'라는 꼬리표에서 벗어나지 못했다. 로마인들은 가족적인 전통 없이 정치가로 성공한 엘리트들을 그렇게 불렀다. 그래서 대대로 성공적인 집정관과 장군이었던 조상들의 초상화가 가득 찬 집에서 사는 나이 많은 귀족들은 기회가 될 때마다 그렇게 출세한 사람들이 자신들의 부류에는 낄 수 없다는 것을 느끼게 만들곤 했다.

이러한 배타적 경향 속에서 카토 역시 많이 힘들어했다. 그래서 그는 스스로 로마인 중에서도 가장 로마인다워지려 했고 고집스럽고

집요하게 과거의 이상과 가치판단을 지키기 위해 노력함으로써 인정받고자 했다. 그러나 그 정도가 심해서 후에 또 한 명의 유명한 '새로운 남자'인 마르쿠스 툴리우스 키케로와 같이, 시대가 변했다는 것을 전혀 인정하지 않으면서 영원히 과거 속에 머물러 있는 사람이 되었다. 마치 오래된 과거의 화석처럼.

본보기

그리스의 전기작가 플루타르코스는 놀라울 정도로 자세하게 도덕과 원칙을 위한 그리고 사치와 부에 대항하는 카토의 투쟁을 묘사하고 있다. 그의 설명에 따르면 카토에게 위대한 본보기가 된 사람은 마니우스 쿠리우스였다. 이 사람에게는 덴타투스, 즉 치아가 있는 사람이라는 뜻의 별칭이 붙었는데, 그 이유는 태어날 때부터 그에게 치아가 있었고 이런 특징이 장차 그가 위대한 인물이 될 표시로 여겨졌기 때문이다. 카토처럼 그도 기원전 3세기에 호전적인 삼니움족과 사빈족을 이김으로써, 그리고 특히나 마케도니아의 왕 피로스를 이탈리아에서 몰아냄으로써 로가의 민족영웅이 되었다. 그러나 모든 성공에도 불구하고 그는 소박하고 겸손한 사람으로 남아 있다.

순무 이야기

덴타투스는 카토가 태어나기 36년 전에 이미 세상을 떠났다. 그러나 그의 농장은 여전히 남아 있었고 카토 가족의 토지와 가까운 곳에 위치해 있었다. 플루타르코스가 증언하는 바에 따르면 카토는 그곳에 자주 갔고 덴타투스의 소박한 집과 적은 규모의 땅에 깊은 인상을 받았다. 덴타투스는 로마를 위해 그렇게 많은 일을 했으면서도 직접 땅을 가꾸는 일을 마다하지 않은 사람이었다. 또한 카토는, 덴타투스를 돈으로 매수하여 전쟁을 피하려 했던 사빈족에 대한 이야기도 들었다. 사빈족의 전령들이 그의 소박한 집에 들어섰을 때 위대한 덴타투스는 작은 난로 앞에서 직접 재배한 순무를 요리하고 있었다. 당연히 그들이 가져온 돈은 그에게 전혀 깊은 인상을 주지 못했고 전령들이 갈 때 그가 한 말이 있는데, 이 말은 로마의 인용구 모음집에 영원히 간직되어 있다. "이런 음식으로 충분한 사람에게는 돈이 필요하지 않으며, 돈을 직접 소유하는 것보다는 돈을 가지고 있는 사람들을 이기는 것이 더 명예로운 일일 것이다."

단순한 삶

세월이 흘렀고 덴타투스의 순무 이야기는 더 이상 카토의 머릿속에 남아 있지 않았다. 그렇지만 그가 자신의 본보기였던 사람만큼이나 유명해지고 한참이 지났어도 점점 더 사치와 화려함에 중독되어 가는 같은 계층의 사람들 속에서 그 스스로는 놀라울 만큼 단순한 삶을 살았다. 그는 우선 아침 일찍 광장으로 가서 법정 앞에 서 있는 가난한 사람들을 도와주었다. 그런 다음에는 집으로 돌아와서 노예들과 함께 농장에서 일을 했다. 겨울에는 소매가 없는 옷을 입고, 여름에는 웃옷을 입지 않은 채 일했다. 일을 마친 후에는 노예들 옆에 앉아서 그들과 똑같이 소박한 빵을 먹고 값싼 와인을 마셨다.

전형적인 귀족 동료 중 한 사람이 그에게 왜 그렇게 사는지를 물었다. 그러자 그는 정치가다운 대답을 했다. 전쟁에 나갈 경우를 대비해 몸을 튼튼히 만들고 있다는 것이다. 카토는 동료들에게 소박한 생활을 통해 일종의 새로운 영웅적 행동을 보여주었다. 그는 물려받은 비싼 페르시아 양탄자를 즉시 팔아버렸고, 집 벽에는 전혀 도료를 칠하지 않았다. 그는 결코 1,500데나르(고대 로마의 은화) 이상이 되는 노예는 사지 않았는데, 자신은 버릇없는 아름다운 청년이 필요한 것이 아니라 마구간지기와 황소몰이꾼으로 힘세고 일 잘하는 남자들이 필요하기 때문이라고 했다. 그리고 노예들이 나이가 들면 생활필수품이 모자라지 않도록 이들을 다시 팔았다.

가정생활

카토는 가정생활에서도 마찬가지의 모습을 보여주었다. 전통적으로 로마제국의 핵심요소였던 가정은 그에게도 대단히 중요했기 때문에 두 번이나(물론 차례차례로) 결혼을 했고 심지어 80세의 나이에도 한 번 더 아버지가 되기도 했다. 첫번째 결혼에서 얻은 그의 아들은 어린 시절부터 카토가 자신의 교육 이상을 실험하는 대상이 되어야 했다. 어머니가 아기를 목욕시키거나 기저귀를 갈아줄 때에도 아버지가 반드시 옆에 있었다. 그리고 어떤 일에나 간섭을 했던 카토도 최소한 수유만큼은 어머니의 특권임을 인정했다.

그 다음 단계로 카토는 아들에게 직접 읽기와 쓰기를 가르쳤다. 일반적으로 상류층에서는 이런 일이 그리스의 가정노예들이 담당하던 임무였다. 카토의 집에도 그리스 선생이 있었다. 그러나 그런 선생도 분명히 노예였고 로마의 아이를(더군다나 윤리적으로 엄격한 카토가 아버지인데) 이런 노예가 벌로 때릴 수 있다는 것을 그는 견딜 수 없어했다.

그후에는 체력단련을 위한 훈련을 할 시기였는데, 이때 카토는 고대 스파르타의 훈련 방식을 모범으로 삼았던 것으로 보인다. 창 던지기, 백병전, 말 타기를 가르쳤을 뿐만 아니라 권투, 추위와 더위 참기 그리고 흐르는 강물을 헤치고 수영하기 등으로 아들을 대단히 힘들게 했다(반면에 같은 시간에 다른 귀족들의 아들들은 우아한 살롱에 앉아서 편안한 그리스 식 교육을 누리고 있었다). 한편 카토는 다른 사람 앞에서 옷을 벗고 나체가 되는 것을 예의바르지 않다고 여겼기 때문에 카토의 아들은 언제나 혼자서 목욕을 할 수 있었다.

의학자로서의 카토

그리스인에 대한 거부감 때문에 카토는 가족들의 의학적인 초기 처방을 자신의 손으로 했다. 그는 당시에 로마에서 대단히 인기가 많았던 그리스의 의사들을 조심해야 한다고 아들에게 경고했다. 카토는 그 대신에 개인적인 가정치료를 더 중시했고 자신이 직접 쓴 처방책을 권하기도 했다. 카토가 그 안에 어떤 처방들을 써놓았는지를 전기작가 플루타르코스가 전해주고 있다. "환자들은 (아마도 질병의 종류와는 전혀 상관없이) 채소를 먹어야 하거나 적은 양의 오리 혹은 비둘기 고기를 먹어야 한다. 또한 토끼 고기를 먹는 것도 도움이 되는데, 단지 이것은 격렬한 꿈을 꾸게 만들 수도 있다"고 경고했다. 카토는 자랑하기를 이런 처방들이 언제나 효과가 있었다고 했다. 평소에 그리스인을 싫어했던 카토에게 의외로 호의적이었던 그리스인 플루타르코스는 여기서 카토의 조금은 자기도취적인 면을 감지했다. "그의 무모한 자기 확신이 대가를 치르지 않은 것은 아니었다. 왜냐하면 그는 부인과 아들을 잃었기 때문이다."

농업경제의 선구자

의학 분야의 기록에서는 카토의 처방전에 대한 아무런 흔적도 찾을 수 없다. 그런데 농업에서는 상황이 달랐다. 이 분야에서는 그가 당당히 고대 농업경제의 선구자라는 지위를 얻을 수 있었다. 그가 이런 평가를 얻게 된 것은 완전하게 보존되어 있는 《농업론》이라는 제목의 저서를 출간했기 때문이다. 이 책은 토지 경영에 대한 매우 광범위하고 상세한 안내서이다. 의학의 경우와는 달리 이 책에서 카토는 전문가 입장으로 주장을 펼 수 있었는데, 그 스스로가 성공적인 대토지 소유자였기 때문이다. 그런데 이 책의 대상은 이탈리아에 있는 소규모 농장 주인들이 아니었다. 카토는 특별히 자신의 귀족 동료들을 겨냥해서 이 책을 썼다. 그는 동료들에게 농장에서 어떻게 작업을 효율적이고 능률적으로 할 수 있는지 보여주고자 했다.

경쟁의 문제

카토가 로마에서 농업에 대한 최초의 전문서적을 쓰게 된 것은 결코 우연이 아니었다. 성실하고 유능한 로마인으로서 그는 농업이 로마의 토대라고 믿었다. 결국 세계를 정복한 민족은 농부 출신이라는 것이었다. 카토는 서문에 쓰기를 "가장 용감한 남자들과 가장 능력 있는 군인들은 농부 출신이었다"고 했다. 그러나 카토 역시 이탈리아에서 농업이 오래전부터 더 이상 지배적인 경제 분야가 아니라는 것을 인정했다. 그럼에도 불구하고 로마에서 정치를 하는 원로원 위원들의 부유함은 여전히 농사를 짓는 대토지의 소유 때문이었다. 그들 대부분은 자신들의 토지를 임대함으로써 많은 수입을 올리고 있었다.

그런데 그 사이 새로운 경쟁자들이 생기게 되었다. 상인, 영업자, 무역상, 은행가들은 시대의 특징을 파악하고 로마의 세계 지배가 갖는 경제적 잠재력을 이용했고, 새로 얻은 권력을 발판으로 위로 올라가려고 애썼다. 이런 도전에 대한 카토의 대답은 단 한 가지였다. 대토지 소유자들은 그들의 토지로부터 더 많은 것을 얻어내야 하고, 더 유용하고 더 이윤지향적으로 일해야 한다는 것이었다.

가장 이상적인 토지 경작

카토의 책에서 농부들은 그런 경작이 어떻게 가능한지를 알 수 있었다. 먼저 중요한 것은 입지 요인이다. 농장은 기후적으로 유리한 곳에 있어야 한다. 가장 좋은 경우는 산 밑에 위치해 있으면서 남향인 곳이다(실제로 이런 위치 조건은 고고학적으로 확인된 대부분의 농장들에 해당된다). 최상의 농산품 판매를 위해 카토는 도시(시장이 있는) 근처나 강과 도로 옆에 있는 기반시설과 유리하게 연결되는 곳을 요구했다. 그 다음에 토지 소유자는 무엇을 재배할 것인지 깊이 생각해야 한다. 카토는 순위별 목록을 제시하였다. 첫번째 자리에는 포도가 있었고, 그 뒤를 이어서 원예작물, 방목장, 올리브, 목초지(사료용), 그리고 곡물 등이 적혀 있었다. 그리고 훨씬 더 아래에는 교목림, 관목림, 떡갈나무 숲 등이 소개되어 있었다.

또한 카토는 토지 주인이 로마에 머물며 정치를 하는 동안에 모든 걱정을 해결해 줄 능력 있는 관리인이 꼭 필요하다고 강조했다. 관리인은 꼭 해야 되는 일을 챙기고 일꾼들을 꼼꼼하게 감독해야 한다. 비가 오는 날이나 휴일도 일을 쉬어서는 안된다. 날씨가 좋지 않은 날에는 통을 닦거나, 퇴비더미를 만들거나, 밧줄을 고치거나, 작업복을 깁는 등 매우 유용한 일을 할 수 있다. 휴일에는 덤불을 자르거나, 잡초를 뽑거나, 혹은 정원의 흙을 갈아줄 수도 있다.

그러나 카토는 무엇보다도 이윤을 내는 데 신경을 써야 한다고 말했다. 그의 신조에 따르면 토지 소유자는 물건을 사는 즐거움이 아니라 파는 즐거움을 느껴야 한다. 그가 주장한 자세한 내용을 보자면, 가격이 유리할 때는 기름을 팔아야 하고, 언제나 남는 포도주와 남는 곡물은 팔아야 한다. 또한 나이든 황소, 오래된 농기구, 나이든 노예, 병든 노예, 그리고 그 외의 남는 것은 모두 팔아야 한다. 수확한 올리브는 즉시 기름으로 만들어야 한다. 빨리 작업을 하면 모든 종류의 올리브로부터 신선하고 질 좋은 기름을 얻을 수 있기 때문이다.

또한 그는 농사의 성공을 위해서는 동기부여가 된 일꾼들(비록 노예라고 하더라도)이 필요하다고 설명했다. 그리고 대범하게 가르치기를, 하인들에게 불친절하게 대하지 말아야 하고 추위에 얼게 하거나 배고프게 하지 말아야 한다고 했다. 다른 사람들에게 본보기를 보여주기 위해 실적은 보상해 주어야 한다. 관리인의 부인은 까다롭지 않아야 하고, 이웃 여자들과 사귀지 말아야 하며, 식사 초대를 받아들이지 말고, 돌아다니는 습관을 버려야 한다. 저장창고는 언제나 충분히 채워져 있어야 하고 닭고기, 계란, 말린 배와 마가목 열매, 건포도, 사과 등이 들어 있어야 한다. 카토는 이런 일반적인 지시 내용을 포도

압착작업, 외양간 건축, 판매와 임대 계약 체결, 그리고 임시 작업자 모집 등에 대한 상세한 규칙들과 연관시켜 설명하기도 했다.

거부된 기술적 진보

카토는 이 책을 통해 충분히 많은 충고를 해주었기 때문에 일부 부족한 측면에 대해 부정적으로 언급하는 것은 적절치 않을 것이다. 그러므로 기술적인 도구가 경쟁력을 현저히 높인다는 것은 분명한 사실이지만 카토가 추천한 농업 방식에서 이런 기술적 도구가 아무런 역할도 하지 않았다는 점이 비판되어서는 안될 것이다. 그러나 기술적인 진보가 좁은 한계선을 벗어나지 못했던 것은 바로 황제시대까지 이르는 로마의 전반적인 농업 역사에서 나타나는 특성 때문이었다. 그래서 진정한 혁신적 발명품들도 널리 확산되지 못했다. 바로 기원후 1세기에 갈리아에서 개발된 제초기도 그런 경우였다. 한 동시대인의 보고에 따르면 갈리아의 넓은 토지 위에서는 몸체가 매우 크고 톱니 달린 바퀴가 두 개 있는 제초기가 가축에게 이끌려 들판을 지나다녔다고 한다. 이때 목초지에서 잘려진 이삭들이 수거 상자 속으로 떨어졌다. 로마에서 이런 기술적 도구를 무시한 더 중요한 이유

지주가 농부들을 감독하고 있다. 로마 바티칸 박물관

는 충분한 노예를 소유하고 있었기 때문이며, 카토의 충고도 바로 이 점을 가장 중요하게 생각하고 있었다. 이런 점이 제초기처럼 노동력을 줄여주는 도구들을 무용지물로 만들었던 것이다.

영감의 원천

사실 카토와 같이 매우 보수적인 인물이 그의 저서 《농업론》에서 표현한 것처럼 현대적이고 이윤지향적인 생각을 했다는 것은 놀라운 일이다. 그리고 분명히 이런 점은 자신의 본보기인 마니우스 쿠리우스로부터 영감을 받은 것은 아니었을 것이다. 소박한 생활을 위해 직접 정원을 일구는 마니우스 쿠리우스의 철학은 로마의 농업이 다시 발달하고 경쟁력을 갖도록 만드는 데 별로 도움이 되지 않았다. 말하자면 덴타투스는 현대 경제가 자급자족 경제라고 부르는 형태의 생활을 했던 것이다. 즉 판매를 목표로 하는 것이 아니라 자신이 소비하기 위해 농산물을 재배했던 것이다.

평소에는 자신이 모든 것을 더 잘 알고 있고 더 잘할 수 있다는 생각에 도취되어 있는 것처럼 보였던 카토가 농업에 대한 책을 쓰는 과정에서는 예외적으로 외부의 도움을 받았다. 즉 그는 로마 원정을 통해서 자신의 눈으로 직접 동쪽에 있는 헬레니즘 문화권의 왕국들을 보게 되었던 것이다. 그곳에서는 농업이 군주들의 지원을 받아 높은 수준에 도달해 있었다. 카토는 그리스의 의사들에 대해서는 반감을 갖고 있었지만 그리스 식의 농업 방식에 대해서는 거부감이 없었다. 그래서 그는 이런 지식들을 최소한 부분적으로는 이탈리아의 농업에 적용하기도 했다.

부정적 결과

카토는 자신의 목표를 이루었을까? 그의 귀족 동료들을 판매 위주와 이윤지향적인 농업 쪽으로 움직이는 일이 성공했을까? 실제로 기원전 2세기에는 대농장들의 획기적인 증가가 있었다고 기록되어 있다. 지극히 카토의 뜻대로 대지주들은 적은 노동력을 들이고도 최대한의 수확을 얻을 수 있는 포도주와 올리브 경작에 집중했다. 카토의 순위 목록에서 겨우 6번째를 차지했던 곡물들은 점점 더 많이 속주(이집트, 시칠리아)로부터 수입되었다. 물론 이런 과정에도 어두운 이면이 있었다. 소지주의 그룹들은 이런 변화를 견디지 못했다. 많은 사람들이 파산했고, 농장을 잃었으며, 로마로 돌아가 그곳에서 도시의 노동자가 되었다. 그런 점이 사회적 기폭제가 되어 결국에는 오래 지속되는 내전이 일어나게 되었다. 이때 그라쿠스와 같은 호민관들이 시민의 입장을 옹호하는 대변인(그러나 동시에 자신의 정치적 목적을 우선적으로 따르면서)이 되었다.

만약 카토가 단지 좋은 뜻으로 했던 자신의 충고가 이런 부정적 결과로 귀결되었음을 알았다면 큰 충격을 받았을 것이다. 그러나 자신의 책이 농업 분야에서 곧 활발하게 출간된 전문서적의 본보기가 되었다는 점에 대해서는 대단히 기뻐했을 것이다. 바로 콜루멜라, 팔라디우스와 같은 작가들이 카토의 전통을 충실히 따랐고 이들의 사상이 다시금 중세와 근대의 농학자들에게 영감을 주었다.

또다시 카르타고

스키피오 아프리카누스가 기원전 146년에 카르타고를 멸망시킨 뒤 흘렸다는 눈물이 다 말랐을 때쯤 로마의 정복자들은 이 드시의 잔해 속에서 농업에 대한 28권짜리 책을 발견했다. 이 책은 약 50년 전에 별로 알려진 바가 없는 '마고'라는 이름의 카르타고 사람에 의해 포에니어로 쓰여졌다. 로마인들은 이 책에 대해 이미 들은 바가 있었던 것이 분명했다. 왜냐하면 원로원의 지시에 따라 이 책은 즉시 라틴어로 번역되었기 때문이다. 그런 면에서 이 책은 로마인들에 의해 번역이 되는 영광을 누린 유일한 포에니어 서적이었다. 로마의 농학자들 사이에서 이 책은 빠르게 기본서가 되었고, 마고에게는 '농학의 아버지'라는 명칭이 수여되었다.

이 번역서를 알기에는 카토가 너무 일찍 세상을 떠났다. 그러나 전문가로서 그는 분명히 카르타고인들의 농업에도 관심이 많았을 것이다. 그리고 어쩌면 카토는 그들의 농업 방식 중에서 몇 가지를 자신의 책을 위해 활용했을지도 모른다. 물론 모두가 알고 인정한 카르타고의 혐오자로서 그는 이런 사실을 인정할 수 없었을 것이다. 혹은 카르타고는 멸망해야 한다고 주장했던 그의 말이 영원히 남겨진 것은, 그렇게 경멸하던 카르타고인 중 한 명이 위대한 카토보다 더 일찍 농업 전문가로서 이름을 남긴 것에 대한 복수였을까? 그렇다면 우리는 널리 알려져 있는 라틴어의 '부정사가 붙은 4격'의 예문을 전혀 다른 관점에서 보아야 할 것이다.

독물학
아탈로스 3세

기원전 138 - 133년.
페르가몬의 왕. 궁정에 약초정원을 만들어 직접 흙을 일구고
씨를 뿌리는 등 독초 실험과 식물학 연구에 몰두했다.

아탈로스 3세는 페르가몬의 마지막 왕이었다. 그는 매우 독특한 방
식으로 고대 정치사에 이름을 남기게 되었다. 즉 그는 기원전 133년
에 유서를 통해 자신의 왕국을 로마에 넘겼다. 얼핏 보기에는 현명한
책략이었다. 금방이든 혹은 나중이든 시간이 지나면 어차피 지중해
의 새로운 지배자인 로마인들이 소아시아 서부에 있는 이 부유하고
중요한 지역에 분명히 제재를 가했을 것이기 때문이다. 그래서 후계
자가 없었던 아탈로스는 나름대로 로마인들에게 몇 가지의 중요한
양보를 요구할 수 있는 방법을 택했던 것이다. 특히 로마인들은 유서
에서 그리스의 도시 몇 개와 함께 페르가몬의 수도를 유산 품목에서
제외시키는 내용을 받아들였다. 그래서 아탈로스가 죽은 뒤에 로마
인이 그의 왕국을 소유하고 로마의 속주 '아시아'로 이름을 바꾸었을

때에도 수도의 주민들은 일반적인 세금과 공물을 면제받았다.

위대한 왕조

그러나 이 현명한 처신을 제외하면 아탈로스는 고대 문헌에서 이상할 만큼 좋지 않은 평가를 받았다. 일반적으로 그는 과거에 명성이 높았던 왕조의 불쌍한 후예로 여겨진다. 알렉산드로스 대왕의 죽음(기원전 323년) 후에 일어난 권력 싸움 속에서 그의 위대한 선조들은 페르가몬의 성이 있는 산을 소유하는 데 성공했다. 그런 권력의 초석을 다진 사람은 아탈로스 1세였다. 그는 기원전 241년부터 197년까지 44년 동안 페르가몬을 지배했고 최초로 아탈리드 가문에서 왕의 칭호를 받은 사람이었다. 세련된 외교술과 뛰어난 군사적 성공을 통해서 페르가몬인들의 영향력은 점점 커져갔다. 이들은 켈트족을 소아시아로부터 쫓아냈고 이 성공을 축하하기 위해 그 유명한 페르가몬의 제단을 설치했다. 이 제단은 오늘날 베를린에 있는 박물관에 보관되어 있다.

또한 페르가몬은 고대의 필기구 산업에도 변화를 일으켰다. 파피루스를 독점했던 이집트 왕들과의 경쟁 속에서 페르가몬의 왕들은 물려받은 동물의 가죽을 필기용 재료로 사용했는데, 이것이 바로 양피지였다.

페르가몬의 전성기는 기원전 2세기 초반이었다. 페르가몬인들은 매우 순종적인 조력자로서 이 시기에 지중해 동부를 정복하기 시작한 로마인들을 섬기고 따랐으며 그 대가로 소아시아에 있는 거대한 토지를 보상으로 받았다. 도시 페르가몬은 화려한 중심지로 발전했

아탈로스 3세, 오슬로

고 유명한 학자와 예술가들이 이곳을 드나들었다. 이런 사람들 중에서 가장 대표적인 사람이 킬리키아(소아시아 남동부 해안)의 말로스 출신인 크라테스였다. 크라테스는 그의 다재다능함 때문에 위대한 아리스토텔레스와 함께 만능학자라는 호칭으로 불릴 수 있는 사람이었다. 페르가몬 도서관 관장이라는 본업에 충실하면서도 호메로스의 작품들에 대한 해설서를 썼고, 더 나아가 신들의 존재에 대해 고민했고, 고대에서 최초로 지구의를 만들기도 했다. 그 외에도 크라테스는 우연한 기회를 통해 당시까지는 문화적으로 오히려 전문지식이 없던 로마인들에게 그리스의 철학을 알려주었다. 기원전 168년에 그는 정치적 사절로서 로마에 갔는데 팔라티누스 언덕에 있는 하수구 뚜껑 위에서 뛰어내리다가 정강이가 부러지고 말았다. 그래서 어쩔 수 없이 로마에 머물게 된 그는 이 시간을 철학을 주제로 한 대중강연을 하는 데 활용했다.

힘겨운 유산

그런데 아탈리드 왕조의 마지막 후손인 아탈로스 3세에게는 선조들이 지녔던 뛰어난 지배자로서의 자질이 부족했다고 한다. 기원전 138년에 그는 힘겨운 유산을, 바로 페르가몬의 지배권을 물려받았다. 그의 선조들, 즉 아버지인 에우메네스 2세와 삼촌인 아탈로스 2세 치하에서 페르가몬은 이미 로마인의 놀이공이 되어 있었다. 그러므로 고대의 문헌들이 한결같은 목소리로 불평하고 있는 것처럼 아탈로스 3세가 나라를 돌보지 않으려 한 것은 별로 놀랄 일도 아니었을 것이다. 페르가몬의 마지막 지배자는 특히나 믿지 못할 인물이었고 도처에서 배신과 사보타주의 냄새가 났다고 한다. 그리고 그의 가까운 친척들이 수없이 살해된 것도 그의 책임이었다고 한다. 어떤 사람들은 그가 어머니와 부인마저 죽였다고 말했고, 또다른 사람은 이런 살인이 단지 반대자들의 모반이었고 아탈로스가 그후 이 일에 대해 끔찍한 복수를 했다고도 한다.

식물과 독물에 대한 지대한 관심

정치에 매우 싫증이 난 것으로 보였던 아탈로스 왕이 식물과 관련된 모든 일에 대단한 열정을 쏟았던 것은 고대부터 한 괴짜- 왕의 별난 특성으로 인식되어 왔다. 역사가 이우스틴이 쓴 바에 따르면 아탈로스는 그의 가문에서 일어난 모든 비극과 드라마 같은 일들 때문에 정치에 대한 의욕을 잃어버렸다고 한다. 그 대신에 삽으로 정원의 흙을 파 일구고 씨를 뿌렸는데, 이때 약초와 잡초를 섞어서 심었다. 그런 다음 그는 이 모든 것을 독초즙에 담가서 기념품으로 친구들 집에 보내곤 했다.

그리스의 작가 플루타르코스도 독초식물에 관한 그의 큰 관심을 잘 알고 있었다. "그는 자신의 정원에 약초들을 키웠는데, 사리풀, 헬레보루스 니제르뿐만 아니라 디기탈리스, 도리키니움 등도 있었다. 그는 직접 왕의 궁전에 씨를 뿌리고 식물을 심었으며, 열개와 즙을 연구하고 그것을 제때 얻는 일을 중요한 임무로 여겼다." 플루타르코스는 아탈로스의 식물학 연구를, 악의적인 의도가 있었던 그의 동료 이우스틴보다는 훨씬 더 진지하게 평가했다. 플루타르코스의 이런 생각은 아탈로스가 자신이 개발한 독약을 유죄판결을 받은 범죄자들을 상대로 시험했다는 사실을 통해 더욱 확고해졌다.

오래된 전통

그런데 실제로는 아탈로스가 궁전에 약초정원을 만든 것도 오래된 전통을 따른 것처럼 보인다. 그리스와 로마의 많은 선구자들처럼 그도, 잘 알려져 있지 않지만 분명히 존재했던 개혁자들의 업적으로부터 실마리를 찾아냈던 것이다. 동양에서는 이미 수백 년 전부터 독성분에 대한 실험을 해왔는데 주로 버섯과 약초에서 얻은 식물성 성분들을 이용한 실험이었다. 이와 함께 동양인들은 치료용보다는 전투용으로 사용했던 뱀의 독에 대해서도 연구했다. 카르타고의 장군 한니발은 뱀의 독을 묻힌 화살을 사용해 적들을 놀라게 했다. 또한 클레오파트라는 기원전 30년에 아문렌 신의 성스러운 동물인 우레우스 뱀에게 스스로 물려 자살했다. 이런 방식은 분명히 옛 파라오들을 본보기로 삼은 것으로 파라오들은 그런 방법으로 태양신을 향한 황홀함에 도달할 수 있다고 믿었다.

사형수를 위한 독배

아탈로스의 특별한 관심사였던 식물을 이용한 독물학 연구는 초기 그리스에서도 이미 행해졌다. 물론 아직 체계적인 형태는 아니었다. 아테네에서는 독성이 매우 강한 독미나리즙을 이용해 유죄판결을 받

은 사람을 처벌했다. 가장 유명한 희생자
는 기원전 399년에 처벌된 소크라테스였
다. 그의 반대파는 그가 신을 모독했고
아테네의 젊은이들을 망쳐놓았다고 비난
했다. 역시 그에 못지않게 유명한 플라톤
은 《대화》편에서 아테네 감옥에 있던 스
승의 마지막 모습과 이 즙의 효과까지도
자세히 설명하였다.

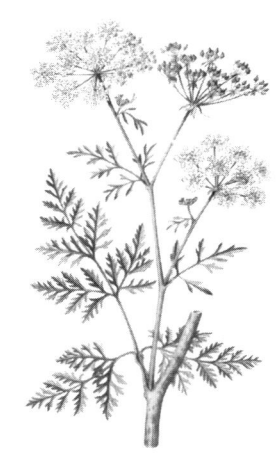

독미나리

"그는 주변을 걸어다니다가 자신의 다
리가 무거워졌다는 것을 느끼자 똑바로
누웠다. (……) 그런 다음 독약을 가져온 사람이 그의 몸을 살폈는데
가끔씩 발과 다리를 검사했다. 이 사람은 소크라테스의 발을 세게 누
르고 그에게 감각이 느껴지는지 물었다. 그는 못 느낀다고 대답했다.
이어서 남자는 소크라테스의 무릎을 눌러보았고 그렇게 계속해서 점
점 더 위로 올라가면서 소크라테스의 몸이 점점 차가워지고 굳어지
는지를 확인하였다. 그러다가 남자가 소크라테스를 한 번 더 만져보
고 말하기를 약효가 심장까지 이르면 죽게 될 것이라고 했다."

그리고 실제로 소크라테스는 바로 그 직후에 목숨을 잃었다.

왕들의 독살 위험

기원전 4세기가 지나면서 그리스의 의학도 히포크라테스의 영향
속에서 독초의 치명적인, 그러나 동시에 치료적인 효과에 관심을 보
이기 시작했다. 물론 상세한 내용은 별로 알려져 있지 않다. 우리는

단지 제목을 통해서 독초에 대해 다룬 몇 편의 글이 있고 분명히 이에 대한 실험들이 행해졌다는 것을 알고 있을 뿐이다. 그러나 고대의 독물학이 최초로 진정한 전성기를 누리게 된 것은 헬레니즘의 지배자들이 통치하던 기원전 3세기 이후였다. 물론 이것도 결코 우연은 아니었다. 사실 페르가몬의 경우처럼 알렉산드로스 왕국의 다른 후계국가들인 마케도니아, 시리아, 이집트에서도 왕들의 지배권은 결코 안전할 수 없었다. 궁정의 정치 싸움에서 살인과 음모는 일반적인 수단이었다. 왕위를 노리는 야심에 찬 사람들 때문에 도처에 위험이 도사리고 있었다. 왕의 살인을 위해 특별히 많이 사용된 수단이 바로 독약을 이용한 테러였다. 이에 대해 지배자들은 다양한 방식으로 방어하고자 했다. 그들은 먼저 음식을 시험하는 시식가(의심할 여지없이 고대의 직업 중에서 위험도가 높았다)들을 활용하거나 혹은 일종의 방지책으로 직접 독물을 연구하기도 했다.

연구하는 아탈로스

이러한 상황에서 아탈로스 3세의 식물과 독물에 대한 관심을 다른 관점에서 바라볼 수도 있다. 그것은 한 무능력한 왕의 이상한 취미라기보다는 오히려 대단히 현명하고, 어쩌면 자신의 생명을 구하는 예비조치였던 것이다. 다른 나라의 동료 군주들의 경우를 보면서 아탈로스는 이 분야에 대한 전문지식을 습득하는 일이 얼마나 중요한지를 배웠다. 그리고 확실히 아탈로스는 흥미 위주의 아마추어 연구 단계에만 머물지 않았다. 앞에서 언급한 플루타르코스의 말이 이런 점을 분명히 해준다. "그는 직접 왕궁의 정원에 씨를 뿌리고 약초를 심었으며 그 열매와 즙을 연구하고 제때에 수확하는 것을 중요하게 여겼다." 그러므로 아탈로스의 식물학 연구는 경험적, 학술적인 성격을 지니고 있었던 것이다.

그러나 유감스럽게도 그가 구체적으로 어떤 분야에서 고대의 독물학을 발전시켰고 어떠한 혁신적 업적을 이루었는지는 알려져 있지 않다. 플루타르코스는 단지 아탈로스가 자신의 정원에서 재배하고 연구했다는 식물들 중에서 몇 가지를 소개했다. 사리풀, 힐레보루스 니제르, 독미나리, 디기탈리스, 도리키니움 등이 그런 식물에 해당되었다. 사리풀은 가지과에 속하는 식물로 아시아 이외에도 유럽과 북아프리카에서도 자란다. 특히 검은 사리풀은 유독성이 있다. 대부분의 독성분이 그렇듯이 사리풀도 치료적인 성분을 함유하고 있다. 이 식물의 말린 잎이나 추출물은 민간요법으로 사용되었다.

헬레보루스 니제르는 미나리아재비과에 속한다. 이 식물은 검은색과 초록색 종류가 있고 심장질환과 호흡곤란을 일으킬 수 있는 특수한 독성을 가진 글루코시드를 함유하고 있다. 아탈로스가 연구했던 가장 독성이 강한 식물로는 독미나리가 있다. '광포한 사람'과 '미친 약초'라는 이 식물의 통속적인 별칭이 그 위험성을 암시해 주고 있다. 역시 이 식물도 여러 종류가 있다. 그리고 위험스럽게도 그 잎은 파슬리와 유사하고 그 뿌리는 샐러리와 유사하다. 인체에 미치는 독의 효과는 이미 플라톤이 소크라테스의 사례를 들어 극적으로 설명한 바 있다.

디기탈리스는 쌍떡잎식물의 합판화군에 속하며 페르가몬의 다른 아시아 지역에서뿐 아니라 유럽과 지중해 지역에서도 발견된다. 붉은 디기탈리스는 산악식물로 키가 2미터까지 이를 수도 있다. 또한 디기탈리스는 약초로도 쓰이는데 특히 심장질환을 치료하는 데 사용된다. 끝으로 도리키니움은 플루타르코스가 아탈로스의 정원에 있는 식물 중 하나라고 언급한 것으로 아마도 메꽃과에 속하는 식물의 한 가지인 것으로 여겨진다.

아탈로스의 연구에 대한 또다른 근거를 제공하는 자료는 자연과학과 농학 분야의 작가이면서 조금은 신비스러운 인물 니칸드로스의 글이다. 이 사람은 ― 어느 정도 정확한 정보에 따르면 ― 페르가몬의 남쪽에 있는 소아시아의 도시 콜로폰 출신이라고 알려져 있다. 그가 어느 시기에 살았는지에 대해서는 의견이 분분하다. 그러나 많은 사람들이 그가 아탈로스 3세와 동시대를 산 사람이었고 페르가몬의 도서관에서 일을 했다는 데 의견을 같이하고 있다. 아마도 독물과 식물을 주제로 하는 그의 광범위한 저술 작품들은 아탈로스 왕과의 협동 작업의 결과인 것으로 보인다. 니칸드로스는 유독성 동물에게 물린 상처에 대한 이야기를 당시에 유행한 교훈시의 형식으로 썼고 동물, 식물, 광물의 독성분과 그것의 해독제에 대한 논문을 썼다.

또다른 독물학 전문가

아탈로스 3세는 '자기 보호'라는 대단히 실질적이고 납득할 만한 이유로 전문적인 식물학자와 독물학자가 되었다. 그리고 그의 사례는 다른 헬레니즘의 왕들에게도 좋은 교훈이 되었다. 특히 폰토스의 미트라다테스 6세가 그를 열정적으로 본받으려고 노력했다. 아탈로스의 경우와 마찬가지로 그의 운명도 로마와 밀접하게 관련되어 있었다. 그러나 아탈로스와는 달리 새로운 세계의 지배자들에게 군사적인 수단을 통해 대적하고자 했다. 흑해 남부에 있는 그의 왕국은 패배에 익숙하지 않은 로마인들을 상대로 부분적으로 대단히 성공적인 전쟁을 치렀다. 그러나 기원전 63년에 희망이 없는 상황에서 항복해야 했고 한 켈트인 용병의 칼에 찔려 죽음을 당하고 말았다.

그러나 미트라다티스는 원래 이런 경우를 대비해서 다른 종류의 죽음을 계획했었다. 그는 독약을 먹으려고 했다. 그런데 불행히도 오랜 지배 기간 동안 독살에 대한 두려움 때문에 온갖 해독제를 직접 시험한 탓인지 강력한 면역력이 생기게 되었다. 고대의 작가 이우스틴에 따르면 "그는 상당히 자주 해독제를 복용했고 점점 더 강력한 해독제를 찾아냄으로써 혹시 모르는 독살 시도에 대해 방어를 했다. 그러나 그 정도가 너무 심해서 스스로 원할 때에도 독약으로 죽을 수 없을 만큼 내성이 강해졌다"고 한다.

서양으로의 독물학 지식 전달

그러나 미트라다테스는 자신이 습득한 독물학에 관한 전문지식들을 혼자서 무덤으로 가져가지는 않았다. 그의 경쟁자이며 로마의 장군이자 정치가인 폼페이우스는 디트라다테스의 유품에서 식물의 의학적 사용에 대한 그림이 들어 있는 기록물을 발견했다. 폼페이우스는 학식이 풍부한 자신의 심복 레나이우스에게 이 서류를 라틴어로 번역할 것을 지시했다. 그렇게 해서 폰토스의 왕 미트라다테스의 지식은 서양까지 전해지게 되었다. 이런 지식의 전달 결과, 이제 독이라는 테마는 점점 더 빈번하게 로마 정치의 화두가 되기 시작했다.

로마 왕궁에서 사용된 독

로마의 황제시대에 관한 문헌들을 보면 당시에 한 지배자가 세상을 떠날 때마다 반복적으로 독살에 대한 의심이 대두되었음을 알 수 있다. 기원전 54년에 있었던 클라우디우스 왕의 죽음은 그런 경우임이 확실했다. 암살의 배후에는 그의 아내 아그리피나가 있었다. 그녀는 이런 방식으로 자신의 아들인 네로가 권력을 잡도록 만들었다. 당시의 상황을 적은 전기작가 수에토니우스의 극적인 보고 내용은 죽어가는 황제의 고통보다도 왕궁으로부터 전해지는 흥미로운 소식에 대한 대중의 관심에 더 많이 치중되어 있었다. 그런 면에서 그의 기록이 갖는 의학사적인 가치는 적을 것으로 평가된다.

또한 사람들은 실제 사건의 경과에 대해서도 확실히 알지 못했다. 단지 아그리피나가 개인적으로 황제에게 독이 든 버섯요리를 먹게 했을 것이라고 추측했다. 몇몇 사람들은 클라우디우스가 그 요리를 먹은 후 고통에 가득 찬 하룻밤을 지낸 뒤에 죽었다고 주장했다. 또 다른 사람들은 그가 먹은 것을 토했지만, 그후에 다시 그에게 독약을 먹여서 이것이 최종적인 효과를 냈다고 생각했다. 역사가 타키투스도 그의 사망 원인으로 독버섯에 대해 언급했다. 그의 설명에 따르면 아그리피나 주변의 모반자들도 독버섯이 어떻게 효과를 내기 시작하는지 자세히 알지 못했다. 그래서 많은 사람들은 타키투스의 말처럼 당시에 이미 알려져 있던 알코올에 의한 이상현상일 것이라고 생각했다. 아그리피나는 공포에 빠진 척했고 궁정의사인 크세노파네스에게 사고에 대해 알렸다. 그는 클라우디우스를 토하게 만든다는 구실로 독이 묻어 있는 깃털을 황제의 목 안으로 집어넣었고, 이 때문에 황제는 확실하게 죽음에 이르렀다고 한다.

그럼으로써 네로가 황제가 될 수 있는 길이 활짝 열리게 되었다. 그런데 네로는 자신의 로마 통치를 역시 독살로 시작했다. 희생자는 클라우디우스의 아들이며 네로의 배다른 형제였던 브리타니쿠스였는데, 그는 새로운 왕에게 부담스러운 경쟁자이자 두려움의 존재였기 때문이다. 수에토니우스에 따르면 네로는 이 일을 악명 높은 독약 제조자인 루쿠스타에게 시켰다고 한다. 그녀가 첫번째 시도를 했을 때 브리타니쿠스는 단지 가벼운 위경련만을 일으켰다. 분노한 황제는 루쿠스타를 벌했고 그녀가 독약 대신 치료제를 주었다고 질책했다. 궁지에 몰린 루쿠스타는 자신의 범행이 드러날까봐 정해진 양을 줄였다고 시인했다.

그러나 네로는 포기하지 않았다. 이번에 그는 루쿠스타에게 자신이 보는 앞에서 최대한 빨리 효력을 내서 확실하게 죽이는 독약을 만들라고 강요했다. 그는 확실한 성공을 위해 이렇게 만든 독약을 먼저 염소에게 실험했는데 염소는 5시간 동안이나 버텼다. 그러자 네로는 다시 루쿠스타에게 이 죽음의 처방을 개선하도록 종용했고 이번에는 돼지에게 실험했는데 그 자리에서 목숨을 잃었다. 그제야 성공에 대한 확신이 든 네로는 독살자 루쿠스타의 완벽해진 제조물을 아무것도 모르는 브리타니쿠스의 음료에 넣었다. 사전에 실험했던 돼지처럼 브리타니쿠스도 즉시 목숨을 잃고 말았다.

학술적인 발전

군주들의 독물학 연구에서 선두주자였던 아탈로스 3세의 전통을 이어서 네로 역시 독성분 연구의 학술적인 발전에도 관심을 가졌다. 그의 신하 중에는 유명한 의사인 크레타 출신의 안드로마코스가 있었다. 그는 자신의 열정을 해독제의 효력을 계속해서 발전시키는 데 쏟았다. 그때까지 이 분야의 넘볼 수 없는 우상으로 여겨지던 사람은 여전히 폰토스의 왕 미트라다테스였다. 폼페이우스가 그의 의학적 기록을 발견해 서양에서도 활용하게 된 이후로 고대 사람들이 알고 있던 미트라다테스의 조제 방식에는 41가지의 다양한 첨가물이 사용된다는 사실이 밝혀졌다. 안드로마코스의 해독제에는 ─ 이것은 처음에는 '갈레네'라는 명칭으로, 후에는 '테리아크'라고 불리게 되었는데 ─ 23가지의 또다른 첨가물들이 활용되었다. 그래서 예를 들면 아편제, 광물, 해총, 살모사의 고기(미트라다테스는 그 대신에 도마뱀의 고기를 추천했다) 등이 더 포함되었다.

이 새로운 약품은 즉시 큰 호응을 얻었다. 마르쿠스 아우렐리우스(기원후 161~180년)도 그의 주치의인 갈렌이 기록하고 있는 것처럼 매일 이 약을 일정량 복용했다고 한다. 이 기적의 치료제는 단지 독성분을 해독하는 것만이 아니라 위의 통증에 이르기까지 신체 내의 모든 병에 사용되었다.

한편 네로 황제의 지배하에서 안드로마코스의 동료이며 킬리키아 지역 출신인 디오스쿠르이데스도 마찬가지로 약학과 독물학에서 많은 명성을 얻었다. 그림으로 그린 그의 약학서는 르네상스 시대까지 큰 영향을 미쳤으며 아라비아 지역까지 전해졌다.

아탈로스의 종말

식물학과 독물학의 개척자였으며, 농업에 관한 논문의 저자로서도 큰 관심을 끌었던 아탈로스 3세는 다행히도 항상 두려워했던 독약 때문에 목숨을 잃지는 않았다. 전해지는 이야기에 따르면 그는 야외에서 어머니의 조각상을 만들다가 일사병에 걸려 세상을 떠났다고 한다. 그런 사고에 대비할 수 있는 약초는 아탈로스의 정원에서도 구할 수 없었을 것이다.

난방 기술
세르기우스 오라타

기원전 1세기.
로마의 사업가이며 상인. 생선과 굴 양식을 위한 바다 난방 시설을
집에도 적용하여 이탈리아에 널리 확대시켰다.

일반적으로 사람들은 이탈리아를 태양, 바다, 그리고 푸른 하늘과 연관시켜 상상하곤 한다. 그런데 이때 사람들은 고대나 지금이나 그곳의 날씨가 가을과 겨울에는 불쾌할 정도로 추워질 수 있다는 사실을 쉽게 잊어버린다. 시인 호라츠는 기원전 1세기 후반에 자신의 송가에서 로마의 북쪽에 있는 산 소라크테, 오늘날의 몬테 소라테에 있는 집에서 지낸 겨울 저녁을 묘사했다. "깊이 쌓인 눈 속에 둘러싸여 당신은 소라크테가 빛나는 것을 본다. 숲들은 그 무거운 짐을 거의 견딜 수가 없다. 얼음과 추위 때문에 강들은 죽음의 정적 속에서 경직되어 있다." 추위에 떨고 있는 사람들에게 무엇이 도움이 될까? 호라츠는 두 가지 방법을 말하고 있다. 바로 장작을 때서 난로에 불꽃이 타오르게 하고 좋은 와인을 풍성하게 즐기는 일이라고 했다.

당시에 지중해 지역 사람들은 춥고 황량한 북쪽 지역, 특히 게르만, 브리타니아, 갈리아 지역에는 사람들이 살지 않는다고 생각했다. 기원전 54년에 키케로는 카이사르의 원정 동안에 갈리아 북쪽에서 겨울을 보내고 있는 친구 트레바티우스에 대해 걱정을 했다. 한 편지에서 그는 마치 아버지와 같은 말을 했다. "나는 자네가 겨울 야영지에서 추위에 떨 것이 정말 걱정이네. 그래서 내 생각에는 자네가 좋은 난로를 마련해야 될 것 같네. 특히 자네는 전투용 외투도 없지 않은가."

지중해의 추위

추위에 대한 이런 불평들은 여러 문서에서 반복적으로 나타난다. 사실 우리가 고대시대와 비교해 큰 차이가 없는 오늘날 지중해 지역의 겨울 최저온도를 관찰해 보면 이런 점은 별로 놀랄 일이 아니다. 로마는 영하 9도까지, 터키는 영하 18도까지 이르고 남부 프랑스는 영하 11도, 시칠리아 섬은 영하 3도에 이른다. 그런데 최소한 부유한 로마인들은 기원전 1세기 전반 이후부터는 더 이상 동상, 츠위, 한기에 대해서 걱정할 필요가 없었다.

영리한 사업가

대략 기원전 80년 이후로 이탈리아에 혁신적인 난방 기술이 등장했다. 여러 문헌들에는 이 기술의 발명자로 가이우스 세르기우스 오라타라는 종잡을 수 없는 인물이 언급되어 있다. 그는 고대의 상황에서 보면 대단히 노련한 사업가이며 상인이었다. 오라타라는 이름은

'송어'를 의미했으니, 그의 직업 중 하나인 물고기 양식업에 어느 정도 걸맞은 이름이었다. 그는 매력적인 나폴리 만에 위치한 우아한 온천도시 바이아에와 항구의 중심지인 푸테올리(오늘날의 포추올리)에서 장사를 했다. 거기다가 그는 굴 양식 방법을 개발해 많은 이익을 올렸다. 이런 점이 로마 귀족들의 분노를 사기도 했는데, 이들은 농업이 상업활동의 유일한 토대여야 한다고 생각했기 때문이다. 그래서 나이가 지긋한 플리니우스가 오라타를 비난하기를 그가 굴을 양식한 것은 좋은 음식을 위해서가 아니라 돈을 벌 욕심 때문이었다고 했다. 그리고 오라타가 부동산을 구입할 때 그다지 정당하지 못한 거래 방법을 썼기 때문에 여러 번 재판에 얽혀들었던 점도 그의 명성에 도움이 되지 않았다.

생선과 굴을 위한 난방

그러나 세르기우스 오라타의 아이디어가 경제적 능력이 있는 로마인들을 더 이상 추위에 떨 필요가 없도록 만들어주었기 때문에 고대의 혁신적인 기술의 역사에서 그는 높은 지위를 차지하게 되었다. 처음에 오라타의 관심사는 사람들의 안락함이 아니었다. 이 영리한 사업가에게는 그런 일보다 자신의 생선과 굴 양식을 최상화시키는 것이 더 중요했다. 그는 수조의 물을 따뜻하게 데우면 생선과 굴이 더 빨리 자랄 것이라고 생각했다.

오라타는 문제의 해결책을 바닥 난방에서 찾았는데, 이것은 그리스어의 개념에 따라 일반적으로 하이퍼코스트(우리나라의 온돌이나 구들과 유사함 - 옮긴이), 즉 마루 밑 난방이라고 표현되었다. 후에 점점 더 개선

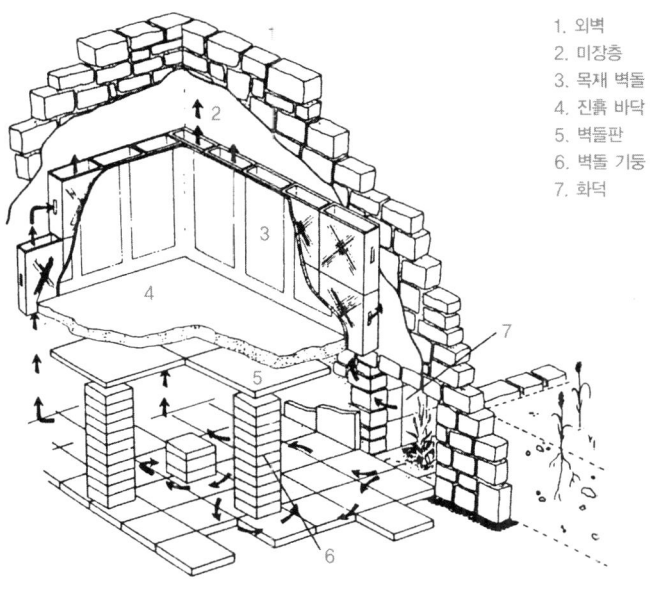

1. 외벽
2. 미장층
3. 목재 벽돌
4. 진흙 바닥
5. 벽돌판
6. 벽돌 기둥
7. 화덕

마루 밑 난방의 도면

과정을 거치게 되는 이 난방 기술의 기본 원칙은, 화로에서 나무나 나무석탄으로 공기를 데우고 이 공기가 정사각형의 벽돌 위에 만들어진 바닥을 지나서 난방을 하려는 공간의 위쪽으로 유도되는 체계였다. 나중에 기술적으로 더 발전된 단계에서는 수직의 점토 파이프들이 온기의 상승을 벽으로도 전해지도록 했다. 이런 점토 파이프들은 동시에 연기배출기로서의 역할도 했다. 연기 배출은 데워진 공기의 성분이 이산화탄소와 수증기이기 때문에 꼭 필요한 일이었다.

  장사에 능한 세르기우스 오라타가 생각하기에 생선과 굴을 위해서 좋은 것은 인간에게도 좋을 것 같았다. 플리니우스가 전하고 있는 것처럼 오라타는 이 난방시설을 집에도 설치했고 얼마 후에 이 집을 많은 이윤을 붙여서 팔았다고 한다. 이 일로 인해 그는 신용 있는 상인으로서의 이미지는 완전히 잃고 말았다. 그러나 이런 평판에 대해 그는 별로 신경쓰지 않았다. 비록 그의 지속적인 영향력에 대해서는 조금밖에 알려지지 않았지만, 그는 나폴리 만에 있는 자신의 본거지에서 분명히 부와 여유가 넘치는 삶을 살았기 때문이다.

그리스의 선구자들

그런데 세르기우스 오라타가 바닥 난방의 혁신적인 개발에 정확히 어느 정도의 기여를 했는지는 의심스러운 상태로 남아 있다. 몇몇 학자들은 남부 이탈리아 출신의 이 굴 양식업자가 부당하게 마루 밑 난방 장치를 발명했다는 명성을 누리고 있다고 맹렬하게 이의를 제기하고 있다. 또한 사람들은 흔히 그리스인들이 기술적 진보의 측면에서는 로마인보다 앞서 있었다고 말한다. 혹시 이런 주장이 여기에도 해당되지는 않을까?

실제로 그리스의 올림피아에서 행해졌던 인류학자들의 발굴 작업으로 인해 소위 '오라타'라는 기념비에 첫번째 균열이 생기기 시작했다. 학자들은 이곳에 있는 제우스 신전에서 공동목욕탕을 발견했고, 이런 시설이 이용되기 시작한 것을 기원전 5세기로 추측했다. 시설의 초기 단계에서는 마루 밑 난방에 대한 흔적은 아직 존재하지 않았다. 그러나 일종의 한증탕과 같은 시설이 있었는데, 물론 아직은 이용객들이 후에 세르기우스의 생선이나 굴처럼 그렇게 편안하게 느낄 수는 없었을 것이다. 이때 물을 데우는 일은 아마도 금속제 가마솥이나 뜨거운 돌을 이용했을 것이다.

마루밑 난방: 세아피눔의 공동목욕탕

　시간이 흐르면서 올림피아의 이 목욕탕은 여러 번 수리와 확장을 거쳤다. 그리고 네 번째 수리 단계에서 확실하게 마루 밑 난방의 원칙에 따라 작동되는 난방시설이 설치되었다. 기둥, 벽돌, 그리고 위에 놓인 공간을 따뜻하게 하는 마루 밑 바닥과 심지어 굴뚝까지 있었다. 특히 인류학자들이 이 시설을 조사하면서 제조 연대를 추측하게 되자 바닥 난방 장치에 대해 오라타가 가지고 있던 저작권은 심각한 위기에 몰리게 되었다. 이 공등목욕탕의 네 번째 수리 단계는 기원전 100년경에 이루어진 것이 틀림없었다. 그러니까 바닥 난방 시설의 개발에서 이름을 알 수 없는 올림피아의 목욕탕 건설자가 오라타보다도 20년 정도 앞서 있었던 것이다.

　최초의 발명자라는 오라타의 위상은 인류학자들이 크레타 섬에 있는 도시 고르틴에 있는 목욕탕 시설을 연구하면서 더욱 악화되었다. 여기서도 바닥 난방이 사용된 것이 분명했다. 그것 역시 오라타가 푸테올리와 바이아에서 물고기 수조를 데웠던 것보다 훨씬 더 이른 시기였다. 고르틴의 마루 밑 바닥은 그 연대가 기원전 300년경으로 추정되었다. 이런 연대 감정을 통해서 난방 기술 논쟁은 분명히 결정이 난 셈이었다. 여기서도 그리스인들이 기술 개혁의 측면에서 로마인들을 이겼다. 그러나 올림피아의 경우와 같이 고린트의 목욕탕을 만든 사람도 익명으로 남아 있다. 어쩌면 미래의 인류학자들은 이보다 더 이른 시기에 사용된 난방 기술의 흔적을 찾아낼지도 모른다. 그러나 그때까지는 크레타 섬의 도시 고르틴에게 고대의 난방 기술에서 새로운 길을 개척한 장소라는 수식어를 붙여도 좋을 것이다.

로마인들을 통해 이루어진 완벽함

그러나 우리가 이런 사실을 알았다고 해서 세르기우스 오라타를 고대의 선구자 목록에서 제명해야 할 필요는 없다. 어떤 경우에든 마루 밑 난방을 이탈리아에서 널리 확대시킨 것은 분명한 그의 공적이기 때문이다. 이때 그에게 그리스인들이 본보기가 되었는지 혹은 로마의 난방시설이 그리스의 것과는 별개로 생겨났는지는 그다지 중요하지 않다. 그리고 결과적으로 훗날 이런 난방 방식을 계속적으로 발전시키고 완벽하게 만든 것은 바로 로마인들이었다.

지위의 상징이 된 난방시설

바닥 난방은 비용이 많이 드는 값비싼 설비였다. 그런 면에서 처음에는 부자들만이 이런 시설의 혜택을 누렸다. 얼마 되지 않아 상위층의 로마인들 사이에서 집에 난방시설을 설치하는 것이 유행이 되었고, 단지 목욕탕을 위해서만이 아니라 다른 방을 위해서도 이런 시설을 이용했다. 물론 귀족 신분의 사람들에게는 자신들이 누릴 수 있는 것을 내보이는 것도 중요했다. 이러한 전형적인 사례는, 기원후 2세기 초에 아직 젊었던 플리니우스가 오스티아 근처에 있는 자신의 별장을 자랑하기 위해 친구에게 보낸 편지에 잘 나타나 있다. 이 별장이 거주하기에 대단히 편안하다는 것을 설명하면서 플리니우스는 반복적으로 여기에 설치된 난방시설에 대해 언급하는 것을 잊지 않았다. 이 별장의 거실과 침실 그리고 서재에는 복도가 있고 그 밑에 지하실이 있어서 그곳에 화로가 마련되어 있다고 썼다. 여기서 데워진 뜨거운 공기가 이리저리로 분배되고 계속해서 이동되었다.

플리니우스는 당연히 넓은 개인 욕실을 가지고 있었는데, 여기에는 향유를 바르는 방, 중앙난방시설, 목욕탕과 두 개의 작은 방을 위한 화실(불을 떼는 곳), 그리고 이 화실과 연결되어 있으면서 바다를 바라볼 수 있는 멋진 온탕이 있었다. 그리고 정원의 별채에도 난방시설이 설치되어 있었다. 그래서 침실 옆에 작은 화실이 덧붙여졌고, 이곳에서는 좁은 뚜껑을 통해 상승하는 온기가 필요에 따라서 밖으로 나가거나 보온되었다. 후에 중부 유럽 사람들의 소망을 미리 예측이라도 했듯이 플리니우스는 토스카나에도 별장을 가지고 있었는데, 당연히 마루 밑 바닥 난방을 갖춘 집이었다고 한다. "이 방은 풍부한 햇빛이 들어오기 때문에 겨울에도 기분 좋게 따뜻하다. 날씨가 흐린 경우에는 난방이 작동되어 증기가 태양의 역할을 대신하게 된다."

난방이 되는 목욕탕

그러나 대부분의 평범한 사람들에게는 이런 사치가 꿈에 불과했다. 마루 밑 난방 장치가 확산된 후에도 대부분의 사람들은 지극히 소박한 거실에서 간단한 화덕, 요리용 난로, 화로 등으로 견뎌야 했다. 많은 사람들이 시인 호라츠의 충고에 따라 추운 겨울날에는 와인을 많이 마시면서 추위를 참았다. 그러나 기원전 1세기가 지나면서 곧 새로운 난방시설이 일반화될 가능성이 보이기 시작했다. 바로 공동목욕탕이 유행하게 된 것이다. 이탈리아와 곧이어 속주의 도처에, 말하자면 로마인이 살았던 곳에는 어디나 마루 밑 난방 방식을 갖춘 공동목욕탕이 생겨났고, 그곳에서 사람들은 대부분 비싸지 않은 가격으로 하루를 보낼 수 있었다.

당시의 목욕시설이나 온천시설은 대부분 동일한 구조를 가지고 있어서 오늘날의 인류학자들이 그 잔해로부터 전체적인 모습을 쉽게 추정할 수 있다. 예를 들면 탈의실, 냉탕, 한증탕, 온탕 등이 갖추어져 있었다. 이용객들은 여기서 최소한 세르기우스 오라타의 수조에 있는 물고기만큼 기분 좋게 느꼈다. 난방시설이 갖추어진 고대의 목욕시설은 로마의 황제시대에 그 절정에 이르렀다.

공동목욕탕의 보급

지배자들은 이런 목욕탕을 가능한 한 화려하게 만들도록 지시했다. 한편으로는 선조시대의 목욕탕을 능가하고 싶었고 다른 한편으로는 국민에 대한 보호와 배려의 임무에 충실한 후원자의 역할을 하기 위해서였다. 황제가 주도한 목욕시설의 부흥을 확인할 수 있는 곳으로는 로마에 있는 카라칼라 욕장과 디오클레티안 욕장, 그리고 트리어에 있는 황제의 욕장과 바르바라 욕장 등이 있다. 특히 황제 디오클레티안(기원후 284~305년)이 로마에 건설한 목욕탕은 거대한 규모를 자랑하고 있으며 그의 지나친 과시욕과 함께 그의 절대적 권력에 상응하는 건축물이었다. 이 목욕탕은 측면이 376 × 361미터에 이르며 13헥타르의 지역을 차지하고 있었다. 2,500제곱미터의 수조는 3,000명의 인원을 수용할 수 있었다. 트리어에 있는 콘스탄틴 욕장의 한 창문은 후에 중세의 도시 방어용 문으로 활용되었다. 이런 시설들은 순수한 목욕의 기능을 넘어서 (난방이 잘된) 스포츠 공간, 도서관, 공영장소들을 갖춘 만남의 중심지로 큰 의미를 지니게 되었다. 그럼으로써 추위를 녹이는 수단으로서의 포도주 역할은 점차 줄어들게 되었는데, 대형 도시에서는 언제나 공동목욕탕에서 몸을 따뜻하게 할 수 있는 기회가 있었기 때문이다.

추운 북쪽에서의 온기

황제시대에는 이런 목욕탕 시설이 로마제국의 속주들로도 확산되었다. 목욕탕은 이제 도시와 별장의 고정적인 구성요소에 속하게 되었고 특히 군사진영에 설치되기도 했다. 지중해 기후에 익숙한 로마 군사들이 황량한 게르만 지역에서 경계보초를 설 때도, 나중에 임무를 끝내고 나면 따뜻한 수조에 들어가 몸을 풀고 한증막어서 동료들과 수다를 떨 상상을 하며 잘 견뎌낼 수 있었다. 그렇게 해서 마루 밑 난방은 군인들의 정신력을 올바르게 유지하는 데에도 한몫을 했다. 또한 역사가 타키투스가 보고하고 있는 것처럼 난방이 돈 목욕탕은 정복당한 민족들이 로마인들로부터 넘겨받은, 문명화되고 유익한 편의시설 중 하나이기도 했다. 그래서 약간의 냉소주의가 느껴지는 타키투스가 해설을 붙였듯이 브리타니아의 귀족들은 특이한 방식으로 로마에 대한 그들의 저항의지가 약화되고 있는지도 의식하지 못한 채 따뜻한 목욕탕에서 마음껏 여유를 즐겼다고 한다.

현대적 실험

실제로 현대의 학자들이 잘부르크에 있는 홈부르크 온천장 근처의 한 성채에서 그곳에 설치되어 있는 난방시설의 기능성을 실험해 보았다. 그 결과 마루 밑 난방 장치가 겨울에 바닥의 온도를 20도에서 50도 사이로 올릴 수 있다는 사실을 알게 되었다. 벽의 온도는 18도에서 30도까지 측정되었다. 온탕에서는 난방시설이 온도를 32도까지 올렸고 습기는 100퍼센트에 이르게 했다.

그 이면의 이야기

후기 고대의 로마에서는 목욕을 즐기고 싶은 사람들이 11개의 거대한 욕장과 856개의 또다른 공동목욕탕들 중에서 선택을 할 수 있는 정도가 되었고, 이 목욕탕의 대부분은 난방시설에서 기술적으로 대단히 높은 수준에 도달해 있었다. 대부분의 사람들에게 목욕탕은 하나의 즐거움이었지만, 단지 이런 시설과 가까운 곳에 사는 불운한 사람들에게는 사정이 달랐다. 욕장 근처에 살면서 이용객의 요란스런 행동 때문에 괴로움을 겪은 사람들 중에는 정치가이며 철학자인 세네카(후에 지진 연구의 선구자로 언급됨)도 있었다. 과거에 세르기우스 오라타가 물고기 양식을 시작했던 나폴리 만의 우아한 도시 바이아에에 있는 그의 집은 공동목욕탕 바로 위에 있었다. 한 편지에서 그는 자신의 마음을 털어놓았다.

"여기에는 온갖 종류의 소음이 난무하고 있다. 이쪽에서는 운동경기를 연습하고, 납을 손에 쥐고 흔들기도 하고…… 그런 다음 평범한 안마사의 소리도 들린다. 그의 손이 사람들의 어깨에서 찰싹 소리를 내는데, 주먹을 쥔 채로 두드리는지 혹은 손바닥을 편 채로 두드리는지에 따라 소리가 다양하다. 그리고는 던진 공의 횟수를 세며 구기경기를 하는 사람들이 오면 그 정도가 한계에 이른다. 그 다음에는 한 사람이 크게 점프를 해서 물속으로 들어가자 물이 사방으로 튄다. 그리고 소시지와 케이크 장사들 그리고 온갖 종류의 음식 장사들이 각자 자신의 방식대로 물건을 선전할 때의 소음이 어떨지는 상상도 못할 것이다."

세네카가 이 집에서 얼마나 오랫동안 살았는지는 알려져 있지 않다. 아마도 그는 시골에 있는 난방이 잘된 자신의 집으로 돌아갔을 것이다.

교통 계획
율리우스 카이사르

기원전 100-44년.
로마의 장군이며 정치가.
로마를 비롯한 여러 도시들의 교통문제 해결을 위한 방법을 제시했다.

사람들이 흔히 로마의 정치가이며 장군인 율리우스 카이사르라는 이름과 연관시키는 일의 목록은 참으로 길다. 기원전 58년과 51년 사이에 그는 자신의 군대를 이끌고 갈리아 지방을 정복했다. 기원전 49년에는 갈리아 지방과 이탈리아의 경계선이었던 루비콘강을 건너 행군을 시작했고 경쟁자 폼페이우스를 상대로 내전을 개시했다. 그리고 기원전 48년에 그리스의 파르살로스 전투에서 마침내 그를 이겼다. 그후 카이사르는 왕위계승 문제에 얽힌 이집트의 여왕 클레오파트라 7세를 도왔는데, 그 이유가 단지 정치적인 문제 때문만은 아니었다. 그는 귀향길에 흑해에서 폰투스의 왕 파르나케스를 물리쳤고, 바로 그 전설적인 성공의 메시지 "왔노라, 보았노라, 이겼노라"를 로마로 보냈다. 북아프리카와 스페인에 남아 있던 폼페이우스 지지자들을 제지한 카이사르는 이제 로마에서 누구도 거리낄 사람이 없는 유일한 권력자가 되었다. 이런 상황에서 그는 특히 로마의 달력을 개혁했다. 이집트로부터 365일이 있는 태양년 방식을 받아들였고 이에 대한 자기보상으로 일곱 번째 달을 율리우스라고 바꿔 부르게 했다. 그러나 기원전 44년 3월 15일에 독재자 카이사르는, 어떤 방법으로라도 공화국을 구하고자 했던 60명의 원로원 위원들이 주도한 암살에 희생되고 말았다.

로마의 비좁은 공간

유럽의 역사에서 최초의 교통정책가로서의 카이사르는 거의 알려져 있지 않다. 기원전 45년에 그는 로마제국에 있는 도시들의 혼잡한 교통 상황을 종식시킬 법률을 제정하여 발표했다. 특히 제국의 주도인 로마에서는 규정에 의거한 수단이 꼭 필요한 상황이었다. 옛날에는 티베르 강가의 조용한 마을이었던 로마는 기원전 2세기 이후로 이탈리아로부터 온 농촌 인구와 특히 그리스 동부에서 온 이주민들 때문에 인구가 가파르게 상승하였다. 그로 인해 주거 공간이 더 많이 필요해졌지만 7개의 언덕 사이에 있는 지형상의 위치 때문에 주변 지역으로 확대될 수도 없었다. 그래서 사람들이 비어 있는 평지마다 집을 많이 지어서 공간이 감소했고 고밀도의 여러 층으로 된 벌집형 다세대주택, 일명 인술라이가 건설되었다. 기원전 1세기에는 티베르강의 오른편 지역(트란스티베림 구역, 오늘날의 트라스테베레)도 개발되었는데, 이곳에는 특히 노동자와 수공업자들이 많이 살았다.

성장도시, 로마

한편 고대 지중해 동부 지역에는, 직각으로 교차하는 도로들이 있고 공공건물과 사유건물이 조화를 이루도록 체계적으로 건설한 많은 도시들이 있었다. 이런 사례에 속하는 것이 이집트에 있는 알렉산드리아와 같은 계획도시들이다. 소위 제도판에서 기획되고 그 다음에 지리학적으로 적당한 위치에 건설된 도시들이었다. 이와 달리 로마는 성장도시였다. 그리고 로마를 지었다는 전설적인 인물 로물루스 이후로 로마의 조화로운 건축에 제대로 관심을 가진 사람은 아무도 없었다. 로마의 도로망은 뒤엉킨 편물의 모형과 유사했다. 도시 안에 포장된 대로는 별로 많지 않았고, 작은 길들이 훨씬 더 많았다. 이런 작은 길들은 지극히 비전통적인 방식으로 언덕 주변을 감싸고 있거나 좁고 구불구불하게 위쪽으로 향해 있었다. 대부분의 작은 길들은 보행자들만이 이용할 수 있는 정도였고 그 외에 짐을 실은 동물들이 통행할 수 있는 정도의 작은 길도 몇 군데 있었다. 한편 마차 통행이 가능한 도로는 두 종류가 있었다. '악투스'라고 불린 일방통행의 도로와 폭이 4.80~6.50미터로 두 대의 마차가 나란히 지나갈 수 있을 만큼 넓었던 '비아에'라는 도로가 있었다.

밀리고 부딪히는 로마의 도로

황제시대 초기에 쓰인 동시대인들의 몇몇 기록이 도시 로마의 일상과 더불어 이런 도로 상황이 어떤 결과를 가져왔는지를 알려주고 있다. 그러므로 율리우스 카이사르가 지배하던 시기의 로마도 상황이 크게 다르지 않았을 것이라고 추측할 수 있다. 예를 들어서 기원후 50년경에 철학자 세네카는 도시의 혼잡함에 대해 어머니에게 이렇게 썼다. "이런 도시를 한번 상상해 보세요. 마치 흐르는 강물처럼 끝없이 앞으로 나아가던 사람들의 물결이 어떤 장애물 때문에 제자리에 서게 되거나 혹은 동시에 세 개의 극장으로 향해가는 사람들을 위

로마 거리의 모습, 기원후 4세기

해 도로 위에 공간을 만들어줘야 할 때, 넓은 도로에서 사람들에게 밀리고 부딪히는 그런 곳을 말이에요."

이와 비슷한 경험을 풍자가 유베날리스도 했다고 한다. "우리는 대단히 서둘렀음에도 불구하고 사람들의 무리가 가는 길을 막았고, 반면에 뒤에서는 빽빽한 무리의 사람들이 우리를 밀어냈다. 어떤 사람은 나를 팔꿈치로 찌르고 갔고, 또다른 사람은 딱딱한 나무판을 가지고 나를 향해 돌진해 왔으며, 어떤 사람은 두꺼운 기둥을 나에게 부딪혔고, 어떤 사람은 커다란 양동이로 내 머리를 쳤다. 내 발은 얼룩으로 더러워졌고, 누군가 쉼없이 내 발을 밟았으며, 누군가의 군인장화에 달려 있던 징이 내 발가락 속에 박혀 있었다."

카이사르의 해결책

내전 종식 후 독재자라는 이미지를 안고 카이사르가 로마의 여러

정책을 개혁할 수 있는 시간은 별로 많이 남아 있지 않았다. 그 빠듯한 일 년(카이사르는 기원전 45년 3월에 최종적으로 내전을 끝냈지만 기원전 44년 3월에 살해되었다 - 옮긴이) 동안 그는 로마, 그리고 도로 상황이 비슷한 로마제국의 다른 도시들의 교통문제 해결에 몰두했다. 노동자, 수공업자, 농부, 산책하는 사람들과 여행객들 무리가 도로에서 일으키는 혼란을 어떻게 없앨 수 있을까? 남부 이탈리아의 헤라클레이아에서 발견된 청동판의 비문에 바로 그 답이 적혀 있었다. 이 청동판에는 로마제국의 도시 내부적인 문제들을 조정하기 위해 카이사르가 발표한 법령 모음집인 소위 '율리우스 법'의 본문이 쓰여 있었다. 헤라클레이아 판본은 우연하게 보존된 경우에 속했다. 그러나 조금 큰 모든 도시들에는 이 본문의 또다른 복사판이 간직되어 있었을 것이다. 이런 법령들은 원래 로마에 적용되었지만, 다른 도시들도 동일한 방식을 도입했을 것으로 보인다.

이 비문 연구를 통해 사람들은 카이사르와 그의 관료정치가 얼마나 다양한 일을 고려했는지에 대해 감탄하곤 한다. 그런데 아마도 복잡한 공무용 언어가 실무 담당자들에게는 내용상 이해하기가 쉽지 않았을 것으로 보인다. 예를 들면 다음과 같은 표현방식 때문이었다. "만약 이 법을 근거로 건물 앞에 있는 공용 도로를 수리해야 하는 사람들 중에서 어떤 사람이 담당 조영관(Aedile, 고대 로마의 관직으로 공공건물과 도로나 시장을 관장함 - 옮긴이)의 판단대로 수리를 하지 않으면, 이 구역을 담당하는 조영관은 자신의 판단에 따라 보수되어야 할 도로 구역의 수리를 공개적으로 공고해야만 한다."

카이사르의 법은 라틴어 원본에서나 그 외의 다른 번역본에서 이

256

와 유사하게 복잡한 관료적 문체로 도시 내의 교통문제를 규정하고 있었다. 그런데 법령 자체가 알리고 있는 내용은 획기적이고 혁신적이었다. 우선 개인적이거나 영업상의 차량통행이 낮 동안에는 도심에서 금지되었는데, 일출부터 해질녘 사이의 시간이 여기에 해당되었다. 이 법령의 중심 구절을 그대로 옮기면 다음과 같다.

"개발된 건축물을 포함해서 도시 로마에 건설되었거나 건설될 도로에서는 해가 뜬 후인 낮에는(하지 시기에는 약 17시 이전, 동지 시기에는 약 15시 이전) 아무도 마차를 몰거나 타고 다닐 수 없다. 단지 불멸의 신들을 위한 성전을 건설하기 위해 혹은 작업자들이 공공의 이익을 위해 통행이나 운반이 필요한 경우, 혹은 도시나 그 주변 지역들로부터 공공 이익을 위해 철거가 공고된 시설들의 잔해를 역시 공공의 이익을 위해 치워야 하는 경우, 그리고 그런 이유 때문에 특정한 사람들이 특정한 이유에서 짐마차를 몰거나 타도록 허가된 경우만이 예외에 속한다."

여기서 언급된 통행금지의 예외들과 더불어 카이사르의 법은 또다른 특별한 예외적 경우들에 대해서도 밝혔다. 사제들은 축제일에 제사를 치르기 위해 마차를 탈 수 있었고, 승리를 거둔 장군은 귀향할 때 마차를 타고 도시 안으로 들어와 승리의 행군을 할 수 있었다. 그리고 관리들도 서커스 공연을 보러 가는 길에는 신분에 맞는 교통수단이 허락되었다.

보행자구역이 된 로마
기본적으로 카이사르는 마차의 통행보다 보행자들에게 절대적인 우선권을 주었다. 낮 동안에 로마는 말하자면 보행자구역이 된 셈이었다. 상인과 여행객들은 마차를 도시 성문 앞에 주차시키고 해가 질 때까지 기다려야 했다. 그리고 그들은 해가 뜰 때까지 도심을 다시 떠나야 했다. 이러한 통행금지는 대단히 엄격하게 지켜져서 예를 들어서 장례 행렬이 도시 외곽에 있는 묘지에 가려면 먼 길을 가야 하는데도 마차가 허용되지 않을 정도였다. 그래서 망자들은 카이사르 덕분에 흔히 수킬로미터나 되는 여정을 소박한 들것에 실려서 운반되어야 했다.

물론 이런 법이 시행되었어도 로마시 안에 살거나 그곳에 머무는 사람들 무리로 인한 로마 도로의 혼잡함은 줄어들지 않았다. 그러나 예전에 짐마차들로 인해 야기되었던 정체현상은 계속해서 줄어들었다. 때때로 건설차량들의 예외적 규정들이 문제를 일으키기도 했다. 왜냐하면 로마에서는, 특히나 도시를 화려한 건축물들로 장식하기 위해 애썼던 황제시대에는 늘 어디선가 건설작업이 진행 중이었기 때문이다. 또한 조금 가난한 도시구역에서는 흔히 주택들이 무너지기도 했는데, 이런 경우는 로마에서 정기적으로 일어나곤 했던 화재 사고의 경우와 마찬가지로 철거작업이 필요했다. 한편 기원후 64년에 있었던 대형 화재는 네로 황제로 하여금 고대 로마로부터 유래된 몇 개 안되는 도시계획 방법 중 하나를 실행하게 만들었다. 즉 타키투스의 기록에서 알 수 있듯이 네로는 화재 후에 도로를 확장시켰고 규칙적으로 주택을 건설하게 했다.

특별허가를 받고 낮에 다니는 짐마차들이 보행자들에게 얼마나 위험했는지는 유베날리스의 불평 그 이상이라고 할 수 있는 글에 잘 나타나 있다. "여기 있는 짐마차 위에는 거대한 전나무가 흔들거리고, 저기 다른 마차에는 소나무가 실려 있다. 마차들은 걱정스럽게 흔들리며 지나가는 사람들을 위협한다. 만약 리구리엔으로부터 대리석을 싣고 온 마차가 충돌이라도 해서 마차 위의 돌더미가 지나가는 사람들 무리로 쏟아진다면 어떻게 되겠는가? 사람들 몸에 무엇이 남아 있겠는가? 그 사람들의 뼈나 관절을 찾을 수나 있겠는가?"

이 구절은 유베날리스의 세 번째 풍자시에 있던 글로 자신의 친구 움브리키우스가 로마를 떠나 캄파니엔에 있는 전원도시 쿠다에로 가게 된 것을 주제로 다루었다. 움브리키우스를 시골로 몰아낸 것은 대도시의 교통과 소음이었다. 그런데 카이사르 덕분에 그런 이유로 이사를 가는 것 자체도 쉽지 않았다. 이사를 위해 마차를 이용하는 것도 통행금지의 예외적 경우가 적용되지 않았기 때문이다. 그래서 움브리키우스는 모든 가재도구를 실은 수레를 끌고 그의 여행 마차가 세워져 있는 아피아 가도가 시작되는 곳까지 가야만 했다.

소란한 밤들

그러나 로마의 교통문제에 대한 완벽한 해결책을 찾는 것은 위대한 율리우스 카이사르도 할 수 없는 일이었다. 낮 동안에 로마시의 도로를 지나다니는 건설차량들 때문에 생긴 문제는 그의 법령에서 파생된 비교적 심각하지 않은 부정적 측면이었다. 보다 심각한 것은 로마 주민들이 기원전 45년 이후로 규칙적으로 잠을 설치게 되었다는 점이다. 즉 저녁놀이 내리자마자 도시 성문 앞에서 기다리던 짐마차와 여행마차들은 울룩불룩한 길 위로 엄청난 소음을 내며 성급하게 로마를 향해 몰려들었다. 상인들은 마차를 타고 티베르 강가에 있는 창고와 시장을 향해 정신없이 달려갔고, 여행객들은 거리에서 숙소를 찾아다녔다. 그런데 이들이 숙소를 찾는 일은 길 표지판이나 주소와 같이 방향 찾기에 도움이 되는 것들이 부족한 탓에 오래 걸리기도 했다. 로마는 다른 모든 문명화된 업적을 이루었음에도 불구하고 알렉산드리아와는 대조적으로 거리 조명이 없었다. 그래서 로마에서 밤이 되면 상인이나 여행객 외에 한 무리의 노예들이 이동하는 사람들에게 횃불로 길을 안내해 주기 위해 도로에 나와 있었다. 아침이 되면 저녁 때의 모든 과정이 반복되는데, 단지 방향만 도심으로부터 도시 외곽 쪽으로 바뀔 뿐이었다.

그러나 이러한 밤중의 소란에 대해 원래의 책임이 있다고 할 수 있는 율리우스 카이사르 스스로는 자신의 교통정책이 가져온 부정적인 동반현상 때문에 개인적으로 고통을 느끼는 일은 없었을 것이다. 첫째, 그는 이런 법령의 효력이 발생된 지 몇 개월 후에 세상을 떠났기 때문이다. 둘째, 그는 로마에서 교통 소음으로 가장 많이 고통을 당한 장소나 특히 가난한 사람들이 모여 사는 고밀집형 다세대주택 지역인 수부라에 살지 않았기 때문이다. 유베날리스는, 소음이 없는 더 좋은 주거지역에서 사는 부자들이 부럽다고 했다. "여기서는 많은 사람들이 수면 부족으로 병이 나서 목숨을 잃고 있다. 왜냐하면 어떤 집에서 도대체 사람이 잠을 잘 수 있겠는가? 로마에서 잠을 편안히 잘 수 있기 위해서는 아주 부자여야만 한다. 그것이 바로 가장 심각한 문제이다. 마차들은 거리 모퉁이를 급격하게 돌고, 몰이꾼들은 앞으로 나아가지 못하면 큰 소리로 불평을 한다."

그 외에도 카이사르는 언제나 대도시의 소음을 피해서 자신의 시골 별장으로 도망을 갈 수도 있었을 것이다. 유베날리스와 동시대를 살았던 작가 마르티알도 카이사르의 교통정책으로 스트레스를 받은 로마인들에 대해 이렇게 표현했다. "밤에 마차의 바퀴소리가 다세대 주택을 뒤흔들고, 티베르강에서는 짐꾼들과 몰이꾼들이 지르는 소리가 메아리친다." 여기서 그는 단지 도시 외곽인 몬테 마리오에 집을 가지고 있는 한 친구가 행운아로 여겨질 뿐이었다. "그곳에서 여행객들은 '플라미니아 가도'로 갈지 '살라리아 가도'로 갈지를 결정해야 한다. 그러나 마차들은 소리 없이 머물러 있어서 바퀴들의 소음이 부드러운 잠을 깨울 정도는 아니었고 사람들의 외침도 방해가 될 정도로 크지 않았다."

카이사르 후의 로마 교통

많은 단점에도 불구하고 기원전 45년에 제정된 카이사르의 법은 수백 년을 넘게 효력을 유지했다. 또한 로마의 황제들도 낮 동안에 로마의 도로가 어떻게든 자유롭게 소통되기 위해서는 밤중에 일어나는 소란은 어쩔 수 없이 감수해야 하는 부분임을 인식했을 것이다. 클라우디우스 황제는 훈령을 통해 여행객들이 이탈리아 도시들을 통과하는 것은 걸어서 혹은 가마나 들것을 이용해서만 가능하다는 것을 상기시켰다. 몇몇 황제들은 카이사르의 차량 금지법을 지키지 않았던 것이 분명하다. 마르쿠스 아우렐리우스 황제가 다시 만든 말과 마차의 금지법이 이런 사실을 증명하고 있다.

그러나 일반적으로 사람들은 당국의 지시를 따랐던 것으로 보인다. 마르쿠스 아우렐리우스 황제의 주치의인 갈렌은 카이사르의 뜻대로 교통규정을 잘 지켰던 한 부자에 대해 설명했다. 그는 로마의 외부에 살고 있었는데 그가 시내로 들어오고 싶을 때는 자신의 마차를 얌전하게 도시 외곽에 세워놓고 걸어서 길을 계속 갔다고 한다. 마르쿠스 아우렐리우스의 전임자였던 하드리아누스 황제 치하에서는 심지어 카이사르의 규정들이 더 강화되기도 했다. 이제 무거운 짐을 실은 운반차량들도 낮 동안에 더 이상 도시 내부로 들어올 수 없게 되었다. 그런데 이런 규정을 교통정책적인 수단으로서 실행한 것인지는 의심쩍다. 아마도 황제는 질서 있는 교통 상황과 보행자들의 보호를 걱정하기보다는 도로의 포장상태가 보존되지 못할까봐 전전긍긍했을 것이다.

고대 후기로의 전환

도시 안에서 시행된 마차 통행의 엄격한 제한은 황제시대 후기에 가서 비로소 포기가 된 것으로 보인다. 기원후 3세기 초까지는 황제들 스스로도 카이사르의 차량금지법을 지켰다. 단지 공식적인 축제에서만 군주들은 자신들의 화려한 마차를 타고 나타났다. 그러나 그 후에는 황제의 부인들, 그리고 결국에는 황제 자신들도 카이사르의 규정을 어기기 시작했고 낮에도 마차를 타고 로마 거리를 활보했다. 이런 변화가 생기게 된 이유는 당시에 로마의 황제권이 점점 더 절대적이 되었고, 황제들은 이런 지위를 그에 상응하는 상징을 통해 외부로 보여주고자 했기 때문이다. 이런 의도에 적합하게 사용될 수 있는 것은 화려하고 사치스러운 황제의 마차밖에 없었고 단지 밤에만 로마 도심을 지나다니는 것으로는 선전효과가 별로 없었기 때문이다.

이에 따른 당연한 결과로 그때부터 스스로 특권층에 속한다고 여기는 귀족과 관료들도 마찬가지로 운송수단으로서보다는 신분과 지위의 상징으로서 마차를 타고 도시를 누비게 되었다. 거기다가 이들은 자신들의 특별한 지위를 마차의 화려한 장식을 통해 평민들에게 보여주고 싶어했다. 예전에는 이런 과시가 로마시 외부에 있는 도로에서만 가능했다. 그래서 시인 호라즈는 과거에 노예였던 한 신흥부자가 아피아 가도에서 자신의 우아한 수레를 과시하려 애쓰는 모습을 보고 비웃기도 했다. 황제시대 후기의 이런 새로운 마차 과시욕은 철학자 황제인 마르쿠스 아우렐리우스의 괴팍한 아들 코도두스로부터 시작되었다. 그의 마차는 다양한 종류의 바퀴 테두리가 있었으며 손잡이를 통해 고정되는 편안한 좌석, 그리고 거리측정기와 시계 등을 갖추고 있었다.

한편 알렉산더 세베루스 황제(기원후 222~235년)에 대해서는 고대의 한 문헌에 이렇게 기록되어 있다. "그는 로마의 모든 원로원 위원에게 은으로 치장한 의전마차와 호화로운 마차를 사용하도록 허가하였다. 그는 이렇게 중요한 도시의 원로원 위원들이 그런 차량을 이용하는 것이 로마의 품위에 걸맞다고 생각했다." 이때부터 로마 거리에서는 마차가 질주하는 광란의 장면들이 연출되었다. 기원후 4세기에 역사가 암미아누스 마르셀리누스는 점점 더 많은 사람들이 대부분 2인용의 화려한 수레를 타고 의험에 대해서는 전혀 생각하지 않은 채 도시의 광장과 포장된 도로를 질주했다고 기록했다.

결론적으로 최소한 낮 동안이라도 마차가 없는 도시 로마를 만들려는 카이사르의 목표는 꽤 오랜 시간 동안 이어졌다. 그러나 기원후 3세기에 새로운 정치 구조, 그리고 정치 엘리트들의 자기과시 욕구와 함께 마차는 다시 로마의 도시교통에서 일반적인 수단이 되었다.

폼페이의 도시교통

도시 로마의 교통 상황에 대해서는 고대의 증인들을 통해 비교적 잘 알려져 있다. 이와 반대로 이탈리아와 로마제국에 있는 다른 도시들에 대한 자료는 대단히 빈약하다. 그러나 다른 많은 분야에서도 그렇듯이 여기서도 인류학의 낙원 폼페이가 도움이 되었다. 기원전 79년에 베수비오 산의 폭발로 폐허가 된 이 도시에서 도로들은 아직도 좋은 상태를 유지하고 있어서 교통 기술과 관련된 당시의 상황을 추정할 수 있었다. 거기에 따르면 폼페이의 공공 관청들도 역시 이 풍요로운 무역의 도시에서 대단히 중요한 교통문제를 해결하기 위해 몇 가지 사업을 벌였음이 확인되었다.

당시에 교통량이 매우 많았다는 것은 오늘날에도 분명하게 볼 수 있는 도로 포장 위의 깊은 흔적들로부터 알 수 있다. 로마의 카이사르가 했던 것처럼 폼페이에서도 시간제 통행금지가 시행되었는지에 대해서는 알려져 있지 않다. 그러나 발판용 돌, 보도, 그리고 차로 축소 등의 시설들을 보면 폼페이 사람들도 통행이 안전한 지역을 만들기 위해 노력했음을 알 수 있다. 양방통행은 단지 도시의 주요 도로에서만 가능했고, 다른 모든 길은 일방통행이었다. 또한 통행자가 위험한 대로에서 안전하게 횡단할 수 있도록 도로를 따라 설치된 발판용 돌도 보행자 우호적인 장치였다. 이웃해 있는 헤르쿨라네움에서는 그러한 발판용 돌이 발견되지 않았다. 폼페이 사람들이 교통정책에 관한 문제에서 보다 앞서 있었던 것이 분명하다.

환상으로 남은 오늘날의 로마 교통

교통 계획의 선구자였던 율리우스 카이사르는 자신이 죽은 뒤 거의 2,050년이 지난 오늘날 로마의 교통 상황에 대해 어떻게 말할까? 한편으로는 오늘날에도 여전히 존재하는 도로 위의 혼잡함을 보고 자신의 시대를 연상할 것이다. 다른 한편으로 그는 기뻐할 수도 있다. 일시적 통행금지에 대한 자신의 아이디어가 현대의 로마를 책임지고 있는 사람들에게 여전히 중요한 역할을 하고 있기 때문이다. 시내 교통을 책임지고 있는 로마 시청의 담당국은 최근에 다음과 같은 슬로건과 함께 새로운 프로그램을 개발했다. "더 적은 교통, 더 많은 로마."

이 프로그램의 야심찬 목표는 무엇보다도 역사적인 도시의 핵심구역을 자동차 교통으로부터 해방시키는 일이다. 그리고 이 분야의 선구자 카이사르와 같이 낮 동안 차량 통행을 금지했다. 월요일부터 금요일에는 오전 6시 30분부터 10시까지, 토요일에는 14시와 18시까지 도심지역이 자동차로부터 벗어나도록 조치했다. 그러나 카이사르의 시대와는 달리 차량 소유인들이 초조하게 로마시 안으로 들어가기 위해 도시 외곽에서 밤이 오기를 기다릴 필요는 없다. 지방 공공단체가 24시간 내내 편안한 연결버스편을 제공하고 있기 때문이다.

현실적인 상황에서는 고대 이후로도 달라진 것이 없다. 즉 예외 없는 규칙이란 없다는 뜻이다. 물론 오늘날에는 더 이상 승리를 거두고

성을 향해 행진하려는 장군을 배려할 필요는 없게 되었다. 그리고 차량을 타고 서커스를 보러 가려는 관료들도 아주 드물어졌다. 그러나 도심 한가운데에 사는 주민들과 그곳에서 일하는 사람들을 위한 배려는 필요하다. 카이사르의 경우처럼 특별한 화물차량들은 시간제한을 받지 않아서 생활필수품, 의약품, 그리고 신문 등의 운송차량은 언제나 자유롭게 통행할 수 있다. 더 적은 교통, 더 많은 로마? 이런 소망은 이탈리아의 수도에서 2,000년 전과 마찬가지로 여전히 하나의 환상으로 남아 있을 뿐이다.

소방대
아우구스투스

기원전 27 - 기원후 14년.
로마의 황제. 최초의 국립 소방대를 창설했다. 소방대는 화재 진압이
목적이기도 했지만 일종의 경찰 임무의 성격을 띠기도 했다.

소방대, 즉 적절한 기술적 장비를 갖추고 국가적으로 조직된 화재 진압대의 역사를 연 사람은 로마의 황제 아우구스투스로 알려져 있다. 그러나 이와 관련해서 역사적인 타당성이 증명되어야 하고 이때 마르쿠스 리키니우스 크라수스라는 진정으로 비극적인 인물의 (조금은 의심스러운) 공적을 잊어서는 안 될 것이다.

로마의 최고 부자

크라수스는 모든 시대에 걸쳐 가장 부자였던 사람 중 한 명이었다. 이런 경제력 덕분에 그는 정치적 무대에서 중간 정도의 성공밖에 이루지 못한 아쉬움을 조금은 위안받을 수 있었다. 그는 언제나 율리우스 카이사르와 폼페이우스와 같은 위대한 인물들의 그늘에 가려져

있었다. 그러나 최소한 기원전 60년에 행해졌던 소위 제1차 삼두정치에서는 그가 이 저명한 장군이자 정치가인 두 사람에게 꼭 필요한 세 번째 남자였다. 그 이유는 각자의 야심찬 계획을 위해 그의 돈이 필요했기 때문이다. 그러나 시간이 흐르면서 크라수스는 이 두 사람의 동료들이 자신과는 대조적으로 승승장구하며 정치적으로 출세하는 모습을 지켜보아야만 했다.

카이사르는 기원전 59년에 콘술이 되었고 그후에 갈리아 전쟁을 일으켰다. 이 전쟁은 그에게 군사적인 이익을 주었지만 동시에 폼페이우스에 대한 적대감을 증대시켰다. 폼페이우스도 이미 명성이 자자한 장군이 되었고 로마의 내정에서 대단히 중요한 인물이 되었다. 그러자 부자인 크라수스도 이제 더 이상 외곽에만 머물고 싶지 않았다. 그는 자신이 생각한 대로 능력 있는 군사 지휘자로 변신했고, 숙명적이게도 로마의 최대 경쟁자이며 유프라테스강 동쪽의 넓은 지역을 지배하고 있는 파르티아인을 상대로 싸우게 되었다. 그러나 그의 야심에 찬 계획은 로마 역사상 최악의 재앙으로 끝나고 말았다. 기원전 53년에 시리아의 카레에서 크라수스의 군대는 완전히 참패했고, 크라수스는 목숨을 잃었다. 이렇게 해서 그는 곧 발생하게 될 카이사르와 폼페이우스 사이의 내전과 그 결과 카이사르가 마침내 승리자가 되는 장면의 증인이 되는 일은 피할 수 있었다.

소방대를 통한 부의 축적

그런데 정치적, 군사적으로 많은 불행을 겪었던 크라수스는 어떻게 그토록 부유해졌을까? 만약 우리가 전기작가인 플루타르코스의 글을 있는 그대로 신뢰한다면 크라수스의 부는 바람직한 방식으로만 모은 것이 아니었다. 그의 가장 큰 수입원 중 하나는 개인적으로 설립한 소방대였다고 한다. 이런 소방대는 대도시 로마에서 대단히 유용한 시설이었다. 특히 가난한 사람들이 사는 열악한 다세대주택들은 촛불이나 등잔의 불꽃 하나만으로도 건물 전체와 옆에 붙어 있는 집들을 화염에 휩싸이게 하기에 충분했다.

크라수스의 상업적 아이디어는 수공업자 혹은 건설노동자로 확인된 노예들을 500명 정도 고용하여 하나의 부대를 만든 것이었다. 로마 어디선가 화재가 발생하면 크라수스는 자신의 화재 진압 부대와 함께 — 사실 의심이 갈 정도로 신속하게 — 현장에 도착했다. 그러나 도착한 다음 지체 없이 화재를 진압하는 대신에 먼저 건물 소유주와 거래를 했다. 불타오르는 화염의 빛 속에서 그리고 기둥이 무너지는 소음 속에서 그는 화재를 당한 사람들에게 말했다. 예상되는 바에 따르면 당신들의 집이 불에 타버릴 것이 분명하며 그 누구도 도움이 되지 않을 것이라고 했다. 그러나 자신은 불을 꺼줄 뿐 아니라, 만약 그들이 불에 타고 있는 집을 유리한 가격에 판다면 자신이 그 집을 살 수도 있다고 설득했다. 플루타르코스의 기록에 따르면 '두려움에서 그리고 다가올 불안함 때문에 집 소유자들은 그의 제안을 받아들였고 그렇게 해서 로마에 있는 많은 집이 크라수스의 손으로 넘어갔다'고 한다.

제1인자 아우구스투스

이처럼 고대의 소방대가 가진 역사의 시작은 로마에서 최고로 부자인 남자의 지극히 계산적인 이해타산과 연관되어 있었다. 그리고 화재 진압 방식의 지속적인 개발도 결코 시민의 안전과 재산 보호를 최우선 목표로 한 것이 아니었다. 그후 로마 황제 아우구스투스가 최고의 직업 소방대를 설립한 것은 절대적으로 맞는 이야기이다. 그러나 그 이면에 정치적 이해가 숨겨져 있었던 것도 분명한 사실이다.

국립 소방대의 선구자였던 아우구스투스는 기원전 27년에 권력을 잡았다. 그는 19세인 기원전 44년에 내전에 얽히게 되었는데, 이 내전은 독재자 율리우스 카이사르가 살해된 후 다시 시작된 싸움이었다. 그때까지 아우구스투스의 유일한 신분증명은 그가 카이사르의 양자라는 것뿐이었다. 능숙한 정치적 책략을 통해 그는 마침내 경쟁자 마르쿠스 안토니우스를 상대로 승리를 거두었다. 양아버지의 비극적인 운명을 통해 그는 로마인들에게 절대적 지배자는 맞지 않는다는 사실을 깨달았다. 그래서 그는 프린키파투스(원수정)라는 중도적인 형태를 구성하였고 자신을 왕이나 독재자가 아니라 프린켑스, 즉 제1인자, 혹은 원수(元首)라고 부르게 했다. 그리하여 그의 지배권은 심지어 고대 공화국의 재현이라고 불릴 만큼 성공적이었고, 그의 정부는 로마에서 폭넓게 인정을 받았다.

소방대를 통해 얻은 인기

그러나 모든 안전대책에도 불구하고 때때로 저항이 있었는데, 특히 자신들의 전반적인 권리가 유린당했다고 생각하는 원로원 위원들이 그런 일을 일으키곤 했다. 그런 사람들 중 한 명이 에그나티우스 루푸스라는 사람으로 대단히 야망이 큰 정치가이며 끊임없이 국민들의 사랑을 얻는 일에 집착했던 인물이다. 이미 오래전에 크라수스는 더 이상 현존하는 인물이 아니었기 때문에 로마의 어딘가에 화재가 났을 때 늘 화재 진압 부대를 이끌고 나타나던 사람이 없어진 셈이었다. 그래서 에그나티우스는 이 분야에서 자신이 바라는 인기를 얻을 수 있을 것이라고 생각했다. 그는 크라수스의 경우를 본보기로 삼아 자신의 노예들로 사설 소방대를 만들었다. 그러나 크라수스와는 달리 그는 불에 타고 있는 집을 소유자로부터 사들이거나 돈을 요구하는 일 없이 불을 진압해 주었다. 결국 이런 방식으로 그는 원하던 성공을 이룰 수 있었다. 소방대장 에그나티우스는 정치적 성공의 사다리를 타고 가파르게 위로 올라가게 되었다.

최초의 국립 소방대

그런데 아우구스투스에게는 이런 행동이 하나의 심각한 도전으로 여겨졌다. 새롭게 시작된 그의 군주정치는 그 어떤 다른 영웅도 필요로 하지 않았다. 때문에 그의 허결책은 오직 한 가지, 바로 자신이 소방대를 설립하는 것이었다. 이때가 기원전 22년이었고, 소위 로마의 국립 소방대가 탄생한 시기였다. 그는 소방대의 실질적인 책임을 원래 공공 안전이 임무인 조영관에게 위임했다. 그리하여 600명의 노예들로 출동 태세를 갖춘 소방대가 구성되었고 이들은 단지 화재 진압뿐 아니라 화재 방지의 임무까지 부여받았다. 이런 목적을 위해서 특별히 야간 순찰이 이루어졌고, 주민의 부주의로 화재가 발생하는 것을 막고자 노력했다. 부담스러운 경쟁자인 에그나티우스는 이로써 일단 정치적으로 뒷전에 밀려나게 되었고, 후에는 아우구스투스를 상대로 모반을 시도했다는 판결을 받고 사형을 당했다.

그러나 새로 창설된 아우구스투스의 부대는 화재 진압에서 그다지 성공적이지 않았다. 기원후 6년에 황제는 국립 소방대의 광범위한 재편성이 필요하다고 여기게 되었다. 모든 것을 집어삼키는 잦은 화재가 로마의 많은 부분을 파괴시켰기 때문이다. 그 때문에 도시 로마에서는 사람들의 동요가 일어났고, 황제는 신망을 잃지 않기 위해 무엇인가 행동을 취해야 했다. 그래서 아우구스투스는 소방대가 참모본부 정도의 규모에 이르도록 대대적인 확대를 결정했다. 로마 소방대의 인원수는 7,000명으로 늘어났고 구성원은 새로이 해방된 사람들, 즉 과거의 노예들이었다. 비길레스(vigiles, 원래는 경비원, 파수꾼이라는 의미임)라고 불리던 이들은 각 1,000명씩 7개 분야로 나뉘어졌다. 로마는 행정적으로 14개의 지역으로 구분되어 있었다. 그러므로 7개의 그룹이 각기 2개의 지역을 맡게 되었다. 최고지휘부에는 자체적인 소방 장관이 있었다. 즉각적으로 언제라도 화재 진압에 투입되기 위해서 소방 부대는 도시 전역에 분배되어 있는 소방초소에 주둔해 있었다.

어떤 측면에서는 아우구스투스가 이런 조치를 통해 마침내 로마의 지속적인 화재 위험을 줄이는 올바른 해결책을 제시했다고 볼 수도 있을 것이다. 그러나 여기서 한 가지 분명하게 짚고 넘어가야 할 점은 아우구스투스 황제가 모든 일을 할 때는 항상 권력의 안전과 유지에 대해서도 생각했다는 사실이다. 그런 측면에서 거의 준군사적으로 조직된 이 소방대의 임무는 바로 확대되었다. 그들은 일종의 경찰역할까지 담당하게 되어 정치적인 동요사태가 일어날 때 질서를 유지시키는 임무를 띠고 출동하기도 했다.

로마 소방대의 장비

그렇다면 기원후 6세기 이후에는 로마제국의 수도에서 주민들이 더 안전하게 살게 되었을까? 소방대의 개선된 조직은 확실히 긍정적인 변화를 가져왔다. 또한 비길레스들은 당시에 최신의 기술 수준에 맞는 장비를 갖추고 있었다. 여러 가지 문헌의 도움으로 그들의 작업 방식은 재구성이 가능했다. 소화 작업에서 특히나 유용하게 사용된 것이 바로 소방펌프로, 그것의 발명은 이미 헬레니즘 시대로 거슬러 올라가게 된다. 발명자는 크테시비오스라는 고대 기술학의 선구자인데 좀더 개선된 모델은 후에 그의 동료 헤론이 개발한 것으로 보인다. 이런 소방 도구를 발명한 크테시비오스가 고대 소방대의 선구자가 되지 못한 것은 헬레니즘 시대의 기술에 대한 전형적인 인식 때문이었다. 즉 어떤 사람이 그런 도구를 발명했다고 해도 대개의 사람들은 실제로 활용하기를 포기하곤 했다.

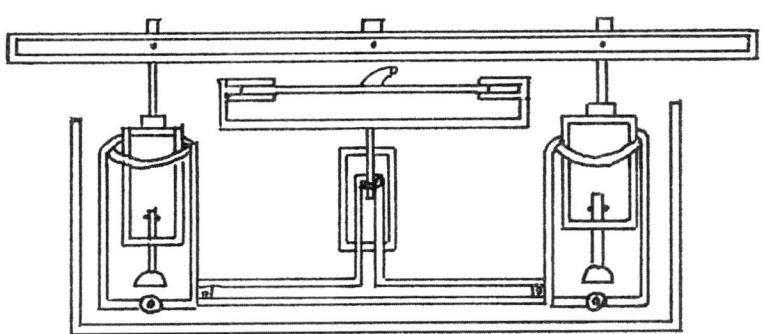

헤론의 소방펌프

고대 건축학의 선구자이며 아우구스투스와 동시대인이었던 비트루브는 크테시비오스의 소방펌프를 그림으로 묘사해 놓았다. 이 장치는 말하자면 수압에 의한 이중 피스톤 압력펌프라고 할 수 있었다. 이것은 두 개의 펌프실린더로 이루어져 있었고, 두 실린더의 관은 중앙에 놓인 공기유조를 통해 연결되어 있었다. 각 실린더 위에는 수직으로 움직이는 막대관이 있다. 한 피스톤이 펌프실린더에서 바닥 밸브를 닫으면 얇은 관의 밸브를 통해 공기를 공기유조로 밀어낸다. 그러면 두 번째 펌프실린더에 있는 피스톤이 상승하고 이때 열려진 바닥 밸브를 통해 물을 빨아들인다. "바로 그렇게 사람들은 커다란 물통을 가져다놓은 다음에 깊숙한 곳으로부터 높은 곳까지 물을 끌어올렸다"고 비트루브는 요약했다.

이러한 압력펌프의 사용은 아우구스투스의 소방대가 하는 작업을 보다 더 효과적으로 만들어주었을 것이다. 한편 기술적인 장비에서는 별다른 발전이 없었다. 압력펌프 외에 화재 진압 도구로는 양동이, 도끼 내지는 쇠지렛대, 사다리, 부지깽이, 곡괭이 등과 같은 대단히 진부한 물건들을 사용했다. 소방작업의 조직화도 중요했다. 일명 시포나리(siphonarii)라는 펌프 책임자들이 소방펌프를 사용했고, 물 운반자가 양동이로 저수탱크로부터 화재 현장까지 물을 운반했다.

로마 대화재

그리하여 사람들은 아우구스투스의 국립 소방대가 도입된 이후에는 로마에서의 삶이 보다 더 안전해졌다는 느낌을 가질 수 있었다. 그러나 로마는 여전히 아우구스투스의 민첩한 소방대에 의해서도 해결될 수 없는 화재들을 규칙적으로 겪어야 했다. 가장 대표적인 사례는 기원후 6년, 즉 네로 황제 치하에서 일어난 재앙이었다. 9일 동안 로마제국의 수도에서 화염이 꺼지지 않았고, 14개의 지역이 완전히 파괴되었다. 역사가 타키투스는 이 사건에 대해 다음과 같이 기록하고 있다.

"불은 팔라티누스 언덕과 카엘리우스 언덕의 경계를 이루는 키르쿠스 막시무스의 일부분에서 시작되었다. 불에 잘 타는 물건들이 쌓여 있는 그곳의 판매대에서 불이 퍼지기 시작했고 빠르게 번져나갔으며 바람에 의해 더욱 거세져 키르쿠스 전역으로 퍼졌다. 왜냐하면 그 사이에는 단단한 방벽을 갖춘 성도 없었고, 담으로 둘러싸인 신전도 없었으며, 불길을 막아줄 수 있는 그 어떤 것도 없었기 때문이다. 불길은 빠른 속도로 번지면서 건저 평평한 지역을 공격했고, 점점 더 위로 올라가서 더 깊은 곳에 위치한 지역까지도 황폐화시켰다."

소방대는 그들이 할 수 있는 모든 일을 다 했다. 그러나 타키투스의 말에 따르면 모든 소방작업이 실패할 수밖에 없었던 이유는, 도시가 좁고 구불구불한 도로와 무질서하게 지어진 주택들로 이루어져 있어서 그런 재앙에 무방비로 노출되어 있었기 때문이라고 한다.

절망에 빠진 사람들 사이에서는 네로 황제가 이 도시를 자신의 생각대로 다시 바꾸기 위해 스스로 불을 질렀다는 소문이 퍼지기도 했다. 그리고 들리는 이야기에 따르면 그는 안전한 거리에 떨어져서 화재가 나는 동안에 트로이의 멸망을 노래했다고 한다. 그 외에도 네로의 부하들이 소화 작업을 방해했으며, 그들 중 어떤 이는 심지어 불을 더 질렀다는 소문도 있었다. 네로 황제는 이러한 억측에 대해 화재의 책임을 로마의 기독교인들에게 미루는 방식으로 대처했다. 이 때 네로 황제는 실제로 화재와는 아무런 관련이 없었을 것이다. 물론 이렇게 규모가 큰 정도는 아니었지만 로마에서 화재는 흔히 일어나는 일이었다.

지옥과 같았던 화재가 마침내 멈추고 나서 네로는 비교적 사려 깊고 신중하게 행동했다. 로마 역사상 최초로 황제의 발의로 도시 건설 계획이 실현되었고, 그 계획에서는 화재 예방이 중요한 역할을 했다. 화재로 인해 텅 비어버린 평지 위에는 대규모의 새로운 도로가 건설되었다. 주택의 높이도 제한되었고(법적으로 규정된 최고 높이는 20.65미터), 집안의 마당은 비워두도록 했고, 다세대주택의 전면을 보호하기 위해 주랑을 만들게 했다. 또한 일정한 높이까지는 주택을 각재 없이 지어야 했고, 오로지 방화성이 있는 돌로만 짓게 했다. 수도관은 공공시설과 조화를 잘 이루도록 정부의 감독하에 설치되었다. 이때부터는 모든 가구가 소방 기구를 각자 마당에 비치하고 있어야 했다. 그리고 끝으로 주택들이 예전처럼 공동의 벽을 갖는 것이 아니라 각각의 주택이 자기만의 담을 갖도록 설계해야 했다.

네로가 시행한 그 모든 일은 대단히 합리적인 대책이었다. 그러나 이런 와중에도 네로가 이 대재앙으로부터 자신의 이익을 챙기지 않았다면 그 유명한 네로가 아닐 것이다. 그는 텅 빈 평지의 많은 부분을 화려하고 초차원적인 왕궁 부지로 사용했고, 소위 황금의 집을 만들었다. 오늘날 로마에서는 얼마 전부터 이 성을 다시 관람할 수 있게 하고 있다.

부자와 빈자의 차이

모든 다양한 대책에도 불구하고 화재는 네로 황제 이후에도 여전히 로마시의 일상적인 일에 속했다. 기원후 2세기에 전기작가 플루타르코스는 이런 화재들을 마찬가지로 빈번히 일어나는 주택 붕괴와 함께 "로마의 선천적이고 지속적인 해악"이라고 표현했다. 거의 같은 시기에 풍자가 유베날리스는 화재가 없고 밤에 무섭지 않은 나라에 살고 싶다는 희망을 표현했다. 그러나 유베날리스는 이런 면에서 부자들이 가난한 사람들보다는 훨씬 더 상황이 좋았다는 점을 분명히 밝혔다.

"가난한 사람은 흔히 좁은 다세대주택에서 사는데 화재가 발생하면 이웃 사람은 물을 가져오라고 외치고 자신의 재산을 집 밖으로 옮긴다. 그럴 때 이미 3층에 있는 당신의 집에서는 연기가 난다. 그러나 당신은 전혀 불이 난 줄도 모르고 있다. 1층에서 공황상태가 벌어지면 제일 위층에 사는 세입자들은 화염의 희생자가 될 것이 거의 확실하다."

부자의 경우는 상황이 달랐다. "도시에 있는 한 부자의 커다란 집이 화재로 무너지면 그의 어머니는 절망하여 머리카락을 쥐어뜯고, 귀족은 상복을 입고, 지방 총독은 식사 약속을 연기한다." 그러면 부자 친구들이 달려와서 다시 집을 지을 수 있는 대리석과 돈을 대준다. 나중에 그 부자는 예전보다 훨씬 더 좋은 집을 갖게 된다. 어떤 사람들은 바로 그런 이유로 자신의 집에 스스로 불을 질렀다는 의심을 받기도 한다.

소방대가 비밀결사대?

로마 이외의 곳에서는 소방대와 방화 작업이 어떻게 이루어졌는지 별로 알려져 있지 않다. 인류학적인 조사와 문헌 자료들이 약간의 정보를 주고 있을 뿐이다. 예를 들어서 로마의 항구도시인 오스티아에는 오늘날까지 잘 보존되어 있는 주택들이 화재로부터 안전하게 지어져 있었다. 여기에도 아마 로마를 본보기로 한 전문 소방대가 있었으며, 하드리아누스 황제 시대에 이들이 사용했던 초소가 있었음이 증명되었다.

물론 로마제국의 도시들이 소방대를 만들려고 했을 때 로마 황제들이 항상 기분좋게 여겼던 것은 아니다. 트라야누스 황제와 같은 사람은 분명하게 반대 입장을 밝혔다. 이런 그의 생각은 플리니우스 2세와의 서신 왕래에서 확실히 드러난다. 플리니우스는 기원후 2세기 초에 소아시아 북쪽에 있는 속주 비티니아와 폰투스의 총독으로 부임하게 되었다. 어떤 결정을 내려야 하거나 문제들이 생기면 플리니우스는 신중하게 로마에 연락해서 조언을 구하곤 했고, 황제는 놀라울 만큼 인내심 있게 총독의 어려움에 대해 의논해 주었다.

한 편지에서 플리니우스는 자신이 없는 동안에 니코메디아(오늘날의 이즈미트)라는 곳에서 화재가 발생했다고 썼다. 많은 개인 집들이 파괴되었고 두 채의 공공건물도 무너졌으며 특히 플리니우스가 강조한 것처럼 두 건물 사이에 있는 넓은 도로도 파괴되었다고 했다. 플리니우스의 의견에 따르면 몇 가지 상황 때문에 화재가 심각한 피해를 발생시켰다고 한다(그러면서 자신은 현장에 있지 않았다는 변명을 함으로써 혹시 받을지도 모르는 비난을 미연에 방지했다). 첫째로 바람이 많이 불었고,

둘째로 니코메디아 주민들은 화재가 걱정되기는 했지만 완전히 손을 놓고 구경만 했으며, 셋째로 이 도시에는 화재 진압에 필요한 어떤 기구도, 소방펌프(크테시비오스의 발명품에 대해 플리니우스는 이미 알고 있었 던 것으로 보인다)나 소방용 양동이도 전혀 없었기 때문이라고 했다.

플리니우스는 화재 발생의 책임에 대한 오해를 풀기 위해 급한 마 음으로 황제에게 장황한 설명을 한 후에 원래 말하려고 했던 문제를 언급했다. 그는 황제에게 최소 150명의 남자들을 구성원으로 해서 앞으로 소방대의 임무를 넘겨받을 수 있을 수공업 길드 설립을 허락 해 달라고 부탁했다. 편지의 끝에는 다음과 같이 안심시키는 말을 덧 붙였다. "그렇게 적은 숫자는 쉽게 감시할 수 있을 것입니다."

결국 플리니우스는 니코메디아에 소방대가 설립되는 것을 황제가 반대하리라고 예상했던 것이다. 트라야누스 황제는 대단히 조심스럽 게 과거에 그러한 길드와 좋지 않은 경험이 있었다며 우려를 나타냈 다. 그리고 필연적으로 그들로부터 정당, 혹은 정치적 모임이 생겨나 고 이런 모임은 황제와 국가의 권위에 대항하는 어떤 일을 벌이는 데 남용될 수 있다고 했다. 소방대가 정부를 상대로 저항운동을 하는 비 밀결사대가 될 수 있다는 트라야누스의 두려움은 오늘날의 입장에서 는 이해할 수 없는 일처럼 보인다. 그러나 실제로 로마의 모든 황제 들에게는 그들의 지배권을 안전하게 유지하기 위해 감독과 감시를 하는 것이 대단히 중요했다. 국가의 감시에서 벗어나는 소방대는 이 미 잠재적인 위협 대상이었다.

그렇다면 황제는 니코메디아 주민들이 화재에 무방비로 노출되는 것을 그대로 방치했단 말인가? 물론 그는 몇 가지 충고를 해주었지만 그런 충고가 총독인 플리니우스를 이해시키는 데 도움이 되었는지는 확실하지 않다. 어쨌든 황제는 화재 진압을 위해 필요한 모든 것을 준비하라고 권유했다. 그리고 토지 소유자들에게는 자립적인 태도를 갖도록 촉구하고 소방작업은 각자 자체적으로 이루어져 한다고 충고했다. 그리고 모든 것이 전혀 소용이 없을 때에는 지나가는 로마인들에게 협조를 요구하라고 말했다.

플리니우스가 이런 내용을 어떻게 니코메디아 시민들에게 알렸는지는 니코메디아가 고대 역사의 나머지 시기 동안 제대로 된 소방대 없이 어떻게 견뎠는지에 대한 해답만큼이나 거의 알려져 있지 않다.

지진 연구
세네카

기원전 4세기경 - 기원후 65년.
로마의 정치가, 자연과학자, 철학자. 네로 황제의 스승이자 조언자였으며,
지진의 학술적 해석에 기여했다.

기원후 62년 2월 5일. 나폴리의 골프 만 주변의 한 지역에서 강력한 지진이 발생했다. 한 시대적 증인은 이렇게 보고하고 있다.

"우리는 캄파니아에 있는 그 유명한 도시, 소렌트와 스타비아에의 해안, 그리고 헤르쿨라네움의 해안 사이에 놓여 있고 아름다운 만을 통해 드넓은 바다와 경계를 두고 있는 폼페이가 지진에 의해 파괴되었고 그 이웃 지역에도 지진이 일어났다는 이야기를 들었다. 사건은 우리 선조들이 위험이 없는 시기라고 보장했던 겨울에 일어났다. 지진은 2월 5일에 일어났고 캄파니아를 황폐화시켰다. 사실 캄파니아가 그런 위험으로부터 안전했던 적은 한 번도 없었다. 그러나 이 지역이 실제로 커다란 피해를 입은 적도 역시 한 번도 없었고 언제나 깜짝 놀라기만 하는 정도였다. 그러나 이번 지진은 사정이 달랐다.

기원후 62년의 지진 피해, 폼페이

헤르쿨라네움의 일부분도 폐허가 되었고 남아 있는 것들도 붕괴될 위험에 놓여 있었다. 누케리아는 파괴되지 않은 채 남았지만 어려움이 없는 것이 아니었다. 나폴리는 단지 적은 피해를 입었을 뿐인데, 여기서는 공공건물이 아니라 개인 가구들이 피해를 입었다. 몇 채의 농가들이 붕괴되었지만 대지의 진동이 커다란 재해를 가져오지는 않았다. 600마리의 양이 죽었고, 동상들이 갈라졌으며, 어떤 사람들은 너무 충격을 받아서 혼비백산하여 이리저리 돌아다녔다."

그런데 17년 뒤에 같은 지역에서 너무도 큰 재앙이 일어났다. 바로 베수비오 산의 화산폭발이 당시에 여전히 재건 중에 있던 도시 폼페이와 헤르쿨라네움을 파괴하고 말았던 것이다. 과거에 번창했던 이 도시들은 용암, 재, 부석들의 두꺼운 층에 파묻혀서 말 그대로 지진으로 인해 완전히 사라지고 말았다. 이곳은 근대에 비로소 다시 발굴되고 있고 이때부터 인류학자들의 엘도라도, 혹은 교육관광지로서의 기능을 하고 있다.

황제의 조언자

오늘날 우리가 알고 있듯이 기원후 62년의 지진은 기원후 79년 베수비오 산 대폭발의 지리학적인 전조였다. 그러나 앞서 언급했던 시대의 증인이나 그의 동시대인들은 이런 사실을 전혀 예감하지 못했다. 그가 쓴 글에도 나타나듯이 지질학 분야에 대한 지식이 충분했음에도 불구하고 말이다.

그런데 지금 우리가 다루려는 세네카라는 인물은 기원후 79년의 재앙을 전혀 체험하지 못했다. 그는 기원후 65년에 이미 '자발적으로' 세상과 작별했기 때문이다. 네로 황제가 그에게 모반에 개입했다며 유죄판결을 내린 후의 일이었다. 이런 의심은 잘못된 것이었지만, 세네카가 마지막 몇 년 동안 독단적인 지배자 네로와 거리를 두고 지낸 것은 사실이다.

세네카는 처음에는 12세의 네로를 맡아서 교육시켰고 후에는 황제가 된 네로의 가장 가까운 정치적 조언자였다. 고마움을 느낀 네로는 세네카를 엄청난 부자로 만들어주었다. 그러나 세네카는 캄파니아에 지진이 일어나던 해에 정치일선에서 물러났고 그때 이후로 로마와 캄파니아에 있는 자신의 거주지에서 광범위한 문학적, 정치적 연구를 하는 데 몰두했다. 네로는 이런 점을 매우 불쾌하게 생각했고 결국 두 사람 사이에 불화가 생겼다. 마침내 세네카는 자신의 생명을 잃는 대가를 치러야만 했다.

황제들의 시기심

한편 세네카는 네로의 선조들과도 문제가 있었다. 스페인의 코르도바 출신인 그는 젊은 시절에 로마로 왔고 여기서 영향력 있는 아버지의 보호 덕분에 빠르게 정치적 성공을 거두었다. 연설가로서의 그의 뛰어난 재능은, 스스로를 모든 일에서 가장 위대한 사람이라고 여기는 칼리굴라 황제(기원후 37~41년)의 병적인 시기심을 불러일으켰다. 전해지는 이야기에 따르면 칼리굴라 황제는 실제로 경쟁자 세네카를 제거하려 했다. 그런데 이 병약한 세네카가 어차피 곧 죽을 것이라는 주변 사람들의 말에 설득당한 황제가 그의 목숨을 살려두었던 것이다. 물론 황제의 그릇된 판단이었다. 세네카가 죽은 것이 아니라 오히려 칼리굴라가 자신의 궁전 근위병들에 의해 살해되었던 것이다.

칼리굴라의 후임자인 클라우디우스는 세네카를 코르시카로 추방했는데, 그 이유는 세네카가 죽은 칼리굴라의 여동생과 정치적으로 문제가 되는 밀회를 가졌다는 의심을 받았기 때문이다. 지중해 섬에서의 그의 강제 체류는 8년 동안 지속되었고, 그후에 어린 네로의 야심 많은 어머니 아그리피나가 그를 다시 로마로 불러들여 네로의 교육을 위임했다. 그렇게 해서 사실 세네카로서는 대단히 운명적인 네로와의 만남이 시작되었다.

한편 세네카는 나중에 클라우디우스에 대해서 — 신중하게도 그가 죽은 뒤에야 비로소 — 비방의 글을 출간함으로써 나름대로 복수했다. 이 글은 《아포콜로킨토시스》라는 제목으로 '호박으로 변함'이라는 뜻을 지니고 있는데, 그 내용은 죽은 왕을 신격화(아포테오시스)하는 로마의 관습을 익살스럽게 풍자한 것이었다.

스토아 철학

　세네카의 직업적 목표는 지진 연구자로서 역사에 남는 것이 아니었다. 또한 정치도 그가 진정으로 편안하게 느낀 일은 아니었다. 그가 원래 하고자 했던 분야는 철학이었고, 오늘날 사람들도 그를 철학자로 분류한다. 그는 철학을 거쳐서 비로소, 그러나 논리적이고 필연적으로 지진에 관한 자연과학적 연구에 이르게 되었다. 세네카는 당시에 로마의 상류층에 인기가 있었던 스토아파의 전통을 중시했다. 스토아 철학은 키프로스 섬 출신의 학자 제논에 의해 시작된 것으로 그는 기원전 300년경에 아테네에 있는 '채색주랑(스토아 포이킬레)'에서 제자들을 가르쳤고 이 장소의 이름을 붙인 철학학교를 세웠다.

　스토아 철학의 중심 요소는 논리와 물리와 더불어 대단히 엄격한 윤리였다. 제논이 가르친 바에 따르면 인간은 격정이나 흥분으로부터 자유로워야 한다. 사람이 얻고자 노력해야 하는 것은 아파타이아의 상태, 즉 내적인 마음의 평정이라고 했다. 사람은 정신적 평화를 방해하는 모든 것을 자기 자신으로부터 멀리해야 하고, 재물처럼 물질적인 것도 멀리해야 한다고 했다. 대부분이 귀족의 신분이므로 흔히 재정적으로 상황이 좋았던 스토아파 사람들은 마지막 부분의 가르침 때문에 조금 힘들어하기도 했다.

　역시 스토아파이면서 엄청난 부자였던 세네카는 《행복한 삶에 대해》라는 글에서 실용적인 해답을 찾아냈다. "지혜로운 사람이 재산을 가지고 있는 것은 자신의 정신을 발전시킬 수 있는 더 많은 수단을 가지고 있는 것이다." 그리고 이 철학자는 언제라도 자신의 부를 포기할 수 있다는 말로 자신의 양심과 동료들을 진정시켰다. 또한 그는 부자인 사람은 다른 사람을 더 잘 도울 수 있다고 주장했다.

지진학자로서의 출발

지진학자로서 세네카의 성공은 비교적 늦게 시작되었다. 그는 정치권을 떠난 후에 《자연과학적 관찰》이라는 제목으로 8권짜리 책을 썼다. 그는 이 책에서 기후현상(예를 들어서 구름, 바람, 무지개), 지리학적 현상(예를 들면 고대시대에 자주 토론되었던 매년 일어나는 나일강의 범람), 그리고 천문학(혜성)의 현상들을 자세히 다루었다. 특히 제6권은 지진에 관한 내용을 담고 있다.

세네카에 대한 부정적 평가

현대의 학자들은 자연과학자 세네카를 결코 좋게 평가하지 않았다. 그들의 비판에 따르면 세네카는 자신의 연구를 한 것이 아니라 그리스의 문헌에서 발견한 것을 단순히 베껴 썼을 뿐이라고 했다. 그렇다면 세네카에게 '선구자'라는 수식어를 붙이면 안된다는 말일까? 여기서 우리는 조금 더 대범해져야 한다. 세네카는 지진의 생성에 대한 그리스인의 이론을 상세히 연구하고 해석했으며, 또한 여기에 자신의 생각을 덧붙였다. 물론 기원후 62년의 캄파니아 지진이 그로 하여금 지진 연구에 몰두하게 만들었지만 그에게서 지진에 대한 경험적 연구를 기대할 수는 없었다.

그리고 세네카는 결코 어떤 새로운 지식을 얻으려고도 하지 않았다. 그에게 중요한 것은 스토아파의 가르침에 따라 사람들이 정신적인 안정을 얻는 데 기여하는 것이었다. 그런데 지진은 엄청난 규모로 일어나기 때문에 우리가 도달하고자 하는 아파타이아의 상태를 흔들리게 할 수도 있었다. 그래서 그는 어떤 해명이 필요하다고 여겼던 것이다. 지진의 자연적인 발생 조건을 인식하는 일이 사람들에게 자연재해에 대한 두려움을 없애줄 것이라고 그는 생각했다. 즉 세네카는 모든 자연현상들처럼 지진도 특정한 법칙을 따른다는 것을 사람들에게 하나의 지식으로 알려주고자 했다.

고대의 지진 이론들

당시에는 이런 견해를 표명하는 것이 거의 혁명적인 일이었다. 그리스에서나 로마에서 대부분의 사람들은 지중해에서 대단히 빈번히 나타나는 자연 재앙들을 신들이 보내는 신호나 벌이라고 여겼다. 그리스인들은, 포세이돈이 그러한 재앙의 도래를 결정할 수 있으며, 불행한 일이 벌어졌을 때 인간의 기도와 속죄의식을 통해 상황을 바꿀 수 있는 특별한 신적 능력이 있다고 믿었다.

자연재해에 대한 합리적인 해석을 둘러싸고 처음으로 논쟁을 벌인 사람들은 역시 혁신적이었던 이오니아의 자연철학자들이었다. 그들은 신을 부정하지는 않았지만 자연현상들이 분명히 어떤 자연적인 해명을 가지고 있다고 믿었다. 가장 일찍 알려진 지진 이론은 밀레토스 출신의 탈레스로부터 나온 것으로, 그는 수학적이고 천문학적인 연구와 함께 이 분야에도 관심이 있었던 것으로 보인다. 그가 주장한 바에 따르면 지구는 마치 배처럼 대양 위에 떠 있다고 했다. 그런데 물이 움직이면 지구도 흔들리게 되고, 이것이 사람들에게는 지진으로 느껴지는 것이라고 설명했다.

탈레스의 제자이며 동료였던 아낙시만드로스는 또다른 답을 생각해 냈다. 지진은 땅의 균열(가뭄과 과도한 습기로 인해 유발되는) 때문에 생기는 것이라고 그는 주장했다. 이 틈으로 공기가 파고들어서 땅을 흔들리게 만든다고 했다. 오늘날에는 이런 해석이 더 이상 가능하지 않은 것으로 알려져 있다. 그러나 이미 기록되어 있는 것처럼 아낙시만드로스는 이런 모델을 근거로 해서 스파르타에서 일어난 지진을 한 번 예언한 바 있다. 로마의 자연과학자 플리니우스 1세가 설명하기를 "아낙시만드로스는 스파르타인들에게 지진이 일어날 것이므로 그들의 도시와 집들에 주의를 기울이라고 경고했다. 실제로 지진 때문에 도시 전체가 붕괴되었고 마치 배의 고물이 튀어나와 있는 것처럼 타이게토스 산의 커다란 조각이 떨어져 나가 그 잔재가 파편들과 함께 쏟아져 내렸다."

또한 같은 시기에 키클라덴의 섬 델로스의 페레키데스라는 사람은 특이한 방식으로 유사한 예측을 했다. 그는 한 샘물에서 물을 마신 후에 이틀 뒤에 지진이 일어날 것이라고 확신했다고 한다. 아마도 그는 이때 탈레스의 이론을 떠올리고 물 안에서 일어나는 특이한 움직임을 감지했을 것이다. 한편 플리니우스 1세는 파도가 거세게 일어나는 바다를 보면 지진이 예측된다고 생각했다.

이오니아인들이 이 주제에 대해 논쟁을 한 다음부터는 도처에서 연구자들의 관심이 쏟아지기 시작했다. 고대의 저명한 학자들이 지진에 대한 비밀의 흔적을 찾아가는 도전을 감행했다. 예를 들어서 아낙사고라스(기원전 500~428년경)는 일식현상을 예언했지만 신을 모독한 죄로 재판을 받기도 했던 사람으로, 아낙시만드로스와 같이 지진은 공기의 움직임 때문에 일어나는 결과라고 믿었다. 즉 공기가 땅속으로 파고들고, 그 다음에 표면이 진흙과 같은 것 때문에 막히게 되면 이 공기가 위쪽으로 거대한 출구를 찾게 된다고 했다.

원자 연구의 선구자인 데모크리토스도 지진학 논쟁에 개입했다. 그는 당시까지 등장했던 의견들, 즉 물이나 공기가 지진의 원인이라는 의견들을 잘 조화시키려고 노력했다. 그렇게 나온 결론에 따르면 지진은 지하의 구멍들 속에 있는 엄청난 양의 물이 방출되는 것이라고 했다. 그리고 그의 제자인 메트로도로스는 지진이 특정 지역의 본성에 의한 것이라는 중요한 생각을 해내기도 했다. 이때까지 사람들은 지진이 지구 전체에서 일어나는 일이라고 여겨왔다. 한편 엠페도클레스의 영향을 받은 안티폰(기원전 480~411년)은 전혀 새롭고 그때까지 언급된 적이 없는 요소에 관심을 가졌다. 그의 생각에 따르면 지구 표면은 내부의 불 때문에 건조되어 가고 있는데, 이 불이 폭발을 통해 공기를 조달하고 있다고 주장했다.

그런데 당시에는 직접적인 관련이 있는 전문 학자들만이 자연재해의 물리학적 조건에 심취했던 것이 아니라는 사실이 역사가 투키디데스(기원전 460~400년)의 사례에서 잘 드러난다. 그는 자신이 쓴 《펠로폰네소스 전쟁사》에서 바다의 지진, 즉 오늘날 일본어로 쓰나미라고 불리는 현상에 대해 언급했다. 본문을 그대로 옮기자면, "지진이 아직 계속되고 있던 시기에 유비아 섬의 오로비아이에서는 바다가 원래의 해안선으로부터 멀리 뒤로 물러났다가 다시 도시의 한 부분까지 밀려들어왔다. 바닷물의 일부가 도시로 범람하였고, 일부는 도시를 떼어내 가버렸다. 예전에 땅이었던 곳이 지금은 바다가 되었다.

로크리스의 오푸스 건너편에 있는 아탈란테 섬에서도 유사한 범람이 일어났다. 이 때문에 아테네의 요새가 피해를 입었고 육지에 놓여 있던 두 척의 선박 중 한 척이 파괴되었다. 또한 페라레토스에서는 사람들이 바다의 물결이 뒤로 밀려나는 것을 관찰했지만 범람하는 모습은 보지 못했다."

그런 다음에 투키디데스는 이 사건에 대해 당시로서는 특이하지만 매우 예리한 해석을 했다. "내 생각에는 이런 현상의 원인은 지진이며, 바로 그 지진이 가장 강력했던 곳에서 큰 파도가 뒤로 밀려났다. 그런 다음 파도가 다시 격노하여 되돌아 밀려왔고 도시로 범람했다. 내가 올바르게 보았다면 지진이 아니라면 그런 일은 일어나지 않았을 것이다."

아리스토텔레스가 항로를 정해주다

기원전 4세기에 세계적 학자인 아리스토텔레스도 이 논쟁에 개입하게 되었다. 그는 자신의 대단한 권위를 토대로 앞으로의 지진학 연구를 위한 하나의 기준을 제시했다. 즉 그는 고대 전체에 걸쳐서 지진의 발생에 대한 최고의 해명으로 간주되었던 소위 프네우마 (pneuma, 생명의 원리로서의 공기를 이르는 그리스어 - 옮긴이) 모델을 개발했다. 아리스토텔레스는 선구자라는 호칭을 얻은 기상학 분야의 글에서 지진에 관한 자신의 의견을 피력했다. 여기서 아리스토텔레스가 동료들과 후손들의 갈채를 받을 자격이 있는 것은 그가 당시까지 있었던 기존의 모델들을 서로 조화롭게 만드는 시도를 했기 때문이다. 그 내용은 다음과 같다.

"대지에서는 두 가지의 각기 다른 요소에 의해, 즉 습기와 건조함으로 인해 증발이 일어난다. 이 증발작용이 대지의 내부와 외부에 공기, 즉 프네우마를 발생시킨다. 그런데 물이 대지의 구멍으로 들어가면 프네우마는 탈출구를 찾게 되고, 그래서 지진이 일어나게 된다."

아리스토텔레스는 이러한 근본적인 생각에 몇 가지 구체적인 관찰을 덧붙이거나 경험을 통해서 프네우마 이론의 근거를 제시했다. 흔히 밤에는 지진이 더 자주 그리고 더 강력하게 일어난다. 그리고 낮에 일어나는 지진은 대부분 정오경에 발생하는데, 그것은 이 시간이 하루 중에서 가장 조용한 시간이고 가장 잘 지각되기 때문이다. 아리스토텔레스는 이런 현상에 대해 설명하기를 태양이 가장 큰 힘을 가지고 있을 때 대지 안에 습기를 가두기 때문이라고 했다. 그의 이야기에 따르면 지진은 강한 파도가 있거나 동굴이 있는 지역에서 가장 자주 일어난다고 했다. 때문에 지중해에서는 특히 헬레스폰투스, 아카이아, 시칠리아, 유비아 섬의 주민들이 가장 위험하다고 했다. 또한 아리스토텔레스가 말하는 지진에 대한 자연의 경고 신호들이 있었다. 바로 새벽녘이나 일출 직후에 맑은 하늘에 길게 늘어진, 마치 선처럼 가늘고 곧게 뻗은 구름이 그 전조라고 설명했다.

또 한 명의 세계적 학자가 아리스토텔레스 이후에 고대의 지진 연구에 한동안 지속적인 자극을 주었다. 바로 시리아 아파메이아 출신의 포세이도니오스(기원전 135~51년)였다. 전해지는 바에 따르면 그는 최초로 지진학과 화산폭발 사이의 연관성을 강조했다. 포세이도니오스는 지진과 화산폭발의 원인은 같을 수 있다고 주장했다. 아우구스투스 시대의 지리학자이며 역사가인 스트라본은 이런 생각을 구체적으로 리키엔(소아시아의 남부)과 시칠리아에 적용했다. 포세이도니오스의 생각대로라면 그런 곳은 동굴과 지하로가 있고 불과 물로 이루어진 지역이었다. 불과 물의 힘이 지하의 감옥으로부터 탈출구를 찾게 되고, 그 결과가 바로 지진과 화산활동으로 나타난다고 포세이도니오스는 생각했다.

세네카만의 이론

세네카가 기원후 62년 2월의 캄파니아 지진 발생 후에 과거부터 자신의 시대까지의 지진이론에 대한 비판적인 고찰작업에 착수했을 때 새로운 이론을 소개하려는 욕심은 없었다. 기본적으로 그는 물리학적인 설명의 모델로서 아리스토텔레스의 프네우마 이론에 동의했고, 포세이도니오스의 연구 결과도 수용했다. 단 그는 여기에 자기만의 관찰을 몇 가지 덧붙였다. 무엇보다도 그에게는 지진이 일어날 때 대지 내부에서는 무슨 일이 일어나는지를 사람들에게 보여주어야 하는, 스토아파로서의 임무가 중요했다. 자연을 이해한다는 것은 자연에 대해 더 이상 두려움을 가질 필요가 없다는 뜻이었기 때문이다.

지식이 두려움을 이기다

흔히 사람들은 재앙과 죽음을 끔찍한 일로 여기지만 세네카는 자연과학적 논쟁을 통해서 이런 두려움을 극복할 수 있다고 주장했다. "물론 땅이 흔들리고 대지가 갑자기 쪼개지면서 그 위에 세워져 있던 모든 것들이 깊은 곳으로 추락하는 것은 우리에게 대단히 현실적인 위험이다. 그렇다고 해서 번개, 지진, 그리고 대지의 균열을 두려워하는 사람은 큰 착각을 하고 있다. 그런 사람은 작은 상처에 신경을 쓰고 감기 걸릴 것을 두려워할 사람이다. 설사 바다가 잠에서 깨어나 평소보다 더 빠른 물살로 더 많은 물을 끌고 와서 나를 덮친다 해도 내가 항상 그런 일을 두려워하면서 살아야 할까? 어떤 사람은 단 한 방울의 물만 삼키고도 질식하는 경우가 있다. 그러므로 한 방울의 물이 당신의 끝을 의미할 수도 있다는 것을 알면서 바다를 두려워하는 것은 어리석은 일이다."

심지어 그는 자연재해의 희생물이 되는 것은 하나의 특권이라고 말하기도 했다. "그런 재해들이 마치 일반적인 죽음보다도 더 나쁜 어떤 의미가 있는 것처럼 혼동해서는 안된다. 사실은 정확하게 그 반대이다. 우리는 필연적으로 죽어야 하기 때문에, 그리고 언젠가는 마지막 숨을 쉬어야 하기 때문에 자연재해처럼 눈에 띄는 원인을 통해 죽는 것은 오히려 위로가 될 수도 있다. 우리는 어디에서든 그리고 언제든 한 번은 죽어야만 한다. 비록 대지가 흔들리지 않고, 그어져 있는 경계선들이 그대로 있고, 어떤 재앙도 당하지 않는다 해도 나는 언제가 죽음을 맞이하게 된다. 그렇다면 내가 스스로 매장을 지시하든지 혹은 대지가 직접 나를 그 안에 묻어주든지 무슨 차이가 있단 말인가?"

세네카는 심지어 언젠가 지진으로 죽는 것을 소망하기도 했다. 그는 상당히 설득력 있게 이런 주장을 펼쳤다. "내가 만약 죽어야 한다면 엄청난 흙더미로 인해 죽었으면 좋겠다. 자연재해가 일어나기를 바라는 것이 일종의 죄라는 것을 알고 있다. 그러나 사람들이 대지도 역시 영원한 것이 아님을 보게 된다면 죽음을 맞는 데 큰 위로가 될 것이다."

한 스토아 학자의 죽음

세네카의 소망은 이루어지지 않았다. 그는 위의 글을 쓴 후 얼마되지 않아서 과거에 자신이 가르치고 보호했던 네로 때문에 자살을 선택할 수밖에 없었기 때문이다. 역사가 타키투스가 철학자 세네카의 최후에 대한 인상적인 기록을 남겼는데, 사실 이 기록은 역사적인 사실성에 의심이 간다는 점에서 위대한 철학자 소크라테스의 최후와 유사한 측면이 있다. 먼저 동맥을 끊으려는 세네카의 시도는 실패했다고 한다. 그런 다음 세네카는 아테네의 국민재판에서 유죄판결을 받았을 때 처형되는 방식을 요구했다고 한다. 그러나 그의 육체는 이 방식도 이겨냈다. 여러 번의 시도 끝에 마침내 그는 증기탕 안으로 올라가서 그 연기에 질식되어 죽었다고 한다. 그런 다음에 그는 장례식도 없이 화장되었다. 결국 그는 인생 말년에 대지에 대해 많은 생각을 했지만 죽은 후에도 그 품에 묻히지 못하고 한줌의 재로 남게된 것이다.

믿음이 지식을 이기다

자연재해에 대한 침착한 대처를 강조하는 세네카의 주장이 사람들을 설득할 수 있었을까? 이것도 역시 의심스러운 부분이다. 왜냐하면 모든 증인이, 당시에는 지진과 그 외의 다른 자연재해에 대해 종교적인 해석이 훨씬 더 보편적으로 수용되었음을 분명히 말하고 있기 때문이다. 학자들은 자신이 생각한 이론을 머릿속에만 간직하고 있었다. 물리학적인 과정을 정확하게 인식하는 것이 당시 사람들에게는 현실적으로 (그리고 스토아파의 기대에 상응되는) 안정감보다는 불안감을 주었다. 차라리 사람들은 전통적인 사고방식 속에 머물러 있기를 원했고, 신들이 자연재해의 책임자라고 믿고 이런 재앙을 피하고 싶을 때 누구에게 가야 하는지 알 수 있기를 원했다. 또한 사람들은 물리학적인 전문적 내용을 이해하는 것보다 기도하기를 더 좋아했다. 그리고 이런 점은 오늘날에도 크게 다르지 않다. 불행 속에서는 학자들보다 신부님들을 사람들은 더 간절히 대화의 파트너로 찾게 된다.

재앙에 반항한 황제

그러나 어쩌면 세네카의 설득이 한 번은 성공을 거두었다고 말할 수 있을지도 모른다. 물론 우리는 그가 이 사건에 대해 알고 있었는지도 확신할 수 없고, 또한 그가 알고 있었다고 해도 이런 사례를 자랑스럽게 여겼을지 알 수도 없지만 말이다. 기원후 64년, 즉 그가 죽기 1년 전에 나폴리 주변 지역에서 다시금 지진이 일어났다. 그 강도에 있어서는 2년 전의 재앙과는 비교가 안 될 정도로 약했지만 뚜렷하게 느낄 수 있는 정도였다. 황제의 전기작가인 수에토니우스의 기록에 따르면 네로가 나폴리 극장에서 음악회를 열고 있을 때 갑자기 땅이 흔들리기 시작했다. 세네카는 음악 연주를 별로 좋아하지 않았지만 황제는 음악에 대해 지나칠 만큼 뜨거운 열정을 가지고 있었다. 지진이 일어났는데도 황제가 노래를 계속 했기 때문에 누구도 극장을 떠날 수 없었다. 어떤 사람은 절망적으로 벽에 깔려서 넘어졌고, 어떤 사람은 죽은 채로 밖으로 운반되었다. 수에토니우스는 네로가 노래를 불렀기 때문에 지진이 일어났다고 말하지는 않았다. 그는 이 사건에 대해 말하기를 네로는 — 지극히 스토아의 철학대로 — 주변의 사건에 전혀 영향을 받지 않는 것처럼 보였고 자신의 연주를 끝까지 차분하게 계속했다고 한다.

한편 역사가 타키투스는 같은 사건에 대해 전혀 다른 이야기를 하고 있다. 그에 따르면 모든 관객이 빠져나온 후에 극장이 무너졌다고 했다. 우리가 이 두 가지 정보를 혼합해 보면 실제 사건에 대해 다음과 같은 재구성이 가능하다. 즉 황제가 노래를 부르고 있을 때 땅이 흔들리기 시작했다. 황제는 자신의 공연을 계속했다. 관객들은 강압적인 분위기로 인해 감히 극장을 떠나지 못했다. 네로가 공연을 끝내자 모두가 밖으로 쏟아져 나왔고, 바로 그때 이미 지진이 흔들어놓은 극장이 무너져 내렸다.

세네카는 제자 네로의 이런 태도를 자랑스러워했을까? 그러나 네로가 이런 특별한 음악회에서 스승의 스토아 철학을 생각하지는 않았을 것이다. 아마도 그는 자신의 음악에 너무도 심취되어 있어서 주변의 상황을 지각하지 못했을 것이다. 지진조차도 말이다. 혹은 공개 석상에서 지진과 같은 사소한 일에 흔들리지 않는 위엄 있는 지배자로 보이고 싶었는지도 모른다.

자동장치 제조
헤론

기원후 1세기.
그리스의 기계학자. 자동으로 움직이는 기계를 만들었고,
《자동장치의 제작법에 대하여》라는 책을 썼다.

로마의 베스파시아누스 황제(기원후 69~79년)는 혁신적 기술 면에서 특별히 공헌한 것은 없는 듯하다. 전기작가 수에토니우스에 따르면, 어느 날 황제에게 한 기술자가 와서 대단히 유익한 제안을 했다. 그는 황제에게 한 기계의 설계도를 보여주면서 이 기계를 이용하면 아주 적은 비용으로 무거운 기둥을 로마의 성채로 옮길 수 있다고 열심히 설명했다. 황제는 깊은 인상을 받았고 그의 아이디어에 대해 많은 보상금을 하사했지만 이 기계의 현실화와 연속적 생산은 거부했다. 그 이유는 백성들의 일할 기회를 빼앗고 싶지 않기 때문이었다.

한 기술자의 고뇌

깊이 고찰해 볼 가치가 있는 이 사건은 두 사람에게 각기 다른 느낌

을 남겼을 것이다. 즉 소위 로마에 사는 모범적인 주민들에게 생계 수단을 제공해야 하는 자신의 의무에 충실했다는 만족감에 찬 황제, 반면에 발명 활동의 의미에 대해 회의를 느꼈을 절망한 기술자. 무거운 돌을 성으로 나르는 일을 기계가 훨씬 더 간단하고 편안하게 해결할 수 있다면 왜 수천 명의 사람들이 이 일 때문에 고생해야 하는가? 기술자는 이런 의문이 들었지만 다른 기술자들도 분명히 비슷한 갈등을 겪었을 것이라는 생각으로 스스로를 위로했을 것이다.

노동절감의 논쟁에서 우선 부자들과 권력가들은 기술적인 발전의 도입을 결코 지지하지 않았다. 그들은 베스파시아누스 황제처럼 가능한 한 많은 사람들에게 일거리를 주고 싶었다. 뿐만 아니라 노예들도 충분히 많았다. 그리고 끝으로 새로운 기술에 투자하는 것은 고대의 정신과 상반되는 것이었다. 당시에 위험을 감수하는 사업가 타입은 지극히 예외적인 극소수에 불과했고, 일반적으로 사람들은 각자의 재산을 농업에 투자했다. 그 다음으로 귀족층과 시민층은 혁신적인 기술의 생산지향적이고 상업적인 활용을 단순히 품위 없는 것으로만 보았다. 사람들은 어떤 분야에든 몰두할 수 있고 원하는 대로 연구할 수 있지만, 단지 그것으로 돈을 벌겠다거나 잘 정돈되어 있는 기존의 세계를 바꾸겠다는 의도는 갖지 않는 것이 좋았다.

오락으로서의 기술

그렇다면 발명의 재주는 무슨 소용이 있단 말인가? 기원전 4세기 이후로 많은 수학자, 기술자, 공학자들은 이렇게 말하곤 했다. "우리는 여러 기구를 단지 하나의 진기한 장난감으로서, 혹은 단순한 오락을 위해 만들고 있다." 그러다가 시간이 지나면서 지배자와 부자들이 단지 여가에만 즐기기에는 아까울 만큼 기술 수준이 높은 장치와 기계들이 생겨나게 되었다.

특히 사람들은 자동장치에 호감을 보였다. 인간의 직접적인 행위 없이 어떤 대상을 움직여 보려는 꿈은 이미 오래된 것이었다. 이런 장치의 유래에 대해 알아보려면 제일 먼저 호메로스의 작품을 살펴보는 것이 좋을 것이다. 그의 이야기에 따르면 대장장이와 수공업자의 신인 헤파이스토스는 일리아스에서 황금바퀴가 달린 세발 기구를 만들었는데, 이것은 저절로 움직이는 기능이 있었다(호메로스는 이미 이 기구에 자동장치automatos라는 개념을 사용했다). 이 세발 기구는 곧장 신들의 모임이 있는 곳까지 갔다가 다시 '놀랍게도' 스스로 헤파이스토스에게 돌아왔다고 한다.

아르키타스의 목재 비둘기

우리가 알고 있는 자동장치의 진정한 최초의 발명자는 남이탈리아 타란토 출신의 학자 아르키타스였다. 그는 저명한 수학자이며 음악 이론가였다. 고대시대에 그는 품위와 고결함으로 유명했지만 그가 실제로 만든 것은 일종의 마법사의 작품처럼 보였다. 바로 날아다니기도 하고 기계적으로 움직이는 목재 비둘기였다. 물론 이 새의 실질적인 사용가치는 대단히 제한적이었지만 딸랑이 장난감이 태어났을 때처럼 세인들의 놀라움을 불러일으켰다. 아르키타스는 예전에 딸랑이 장난감을 만듦으로써 고대 어린이들을 위한 장난감 제조의 가능성을 확대시켜 놓았다. 많은 학자들은 그가 만든 목재 비둘기와 같은 자동장치에 대해 처음에는 유보적인 반응을 보였다. 그러나 이런 머뭇거림은 다른 누구도 아닌 위대한 아리스토텔레스가 자동장치에 대해 찬양하는 말을 하자 바로 사라지고 말았다. 아리스토텔레스는 대중에게 말하기를 관찰자에게 작동방식이 숨겨져 있는 기구를 발명하는 작업은 대단히 매력적인 일이라고 했다.

침 뱉는 달팽이

이러한 지속적인 발전 덕분에 헬레니즘 왕국의 군주들도 자동장치에 관심을 갖기 시작했다. 그들은 이런 장치의 위력을 대부분 군사적인 수단으로 이용했다. 알렉산드로스 대왕의 후계자들이었던 그들에게는 외부적으로나 내부적으로 많은 적이 있었다. 그 때문에 사람들에게 무엇인가를 주고 그들을 자기편으로 끌어들이는 일이 필요했다. 로마의 황제들이 기술을 활용하기보다는 백성들에게 '빵과 놀이'를 제공했다면, 헬레니즘 왕들은 기꺼이 기술을 개발해서 놀라운 작품들을 만들어 선보였다.

이런 일을 기원전 308년에 시작한 사람은 아테네 사람인 팔레론의 데메트리오스였다. 그는 마케도니아의 지지자로서 그들의 신임을 얻어 자신의 고향에서 정치적 리더의 역할을 맡게 되었다. 그는 외세의 총독으로서 고향을 다스려야 하는 민감하고 까다로운 임무를 대단히 훌륭하게 해냈다. 이때 그는 확실하게 민심을 사고 신뢰감을 얻기 위해 특수한 방법을 사용하기도 했다. 예를 들어서 그는 기원전 308년에 한 행렬이 지나가는 동안 오늘날 이름이 알려지지 않은 한 기술자의 뛰어난 작품을 선보이게 했다. 즉 행렬의 선두에 겉으로 보기에 완전히 혼자의 힘으로 움직이는 것처럼 보이는, 그러나 실제로는 내부 장치가 작동되는 거대한 달팽이가 있었던 것이다. 더군다나 이 달팽이는 끊임없이 침까지 뱉었다고 한다.

디오니소스의 유모 동상

국민의 호의를 얻기 위해 많은 노력을 했음에도 불구하고 데메트리오스는 그해가 지나자마자 해고되었고 이집트로 가게 되었다. 여기서 그는 프톨레마이오스 1세의 중요한 조언자로 활동했다. 그러나 그의 후임자인 프톨레마이오스 2세로부터는 신임을 받지 못해서 활기 넘치는 중심지 알렉산드리아로부터 멀리 떨어진 지방으로 추방되었고 거기에서 독사에 물려 목숨을 잃었다. 그런데 데메트리오스는 아마도 그전에 왕에게 자신의 삶에 대해 설명할 기회가 있어서 자동으로 움직이는 달팽이에 대해서도 보고를 했던 것으로 보인다. 왜냐하면 프톨레마이오스 2세는 언젠가 자신이 주관한 축제에서 디오니소스 신의 유모인 니사의 거대한 동상을 선보인 적이 있었기 때문이다. 그런데 이 거대한 동상은 움직이는 달팽이와 유사하게 혼자 서 있을 수도 있었고 황금의 베일로부터 우유가 흘러나와서 다시 동상 밑으로 흘러들어가도록 만들어져 있었다.

알려지지 않은 인물

그러면 이런 자동장치들은 어떻게 작동되었던 것일까? 다행히도 고대의 학자들은 자신들의 비밀을 혼자서만 간직하지는 않았다. 특히나 이런 테마에 대해 수많은 글을 쓰고 직접 움직이는 기계와 장치들을 만들었던 혜론은 정보의 공유를 좋아하는 사람이었다. 그러나 유감스럽게도 그의 개인적인 사항에 대해서는 거의 알려진 것이 없다. 이론적으로 그는 기원전 3세기와 기원후 4세기 사이의 시점에 살았을 가능성이 크다. 이렇게 추측하는 시기의 범위가 넓은 것은 확실한 자료가 너무 부족하기 때문이다. 이것은 우리가 고대의 역사를 다룰 때 때때로 직면하게 되는 문제들을 보여주는 좋은 사례이다. 누가 언제 살았는지와 같은 지극히 기본적인 것을 알아내는 것도 쉽지가 않다. 혜론의 경우에도 빈약한 증거들 때문에 그에 대한 제한적인 정보밖에는 얻을 수가 없다.

우선 혜론은 자신의 글에서 기원전 212년에 죽은 저명한 아르키메데스를 인용한 적이 있다. 그리고 그는 나름대로 고대 후기의 수학자인 파포스를 위대한 인물이라고 인정했다. 파포스는 기원후 4세기 초에 활동한 사람이다.

한편 혜론의 글에서 다른 힌트를 찾아낸 연구자도 있었다. 혜론은 자신의 글에서 알렉산드리아와 로마 사이의 시간 차이를 두 곳에서 동시에 벌어진 월식의 관찰을 통해 알아보는 방법에 대해 설명했다. 일반적으로 수용되는 의견에 따르면 여기서 말하는 월식은 기원후 62년 3월 13일, 네로 황제가 로마를 다스리던 시기에 일어났던 것으로 보인다. 그러므로 혜론이 알렉산드리아에서 이 자연현상을 관찰했다고 추측한다면 그를 기원후 1세기 사람으로 볼 수도 있다. 어쨌든 그가 프톨레마이오스 왕조 이후로 고대 학문의 중심지였고 이집트의 전통이 넘치는 도시 알렉산드리아에서 살았고 그곳에서 작업을 했다는 것만은 확실하다.

움직이는 자동장치의 비밀

《자동장치의 제작법에 대하여》라는 책에서 헤론은 움직이는 기적의 장치들이 어떤 원칙에 따라 작동되는지 공개했다. 여기에 따르면 움직이는 자동장치는 특별히 대규모의 행렬에서 관중들을 놀라게 하기 위해 스스로 작동되도록 만든 장치를 말하는데, 프톨레마이오스 왕들이 저녁 만찬에서 손님들을 즐겁게 하려는 목적으로 만든 작은 크기의 모형들도 있었다. 이런 자동장치의 비밀은 바로 (수동 시계가 작동하는 것과 크게 다르지 않게) 납으로 만든 추들이었는데, 이 추들이 복잡하게 연결된 밧줄들을 거쳐서 연쇄적인 움직임을 일으켰다.

헤론이 남긴 설명은 대단히 상세해서 모방과 직접 만들기를 권유할 의도가 있었던 것으로 보일 정도였다. "움직이는 물체와 움직여지는 물체는 공동의 줄을 갖는다. 이 줄의 한 끝은 움직이는 물체와 연결되어 있고 다른 끝은 고리를 통해 움직여지는 대상에 고정되었다. 움직여지는 물체는 일종의 차축으로 그 주위에 끈이 둘러매져 있다. 그리고 이 축에 바퀴들이 고정되어 있다. 차축이 움직이면 끈이 풀어지면서 바닥에 있는 바퀴들이 움직이게 된다." 또한 이런 움직임의 속도를 조절하기 위해 납으로 된 추를 이용하는 대비책도 마련되어 있었다.

미용실에서의 깨달음

정보의 공유를 실천했던 헤론 덕분에 우리는 오늘날 고대의 기술과 자동장치의 제작법에 대해 많은 것을 알게 되었다. 또한 헤론은 매우 진실한 사람이어서 이런 기술적 대과업의 명성을 혼자만의 능력인 것처럼 말하지 않았다. 예를 들어서 그는 인형극장의 저작권은 비잔츠 출신의 학자 필론에게 있다고 기꺼이 인정하였다. 그러나 실질적으로 이 분야는 기원전 3세기, 즉 헬레니즘의 개혁시대에 최초의 번성기를 누리게 되었다. 그리고 선구자로는 알렉산드리아 출신의 학자이며 고대의 기술에 아주 새로운 길을 제시했던(그리고 한편으로 앞에서 언급한 필론의 스승이기도 했던) 크테시비오스를 들 수 있다.

크테시비오스의 발견은 기압역학과 수력학의 원칙을 이용한 것이었다. 그런데 욕조에서 소중한 원칙을 발견했던 아르키메데스와 같이 크테시비오스도 특별한 방식으로 깨달음의 체험을 했다. 물론 몇몇 현대 연구가들은 여기서 말하는 주인공이 크테시비오스가 아니라 후대의 또다른 인물이라고 주장한다. 그러나 이런 이야기가 혹시 꾸며진 것이라 해도 큰 지장이 있는 것은 아니다. 고대의 기계장치에 얽힌 일화들 중에는 위대한 학자가 지극히 일상적인 경험으로부터 기술적 발명의 영감을 얻는 이야기들이 종종 포함되어 있다. 그런데 이런 이야기들은 대부분 너무 멋지고 너무 의미심장하게 꾸며져 있는 경향이 있다.

어쨌든 그런 이야기에 따르면 크테시비오스의 아버지는 알렉산드리아에 미용실을 소유하고 있었다. 어느 날 아들인 크테시비오스는 이 미용실의 서비스를 최상화하기 위해서 거울을 손님들의 각기 다른 신체치수에 맞게 걸면 좋겠다는 생각을 하게 되었다. 그래서 그는 거울을 줄에 고정시켰고, 이 줄이 두 개의 롤러를 지나서 방의 다른 쪽에 있는 납 구슬로 된 평형추와 이어지도록 했다. 각각의 손님에게 맞는 높이로 거울을 고정할 때는 납 구슬이 미리 준비된 얇은 관 속으로 들어가게 된다. 이때 관 속의 공기가 압박되면서 줄이 고정되고 높은 휘파람 소리가 난다.

유용한 발견

그렇지만 이런 이야기는 사실로 보기 어렵다. 그러므로 이런 이동식 거울이 실제로 크테시비오스 아버지의 미용실에서 손님을 더 많은 끌어들이는 역할을 했는지에 대해서도 관심을 갖지 않은 것이 좋을 것이다. 크테시비오스는 공기로 압력을 만들 수 있다는 것을 발견했고 이 점이 언제나 그의 발명과 제조에서 중요한 역할을 했다. 어떤 것들은 — 결코 전형적이지 않지만 — 실제로 유용하기도 했는데, 예를 들면 소방펌프가 그러한 예로 후에 이것의 도움으로 로마 황제 아우구스투스가 소방대를 창시한 사람으로 명성을 얻게 되었다.

또한 기압역학을 이용한 투석기도 분명히 군사 기술 분야의 새로운 가능성을 열기 위해 고안된 것이었다. 안타까운 것은 크테시비오스의 이런 기구들이 실험적인 단계를 넘어서지 못했다는 점이다. 그러나 믿을 만한 고대의 작가들은 피스톤과 실린더의 연결로 작동되는 무기가 있었다고 기록했고 어떤 목격자들은 크테시비오스의 실험에서 공기와 함께 불꽃이 사출기로부터 발사되는 모습을 보았다고 한다.

고대의 수력 오르간

크테시비오스의 발명품 목록에는 수력 오르간도 있다. 전문가들 사이에서는 이 오르간의 발명이 유용한 것이었는지, 아니던 별 쓸모가 없었는지에 대해 의견이 분분하다. 어떤 경우에든 고대의 음악 발

수력 오르간 연주자, 넨니그의 바닥 모자이크

전에는 이 악기가 긍정적인 영향을 끼쳤다. 로마인들은 후에 검투사 경기들을 오르간 음악과 함께 보곤 했다. 수력 오르간의 작동방식을 로마의 전문 작가인 비트루브가 대단히 상세하게 설명해 놓았다. 그는 복잡한 설명을 한 후 끝에서 이런 어려운 내용이 독자에게 잘 전달될지에 대해 스스로 의심을 감추지 않았다. 그래서 그는 고백하기를 "나는 이 이해하기 어려운 문제를 분명하게 설명하기 위해 최대한 노력했다"고 밝혔다. 그러나 그는 이것이 많은 독자들에게 과중한 요구라는 것을 예감했고, 때문에 다음과 같은 위로의 말을 덧붙였다. "이 설명을 다 이해하지 못하는 사람이라도 어쨌든 모든 것이 조심스럽고 능숙하게 만들어졌다는 점은 알 수 있을 것이다." 사실 크테시비오스의 수력 오르간이 작동되는 원칙은 매우 간단했다. 이 악기는 말 그대로 수력을 이용하는 것으로 수력이 피스톤을 이용해서 약 50개의 파이프에 공기를 밀어넣는 방식이었다.

나쁜 날씨에도 유용한 원조시계

크테시비오스가 개발한 기계 중에서 유용한 것은 의심의 여지없이 바로 물시계였다. 이것은 당시까지 사용된 해시계와 비교해서 나쁜 날씨나 겨울에도 작동된다는 대단히 큰 장점을 가지고 있었다. 크테시비오스는 처음에 아테네의 재판용 시계의 원리에 관심을 가졌다. 이 재판용 시계는 클렙시드라(물도둑)라고 불리던 물을 긷는 도구로 재판에서 진술 시간을 제한하는 용도로 쓰였다. 커다란 수조에 특정한 양의 물을 채우고, 이 물이 작은 배수구를 통해 흘러나가 수조가 다 비워지면 진술자는 자신의 말을 끝내야 했다. 이렇게 간단한 기구로부터 크테시비오스는 완벽한 물시계를 만들어냈던 것이다. 첫째로 그는 물의 유입구에 원뿔 모양의 부표를 만들어서 이것이 물의 유입을 조정할 수 있게 했다. 둘째로 그는 각 계절마다 다른 시각 눈금의 문제를 해결하였다. 즉 부표를 통해서 그때그때의 물의 수위계가 원통에 표시되고, 이것이 매달 달라지는 시각 눈금을 알려주었다.

헤론과 증기장치

그렇다면 헤론 스스로는 어떤 일을 해냈을까? 고대에 관한 한 최신판 사전에서 여기에 대한 전반적인 판결을 찾을 수 있다. "헤론은 별로 독창적이지 않았다. 그의 연구가 지닌 의미는 단지 기존의 지식들을 편집 방식으로 합성했다는 데 있다." 그러나 이러한 판단은 결코 정당하지 않다. 물론 헤론은 크테시비오스, 필론과 같은 기술자들이나 헬레니즘 시대의 다른 사람들이 이미 연구해 놓은 내용들을 활용하기도 했다. 그러나 하나의 에너지원으로서 증기에 대한 그의 실험은 선조들의 연구를 훨씬 능가하는 것으로 보인다. 그래서 헤론에게 우호적인 현대의 기술 역사가들은 고대인 누구도 결코 그렇게 현대적인 증기기계 개발에 근접한 적이 없었다고 주장했다. 심지어 어떤 사람들은 고대의 자동장치 제작자들에게 파이프와 쇠로 만든 고정나

사만 있었다면 현대적인 기계도 만들었을 것이라고 말했다.

어쨌든 헤론은 증기기계의 기본 원리를 일종의 증기터빈이라 할 수 있는 일명 '헤론의 기력구(汽力球)'에서 이미 사용했는데, 이 장치에서는 하나의 구가 온기의 유입을 통해 움직이게 되어 있었다. 그러나 증기기계의 전신이라고 할 수 있는 이 기구는 실용적으로 사용되지는 못했다. 그 이유는 여기에 몇 가지 기술적인 전제조건이 빠져 있을 뿐 아니라 그러한 기계적인 노동절감에 대해 대중의 관심이 없었기 때문이기도 했다.

신전의 트릭

한편 헤론은 실험을 하면서 사람들을 놀라게 하거나 즐겁게 하는 기구들을 만드는 데서 만족감을 느끼기도 했다. 그렇다면 공기가 온기 속에서 팽창한다는 사실을 이용해서 그는 무슨 일을 할 수 있었을까? 예를 들어서 그는 제단 위에 불이 켜지면 자동으로 신전의 문이 열리는 장치를 만들었다. 그 외에 포도주를 바치는 조각상도 만들었다. 두 사람이 받침대 위에 서 있고 제단 위에서 포도주로 헌주를 할 자세를 취하고 있는 조각상이었다. 이 조각은 횃불 점화를 통해서 움직이게 되는데 와인이 제수용 접시로부터 흘러나왔다. 헤론의 또다른 작품으로는 춤을 추는 조각 혹은 신전의 문이 열림으로써 장난감 트럼펫으로부터 신호음이 울려퍼지는 장치 등이 있었다.

헤론과 동전 자동장치의 발견

그러나 헤론은 어느 날 늘 무용지물만 만든다는 악평으로부터 조

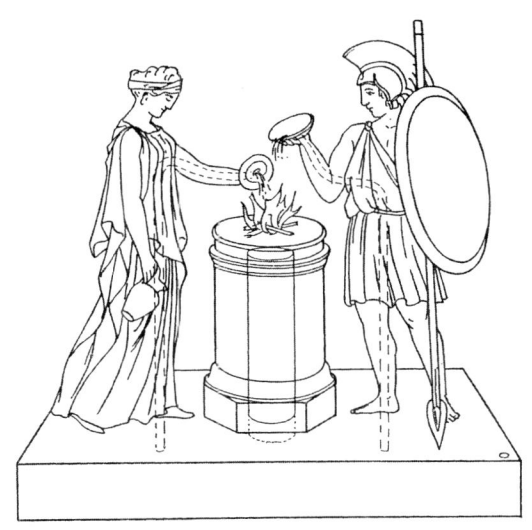

헤론의 포도주를 바치는 조각상

금이라도 벗어나기 위해서 놀이용으로도 좋고 일상생활에도 유용하게 쓰일 수 있는 것을 만들어야겠다고 생각했다. 그 결과 헤론을 오늘날의 동전 자동판매기의 선구자로 만든 기계가 탄생했다. 여기서 말하는 기계란 '성수함', 즉 성수 자동판매기라고 할 수 있다. 이 기계는 신전 입구에 놓였고 신자들이 동전을 넣으면 적은 양의 성수가 자동으로 흘러나왔다. 이 새로운 수입원에 대해서 사제들은 발명가에게 영원히 감사했을 것이다. 물론 지금까지 공짜로 성수를 얻었던 방문객들은 불평했겠지만 말이다.

수리시설
프론티누스

기원후 1-2세기경.
로마의 정치가이며 군인. 도시 로마의 수도시설에 대한 감독관이었으며,
관개시설에 대한 저서를 출간했다.

살아 있는 모든 사람이 미래의 망자가 된다는 것을 고대 로마인만큼 잘 알고 있던 사람들도 없었다. 그렇다고 해서 언젠가는 죽어야 한다는 분명한 사실이 그들에게 과중한 짐이 되었던 것은 아니다. 그러나 그들에게 더없이 고통스러운 것은 자신들이 죽은 뒤에 사람들로부터 잊혀질지도 모른다는 생각이었다. 때문에 그들의 어휘 목록 중에서 가장 중요한 단어들 중 하나가 바로 '기억'을 뜻하는 'memoria'라는 단어이다. 그들은 무엇보다 후손들의 기억에 남겨지기 위해 노력했다.

이런 목적을 위해서는 원칙적으로 두 가지 방법이 있었다. 하나는 생전에 대단히 위대한 업적을 이루어서 인류가 영원히 그 업적에 대해 이야기하도록 만드는 것이다. 그러나 이런 일은 극히 소수의 로마

인들만이 성공할 수 있었다. 모두가 카이사르, 아우구스투스, 네로가 될 수는 없기 때문이다. 그러므로 대부분의 사람들에게는 기억 속에 남기 위한 방법으로 나머지 하나의 선택만이 남아 있었다. 바로 생전에 일찍부터 자신의 (실제의 혹은 그렇다고 생각하는) 중요성을 강조하는 비문과 훌륭한 무덤에 신경을 쓰는 일이었다. 그래서 로마인들은 외떨어진 묘지에 무덤을 만든 것이 아니라 도시의 대형 도로가에 무덤을 만들고 지나다니는 사람들이 자신의 마지막 안식처를 볼 수 있게 했는데, 현실적으로는 전혀 안식처가 되지 못했다.

화려한 무덤 대신 업적을

섹스투스 율리우스 프론티누스는 오늘날의 시각에서 보면 로마의 유명인들 중에서 가장 앞줄에 속하는 사람은 아니었다. 그러나 자의식이 강한 로마인이었다. 그에게는 위에서 언급한 두 가지 중에서 어떤 방법으로 후손의 기억에 남겨질까 하는 문제가 별로 중요하지 않았다. 그는 무덤과 비석에 드는 비용이 너무 과도하다고 말했다. 그리고 우리가 생전에 어떤 기여를 한다면 우리에 대한 기억이 오래 갈 것이라고 했다. 프론티누스도 죽은 뒤에는 분명히 어딘가 묻혔을 것이다. 그러나 오늘날까지도 그의 무덤에 대한 흔적은 전혀 발견되지 않고 있다. 때문에 그가 이런 면에서 자신의 말대로 실천을 해서 소박한 무덤으로 만족했는지를 확인할 수 있는 가능성은 없다. 단지 그가 생전에 어떤 일을 했는지 살펴볼 수 있는 방법만이 남아 있을 뿐이다. 과연 그의 업적은 지속적으로 후대인들의 기억 속에 남을 만큼 충분할까?

피라미드의 무용성

오늘날의 프론티누스 지지자들은 그런 질문에 확실하게 대답할 수 있다. 예를 들어서 독일에는 그의 이름을 붙인 명망 있는 학자들의 모임이 있다. 또한 고대의 동시대인들도 그를 대단히 중요한 인물들 속에 포함시키는 데 주저하지 않았다. 그리고 실제로 고대의 수리시설에 대한 이야기가 나올 때면 언젠가 그의 이름이 언급될 수밖에 없다.

기원후 97년과 대략 103년 사이의 수년 동안 그는 도시 로마의 수도시설을 책임지는 최고감독관이라는 품위 있고 중요한 관직을 맡았다. 그는 이 일과 관련된 자신의 경험을 — 후임자들을 배려하는 마음으로 — 책으로 남겼으며, 이 책은 로마 수리시설의 건설과 관련된 유일한 자료가 되고 있다.

이 책에는 프론티누스가 자신의 임무에 대해 많은 의욕을 가지고 있었음을 보여주는 특이한 내용들도 들어 있다. 여기서 그는, 로마 건축 기술의 기적이라고 할 수 있는 고가(高架) 수로(멀리 떨어진 원천으로부터 로마 시내로 물을 끌어들이기 위해 아치형의 높은 구조물 위에 수로를 만든 것 - 옮긴이)에 비해 이집트의 피라미드와 그리스의 건축물들은 별 쓸모가 없는데도 불구하고 사람들은 왜 그렇게 이 건축물들을 칭송하는지 모르겠다고 매우 불손하게까지 표현했다.

군인부터 수도 감독관까지

기원후 97년에 네르바 황제가 그에게 화려한 도시 로마의 물 공급을 관리하는 막중한 임무를 맡겼을 때 프론티누스는 이미 존경받을 만한 업적을 이루어놓은 상태였다. 그는 우선 브리타니아에서 총독을 지냈고 게르만의 샤텐(오늘날의 헤센)으로 간 도미티아누스 황제의 원정에서 중요한 역할을 했으며 그후에는 속주인 아시아(원래는 오늘날의 터키)에서 총독으로 활약했다. 이런 직위들도 모두 대단히 존경받는 자리였지만 이런 것만으로는 자신이 원하는 만큼의 명성을 얻을 수 없을 것처럼 보였다. 그가 이외에도 자신의 전쟁 경험과 군사 역사에 대한 관심을 전술에 관한 책에서 훌륭하게 활용했음에도 불구하고 말이다.

그가 후대의 기억에 영원히 남을 수 있는 결정적인 기회는 기원후 97년에 네르바 황제로부터 로마의 수도시설 감독관이라는 임무를 받은 바로 그때였다. 실제로 이 임무는 대단히 중요했다. 그리고 로마는 많은 물을 필요로 했다. 로마의 황제시대에 이미 백만 명에 육박했던 시민들의 식수를 위해서뿐만 아니라 로마인에게 일상적 생활이 되었던 많은 목욕장과 온천을 위한 물도 필요했다. 그리고 마침 물 부족 현상이 더욱 심각해진 것은 황제가 백성들에게 '나우마키아'로 즐거움을 주기로 결정했기 때문이다. 나우마키아는 일종의 모의 해전으로 가능한 한 실제 현장과 유사하게 세트를 꾸미고 펼치는 공연이었다. 이를 위해서는 인공 바다를 설치해야 했다. 그리고 기원후 80년에 완성된 콜로세움에는 이 원형 투기장을 물속에 잠기게 하는 무대시설이 만들어지기도 했다.

그러나 이미 공화국 시절부터 빗물통이나 샘물, 혹은 테베레강을 직접 이용하는 것으로는 더 이상 충분하지 않았다. 그래서 사람들은 물을 멀리 있는 원천 지역으로부터 도시로 끌어오는 문제를 생각하게 되었다.

작업의 시작

최초로 로마에서 원거리 수도시설을 설치한 사람은 아피우스 클라우디우스 카에쿠스이다. 그는 동시에 고대의 도로 건설 분야에서도 선구자로 언급되었던 사람이다. 그는 기원전 312년에 켄소르로서 카푸아로 향하는 아피아 가도를 만들었다. 그러나 이 성실한 켄소르의 넘치는 에너지는 그런 일로도 완전히 소비되지 않은 듯했다. 같은 해에 그는 수도를 건설했는데, 그의 이름을 따라 '아피아 수로'라고 불린 이 시설은 로마의 모든 고가 수로의 모범이 되었다.

물론 프론티누스도 후대에 남겨질 자신의 명성에 대해 생각을 했지만 자신의 책에서 결코 로마의 고가 수로를 직접 건설했다는 식의 (또한 절대적으로 사실이 아닌) 주장을 하지는 않았다. 그런데 그가 아피우스 클라우디우스에 대해서는 약간의 질투심을 느꼈던 것으로 보인다. 그는 책에서 이 수도시설을 위한 원천을 찾아낸 사람은 관직 동료인 플라우티우스라고 주장했다. 그래서 이런 공적 덕분에 플라우티우스는 '수맥 찾는 사람'이라는 의미의 '베눅스'라는 별칭을 얻게 되었다고 설명했다. 반면에 아피우스 클라우디우스는 전혀 당당하지 않은 방식으로 명성을 얻었다고 했다(그는 나이가 들면서 나타나는 시력약화와 그것으로 인해 갑작스럽게 얻은 지혜 덕분에 얼핏 듣기에는 모멸적인 카에쿠스, 즉 '맹인'이라는 별칭을 얻었다).

그런데 사실 '수맥 찾는 사람'은 18개월 후에 벌써 감찰관의 자리를 떠나게 되었고, 소위 '맹인'은 관직에 남아서 수도시설 작업을 완성할 수 있었다. 아피아 수로는 약 17킬로미터가 넘는 거리를 거쳐서 소중한 물을 도시로 끌어왔고, 대부분의 시설이 지하에 설치되거나

314

극히 짧은 구간에만 지상에 설치되었으며, 가벽과 아치형 기둥 위로
도 지나가게 만들어졌다.

물 부족 없는 로마인들

황제시대의 후기까지 로마인들은 그러한 원거리 수도시설을 11개
나 건설하였다. 그 중에서 가장 긴 것은 '마르키아 수로'로 퀸투스 마
르키우스 렉스가 기원전 144년과 140년 사이에 건설한 것이었다. 물
의 원천과 도시 사이의 총길이는 프론티누스가 알려준 바에 따르면
91.26킬로미터에 이르렀다고 한다. 마르키아 수로는 더군다나 로마
의 모든 수도시설 중에서 최고의 것으로 간주되고 있다. 특히 차갑고
깨끗한 수질 등 모든 면에서 최고의 평가를 받았다.

최근의 계산에 의하면 황제시대에는 총길이가 합쳐서 500킬로미
터에 이르렀던 11개의 수도관으로부터 날마다 최고 63만 5,000세제
곱미터의 물이 로마로 운반되었을 것으로 추정된다. 그러그로 로마
인들은 적어도 물 부족으로 고생하지는 않았다. 순전히 계산상으로
는 각각의 시민이 ― 추정되는 인구는 백만 명에 이르는데 ― 매일
635리터의 물을 이용할 수 있었다. 이 정도의 양은 아무리 사치스러
운 로마인이라고 해도 다 사용할 수 없는 양이었다. 그리고 프론티
누스와 같이 세심한 수도 감독관 덕분에 물이 합리적으로 분배되고
관리되었다.

로마의 멸망이 납 중독 때문?

이때 가장 중요한 것은 로마인들이 깊이 생각해서 고안한 분배의

메커니즘으로 이 방식은 다른 도시들, 예를 들면 폼페이에서도 활용되었다. 원천으로부터 흘러온 물은 도시 안에 있는 소위 카스텔라, 즉 물의 성으로 들어갔다. 여기서부터 물은 세 개의 수도관을 지나 계속 흘러갔다.

첫번째 관을 통해 들어온 물은 공공용인 샘물의 공급을 위해 사용되었다. 두 번째 관의 물은 부자들을 위해 예약되었는데, 이들은 납으로 된 관을 지나 개인 사택에 있는 수도관으로 직접 들어오는 물을 사용할 수 있었다. 이런 가구별 수도관을 갖는 것은 모두가 바라는 일이었지만 결코 쉬운 일이 아니었다. 우선 황제로부터 개인적으로 허가를 얻어야 했다.

그런데 이상하게도 이러한 특권에 대한 보상인지 부자인 개인 수도관 소유자들이 더 자주 병에 걸렸다. 기원후 1세기에 건축가이며 작가인 비트루브는 그 이유를 알아내고자 했다. 그는 학자들에게 말하기를 납에서는 백연(염기성의 탄산납)이 생기기 때문에 납이 건강에 해로울 것이라고 주장했다. 그러나 이런 걱정은 매일 공공 샘물에 갈 필요가 없는 편리함에 비하면 별로 중요하지 않았다. 사실 납으로 만든 관에서 파생되는 위험은 이미 반복적으로 다루어진 문제였다. 심지어 현대의 어떤 학자들은, 납을 입힌 수도관 때문에 로마 지도층이 자신들도 모르게 납에 중독되었고 이것이 로마 멸망의 원인이라고 주장하기도 했다. 그러자 지식인들은 이 엉뚱한 주장에 단호하게 대처했는데, 왜냐하면 로마가 멸망한 것은 수도시설이 건설되고 수백년이나 지난 후였기 때문이다.

수도 감독관의 의무

그런 주장이 말이 안되는 또다른 이유는 예를 들어서 수도 연결망이 견고한 상태로 있는지 혹은 필요한 수리작업이 제대로 이루어졌는지 등을 관리하는 수도 감독관이 있었기 때문이다. 또한 담당자들은 수도관으로부터 부당하게 돌을 빼가거나 개인적인 시설을 설치하는 자들을 색출하는 일도 담당했다. 이런 경우에 담당 관청은 해당자를 매우 엄격하게 처벌했다. 프론티누스가 자신의 책에 인용한 다음의 법률 조항(이런 법률용 어휘들은 당시에 로마인들이 얼마나 관료주의적 전문 용어들을 즐겨 썼는지를 보여준다)들을 보면 일부 사람들이 물을 빼내기 위해 어떤 일들을 했는지 알 수 있다.

"의도적으로 그리고 악의적인 의도로 도시로 향하는 수로, 가는 도랑, 아치형 통로, 납과 점토로 된 수도관, 더 나아가서 샘물 받침대의 수조 등에 구멍을 뚫거나 부수는 사람, 그런 시설을 부수거나 구멍을 뚫도록 시키는 사람, 혹은 이외의 어떤 방식으로든 이런 시설을 훼손해서 물이 도시까지 도달했을 때 수도관 중 하나 혹은 여러 개로부터 더 적은 양의 물이 흐르는 결과가 발생하면 그런 사람은 10만 세스테르츠의 벌금을 물어야 한다."

그리스의 수도시설

물을 멀리 떨어져 있는 원천 지역으로부터 아치형의 구조물을 거쳐 도시로 운반했던 로마의 고가 수로는 의문의 여지없이 고대 수리시설의 최고점이라고 할 수 있다. 그러나 자부심이 컸던 프론티누스도 수리시설의 역사는 훨씬 더 오래전에 시작되었다는 사실을 인정했다. 이 분야에서는 특히 그리스인들이 혁신적이었다. 예를 들면 에우팔리노스의 터널(기원전 6세기)이나 페르가몬의 압력 수로(기원전 2세기) 등이 이미 건설되어 있었다. 페르가몬에 건설된 압력 수로의 경우에는 연결된 관의 길이가 42킬로미터에 달했는데, 이 관을 통해 물을 평지로부터 산 위로 높이 끌어올렸다. 이런 수로를 위해서 20만 개의 점토관이 필요했으며, 하루의 물 운반량은 약 4,000세제곱미터에 이르렀다고 한다.

왜 고가 수로인가?

그러나 그리스인들은 고가 수로를 건설하지 않았다. 그들은 수로를 — 일반적으로 지하에 설치한 점토관을 지나도록 되어 있는데 — 지형의 윤곽선에 맞춰 건설하였다. 다른 방법이 없는 경우에만 사모아 섬의 에우팔리노스처럼 특별한 시설을 만들었다. 그러나 로마인들은 다른 사고방식을 가지고 있었다. 그들은 계곡이나 험난한 지세가 수로 건설에 장애가 될 수 없다고 여겼다. 그래서 물을 지상 위의 수로를 통해서, 혹은 아치와 반구형의 지붕 시설을 통해서 멀리까지 운반했다. 그러나 고가 수로의 건설이 단지 자연을 극복하려는 소망 때문만은 아니었다. 그 외에도 로마의 기술자들은 (그리스의 경우처럼) 수도관을 통해서보다 넓은 수로를 통해서 물을 끌어오는 방식의 장점을 잘 알고 있었다. 한편으로는 수로를 통해서 운반되는 물의 양이 훨씬 많았다. 다른 한편으로는 이런 수로가 수선하기도 간단하고 감독하기도 훨씬 쉬웠다.

어쨌든 로마에서는 보다 높은 곳에 위치한 지역에 물을 공급하기 위해서 고가 수로가 지속적으로 건설되었다. 그러나 로마인들도 높이의 차이가 큰 경우에는 이미 그리스에서 사용된 압력 수로 방식을 활용하기도 했다. 그래서 유명한 마르키아 수로는 사비느 산으로부터 신선하고 차가운 물을 끌어올 수 있었다.

고가 수로를 통한 제국의 영광

그러나 로마의 고가 수로는 오로지 사람들에게 물을 공급하는 실용적인 목적만을 위한 것은 아니었다. 프론티누스의 말에 다르면 로마인들은 이미 고가 수로를 피라미드나 그리스의 건축물보다 더 중요한 것으로 여겼고, 이것을 통해 로마의 기술적 수준이 어느 정도인지를 모든 세계에 보여주고자 했다. 그래서 로마는 고가 수로의 건설을 이탈리아에만 제한시키지 않고 로마제국의 모든 지역으로 확대시켰다. 극장이나 도로처럼 고가 수로도 로마의 현존과 제국의 우수함에 대한 확고하고 간과할 수 없는 증거가 되었다. 시리아나 스페인, 게르마니아나 아프리카에서 로마인에게 정복당한 민족들은 이제 점점 더 화려해지는 고가 수로에 감탄하면서 자신들이 얼마나 위대한 민족의 지배를 받고 있는지를 확인할 수 있었다. 수도 감독관 프론티누스의 뜻에 부합되게도 이런 시설은 오늘날까지 ― 대부분 잘 보존된 상태로 ― 로마제국의 광후를 표시하는 증거가 되어주고 있고, 건축과 기술의 우수성을 보여주는 사례로 남아 있다.

가장 유명한 고가 수로

만약 프론티누스가 이탈리아의 외부에 지어진 고가 수로들에 대해 모두 알고 있었다면 그 중에서 어떤 것을 가장 마음에 들어했을까? 그가 좋아했을 몇 가지 중에는 의심의 여지없이 프랑스에 있는 고가 수로, 즉 오늘날 '퐁뒤가르'라고 불리는 기념비적인 수로시설이 포함될 것이다. 이 고가 수로는 기원전 1세기 후반에 고대 로마가 세운 것으로 오늘날 유명한 관광명소가 되었고 가르강의 바위계곡 위에 만들어져 있다. 높이는 49미터에 이르고 아치가 3층으로 겹쳐 있으며, 제일 위층에 길이가 275미터나 되는 수로가 있다.

이것 외에도 많은 후보작들이 있다. 예를 들어서 아우구스투스 황제 시대에 만들어진 스페인의 세고비아에 있는 고가 수로는 119개의 이중아치가 있고 높이가 29미터에 이른다. 북아프리카의 카르타고에 있는 고가 수로는 로마제국에 있었던 수로 중에서 길이가 가장 긴 것으로 132킬로미터에 이르렀다. 마찬가지로 아우구스투스가 스페인의 타라고나에 세운 고가 수로는 두 개의 아치형 라인으로 폭이 200미터가 넘는 계곡 위에 펼쳐져 있다. 오늘날의 이스탄불에 해당하는 콘스탄티노플의 발렌스 고가 수로는 기원후 378년에 발렌스 황제가 건설한 것으로 여전히 도시 중심을 통과하도록 세워져 있다. 또한 로마인들은 독일에도 수로 건설 사업의 흔적을 남겨놓았다. 쾰른의 식수원으로 사용되었던 아이펠 수로가 바로 그것이다. 이 수로시설은 길이가 78미터에 이르고 360미터의 높이 차이를 감당할 수 있도록 건설되었다.

황제, 물, 그리고 포도주
이처럼 로마제국의 거의 모든 백성들이 정치 지배권의 배려 덕분에 (그리고 물론 프론티누스와 같은 수도 감독관의 끊임없는 노력 덕분에) 언제나 충분한 양 이상의 물을 사용할 수 있었다. 그러나 물과 관련해서 특별한 축복을 받았다고 할 수 있는 제국의 수도 로마의 시민들은 이런 혜택을 금방 당연한 것으로 여기게 되었고, 점점 감사의 마음도 사라지기 시작했다. 고대의 전기작가 수에토니우스가 설명하기를 언젠가 로마 시민들이 아우구스투스 황제에게 포도주의 양이 너무 적어서 여전히 값이 너무 비싸다는 불평을 했다고 한다. 그러자 황제는 대단히 엄격한 말로 그들에게 자제할 것을 요구했다. 그러면서 자신의 사위인 아그리파가 로마에서 그 누구도 갈증으로 고통받지 않도록 아주 많은 수로시설을 만들지 않았느냐고 말했다. 로마 시민들은 황제가 무엇인가 잘못 이해한 것이 틀림없다고 생각했을 것이다. 그러나 이 말을 통해 시민들은 다시금 로마의 고가 수로 덕분에 자신들이 어떤 혜택을 받고 있는지 알게 되었다.

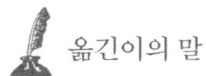

　우리가 흔히 알고 있는 고대의 유명 인물들을 포함해서 그 외에 오늘날까지 알게 모르게 큰 영향을 끼친 인물들에 대한 이야기를 다루고 있는 책이다. 고대 그리스와 로마에는 대표적인 업적이나 활동으로 화려한 유명세를 타고 있는 인물들이 많이 있다. 그런데 이런 인물들이 여기서는 의외의 영역에서 놀라운 능력을 발휘하기도 한다. 예를 들어서 교육학과 소크라테스, 음악과 네로, 교통 계획과 카이사르가 연관되어 등장하고 있는 것처럼 말이다. 그리고 고대의 위대한 인물들이 자신들의 열정을 위해, 혹은 자신만의 확고한 신념을 위해 몰두했던 일들에 대해서도 상세한 내용이 소개된다. 그래서 그들의 보다 내면적인 모습을 알게 되는 유익한 기회도 제공된다.

　말하자면 이 책은 고대 인물들과의 색다른 만남이라고 할 수 있다. 예를 들어서 로마제국의 사치와 향락, 기이한 성격을 대변하는 황제 네로가 가진 음악에 대한 열정과 집착에 대해 자세히 알고 있는 사람은 별로 없을 것이다. 혹은 그 어떤 남성들보다도 야망과 권력에 대한 욕구가 강한 인물로 평가되는 클레오파트라가 여성으로서 자신의 미를 가꾸기 위해 어떤 미용법을 사용했는지 알 수 있는 기회 또한 혼치 않을 것이다.

그리고 독자들은 이 책을 통해서 흔히 단편적으로 알고 있는 사실의 전후 사정과 상세한 과정을 알 수 있는 즐거움을 누릴 수도 있다. 그래서 우리가 흔히 듣게 되는 "모든 길은 로마로 통한다"는 말의 유래도 알게 된다. 즉 고대 로마의 아피우스 클라우디우스 키에쿠스가 아피아 가도라는 유명한 도로를 건설한 이후로 로마는 정복한 지역을 포함해서 곳곳에 로마를 중심으로 약 10만 킬로미터에 이르는 도로를 만들었고 바로 이런 상황에서 나온 말이라는 것을 말이다. 그리고 한편으로는 전혀 예상치 못한 경우로서 평범한 인물인 가이우스 세르기우스 오라타가 오늘날까지 활용되는 난방시설을 개발했다는 사실에 놀라움도 느끼게 된다.

그리하여 이 책을 읽다 보면 아마도 독자들은 고대 그리스와 로마를 넘나들고 여러 다양한 인물들 사이를 오가며 그 시대의 일상을 엿보고 있는 듯한 느낌을 갖게 될 것이다. 마치 로마의 좁은 골목골목을 누비고, 그리스의 유적지를 한 곳씩 탐사해 본 것처럼 말이다.

그래서 독자들이 결과물로써 남겨진 그들의 위대한 업적을 보고 그저 감탄만 하는 것이 아니라, 그 과정 속에 숨겨진 상세한 이야기들, 배경이 된 상황들을 알게 됨으로써 고대 그리스와 로마에 대한 든든한 지식을 쌓은 것 같은 뿌듯함을 느끼게 되리라고 기대한다.

2010년 1월
신혜원

H. Albrecht/Ch. Schönbeck (Hg.), Technik und Gesellschaft, Düsseldorf 1993

A. G. Drachmann, Grosse griechische Erfinder, Zürich 1967

D. Flach, Römische Agrargeschichte, München 1990

R. J. Forbes, Studies in Ancient Technology, 9 Bande, 2. Auflage Leiden 1964-1972

G. Garbrecht, Wasser. Vorrat, Bedarf und Nutzung in Geschichte und Gegenwart, Reinbek bei Hamburg 1985

K. Grewe, Licht am Ende des Tunnels. Planung und Trassierung im antiken Tunnelbau, Mainz 1998

H. Kloft, Die Wirtschaft der griechisch-römischen Welt, Darmstadt 1992

F. Kolb, Die Stadt im Altertum, München 1984

A. Krug, Heilkunst und Heilkult. Medizin in der Antike, 3. Auflage München 1993

J. G. Landels, Die Technik in der antiken Welt, 4. Auflage München 1989

E. Olshausen, Einführung in die Historische Geographie der Alten Welt, Darmstadt 1991

W. Riepl, Das Nachrichtenwesen des Altertums, Leipzig/Berlin 1913 (Nachdruck 1972)

H. Schneider, Einführung in die antike Technikgeschichte, Darmstadt 1992

H.-Chr. Schneider, Altstrassenforschung, Darmstadt 1982

H. Sonnabend (Hg.), Mensch und Landschaft in der Antike. Lexikon der Historischen Geographie, Stuttgart/Wimar 1999

R. Tölle-Kastenbein, Antike Wasserkultur, München 1990

찾아보기